写给孩子的
中国传统文化

二十四节气

张欣怡◎主编

北京工艺美术出版社

图书在版编目（CIP）数据

写给孩子的中国传统文化．二十四节气 ／ 张欣怡主
编．-- 北京：北京工艺美术出版社，2023.4
ISBN 978-7-5140-2577-4

Ⅰ．①写… Ⅱ．①张… Ⅲ．①中华文化－儿童读物②
二十四节气－儿童读物 Ⅳ．① K203-49 ② P462-49

中国国家版本馆 CIP 数据核字 (2023) 第 008054 号

出 版 人：陈高潮　　策 划 人：杨 宇　　装帧设计：郑金霞
责任编辑：赵震环　　责任印制：王 卓

法律顾问：北京恒理律师事务所　丁 玲　张馨瑜

写给孩子的中国传统文化　二十四节气
XIE GEI HAIZI DE ZHONGGUO CHUANTONG WENHUA ERSHISI JIEQI

张欣怡　主编

出 版	北京工艺美术出版社	
发 行	北京美联京工图书有限公司	
地 址	北京市西城区北三环中路6号　京版大厦B座702室	
邮 编	100120	
电 话	(010) 58572763（总编室）	
	(010) 58572878（编辑室）	
	(010) 64280045（发　行）	
传 真	(010) 64280045/58572763	
网 址	www.gmcbs.cn	
经 销	全国新华书店	
印 刷	天津海德伟业印务有限公司	
开 本	700 毫米×1000 毫米　1/16	
印 张	8	
字 数	35千字	
版 次	2023年4月第1版	
印 次	2023年4月第1次印刷	
印 数	1～20000	
书 号	ISBN 978-7-5140-2577-4	
定 价	199.00元（全五册）	

二十四节气、传统节日、传统民俗、十二生肖等是中国传统文化的重要组成部分，是祖先留给我们的宝贵遗产，它们凝聚着祖先农耕文明的智慧结晶，其中蕴含着古人对自然、天地、人文和人生的思考。因此，传承和弘扬中国传统文化，可以说意义重大。

孩子是中国腾飞的希望，只有他们真正了解并发自内心地热爱灿烂的中国传统文化，并结合时代需求不断创新，才能让中国传统文化长盛不衰，真正地"活"在今天。

为了让孩子从小就受到中国传统文化的熏陶，真正了解中国传统文化，我们精心编写了《写给孩子的中国传统文化》丛书。书中内容丰富，关于节气特点、节气风俗、节日传统、节日饮食、民俗来历、生肖传说、美德故事等应有尽有；为了拉近孩子与中国传统文化的距离，我们采取了讲故事的方式，将知识与故事融

为一体，降低阅读门槛，让孩子易于理解阅读；书中的插图色彩明丽，清新自然，活泼有趣，可以给孩子带来极大的美学享受；栏目丰富，可以让孩子从多个角度了解中国传统文化；版式活泼，符合孩子的阅读习惯，可以提高孩子的阅读兴趣。相信通过阅读本套丛书，孩子一定可以清楚地了解中国传统文化的传承和演变，感受古人探索自然的智慧，体会中国传统文化的恒久魅力和时代风采。

优秀的中国传统文化是中华民族的符号，展现了中国人特有的文化内涵和精神风貌，让我们一起携手，努力将其发扬光大吧！

目录

目录

秋

冬

二十四节气

春

万象更新——立春

春雨始降——雨水

春雷乍起——惊蛰

草长莺飞——春分

气清景明——清明

雨生百谷——谷雨

立春

万象更新

节 气 解 读

立春为二十四节气之首。立春时间为 2 月 4 日或 3 日，此时太阳运行到黄经 315° 的位置。"立"是开始的意思，"春"则代表着温暖、生长。立春标志着万物闭藏的严冬已经过去，春天正"昂首阔步"地向我们走来。由于立春对传统农耕社会具有重要的意义，所以古人非常重视立春。

七十二候·立春

一候，东风解冻

东风拨开了千里寒烟，暖阳温柔地抚慰着冻僵的大地，严冬即将逝去，早春扑面而来，但冬天的余寒尚未消尽。

立春 春寒料峭

立春之后天气开始回暖，最严寒的时期基本过去，但距离真正温暖的春天还有较长一段时间。因此，为了避免感冒，请大家不要急着减少穿衣呦！

🌱 二候，蛰虫始振

立春五日后，沉睡在土壤里的昆虫纷纷感知到春天的温暖气息，渐渐苏醒。

🌱 三候，鱼陟负冰

河水里的冰层开始消融，大块大块的碎冰漂浮在河面上，鱼儿不停地在冰下的春水里往来游弋。

🦋 代表植物·迎春花

立春之时，春意尚浅，大地仍弥漫着一股肃杀之气。就在此时，迎春花感受到微弱的春暖，悄悄冒出了点点花苞，随后一开便是一大片。它是春天最先绽放的一种花，此花开后，百花才姗姗开放，仿佛春天的大门是由它亲自开启的，因此人们称它为"迎春"。迎春花端庄秀丽，气度超凡，观赏性极佳，历来为人们所喜爱。

🦋 农业生产活动

立春时节，北方的天气依旧较为寒冷，但为了迎接即将到来的春耕，农民需要顶凌耙地，做好准备工作。而南方已经比较暖和了，农民可以直接开始春耕了。随着南方早稻陆续开始播种，为了避免庄稼受到冻害，农民也需要注意采取有效的防范措施。

节气民俗

迎春

作为立春节气的一项重要活动，迎春的目的是迎接春天和句芒神。古时候，人们认为句芒神是东方之神，所以祭拜句芒神的迎春活动会在东郊进行。随着时代的发展，迎春活动的地点不再受限，内容也变得丰富起来。

谚语荟萃

一年之计在于春。
误了一年春，三年理不清。
立春春打六九头，春播备耕早动手。

鞭春牛

鞭春牛是立春时节各种迎春活动中最具代表性的一种。在立春之日，人们会用泥巴塑成一头牛的形状，再用鞭子抽打这只泥牛，其用意是希望除去牛的惰性，预示着新一年春耕的开始。

咬春

立春时节，民间还有咬春的习俗，咬春就是吃生萝卜和春饼一类的食物。为什么会有这个习俗呢？原来，古时候人们认为立春这天应当吃些春天的新鲜蔬菜，这样一方面可以保健，另一方面有迎接新春之意。

节气故事馆

立春日吃生萝卜的由来

相传在古时候，有一年立春将至，人们正热闹地为迎春活动做准备，一场瘟疫却席卷而来，感染这种瘟疫的人都变得晕乎乎的，浑身乏力。

就在人们对此束手无策时，一位道士正好途经此地。道士见整个村子异常冷清，人人闭门不出，心里觉得很奇怪，打听过后才得知，这里正瘟疫肆虐。

于是道士赶回道观，拿锄头挖了一袋萝卜，随后带着萝卜赶回了村子。道士从村里抓来一只公鸡，拔下它的几根羽毛并插在地上。片刻过后，那些鸡毛开始抖动起来。道士见此惊喜地说："地气通了！"

随后他把带来的萝卜分给村里的百姓，请他们生着吃下去。令人惊喜的是，原本卧病在床的人，在吃了几口生萝卜后，身体居然渐渐康复了。村子很快又恢复了往日的生机。

此后，人们便保留了在立春之日吃生萝卜的传统，希望以此远离瘟疫，保障身体健康。

养生指南

立春时节，在饮食方面，可以多吃一些能助春阳的食物，如韭菜、香菜、大枣、蜂蜜、柑橘、葱、姜等，而那些又酸又涩、生冷油腻的食物应少吃。此时万物复苏，人也应该随春生之势而动，慢跑和散步都是不错的运动方式。

雨水

春雨始降

节气解读

雨水是二十四节气中的第二个节气。雨水的时间为 2 月 19 日或 18 日，此时太阳运行到黄经 330° 的位置。雨水是一个反映降水现象的节气，标志着降水开始，雨量逐渐增多。在细雨的滋润下，万物开始萌动，真正的春天马上就要来了。

七十二候·雨水

一候，獭祭鱼

雨水节气过后，天气变得更加温暖，水中的鱼类也变得更加活泼，水獭便开始捕鱼了。水獭有一种很有趣的习性，当它捕到鱼后会将鱼咬死并排列在岸边，看起来就像是在用鱼来祭祀似的。

雨水 细雨绵绵

此时节，气温回升、冰雪融化、降水增多，我们能明显感受到春天的气息，但天气忽冷忽热，变化不定。因此，不要仓促地脱掉厚衣服，否则很容易感冒。

🌱 二候，鸿雁来

随着北方气温的逐渐回升，成群结队的大雁开始从南方飞回北方繁殖。

谚 语 荟 萃

一场春雨一场暖，一场秋雨一场寒。
雨水有雨庄稼好，大春小春一片宝。
七九八九雨水节，种田老汉不停歇。

🌱 三候，草木萌动

在春雨的滋养和暖阳的照拂下，树木开始吐出新芽，沉睡在土壤里的种子也被唤醒了。

🌿 代表植物·杏花

到了雨水时节，在如酥春雨的滋养下，杏树也不甘寂寞，纷纷开出娇媚的花。杏花含苞待放时，花苞呈现出鲜嫩的粉色；待到花瓣尽皆展开后，花朵则呈现出稍带红晕的白色。当杏花开满树冠时，人们仿佛置身于一片清丽的白色花海中。

🍃 农业生产活动

俗话说："春雨贵如油。"此时南方已然洋溢着一片盎然的春意了，沉睡了整个冬季的冬小麦和油菜等越冬作物纷纷开始返青，此时它们对水分的需求量极大。若是雨水时节的降水量不是很充裕，农民还需及时灌溉。因此，要想获得丰收，他们就要投入到忙碌的耕种当中。

🍃 节气民俗

🌱 回娘家

雨水时节有回娘家的风俗。这一日，出嫁的女儿会带上罐罐肉等礼物回娘家探望父母，感谢父母的养育之恩。通常女婿也会带些礼物来拜望岳父岳母，最常见的礼物就是两把藤椅，上面缠有一段红绸，含义是祝愿岳父岳母长命百岁。对于新婚的女婿，岳父岳母要用雨伞作为回礼，含义是为奔波的女婿遮风挡雨，并祝愿他平安顺遂。

拉保保

雨水时节，在川西地区还有一个习俗，就是拉保保。"保保"在当地方言里是"干爹"的意思，"拉保保"就是拜干爹之意。古时候医疗条件有限，新生儿很容易夭折，因此民间会给小孩拜干爹，希望借助干爹的福气保佑孩子身体健康。同时由于雨水这一节气有雨露滋养、利于生长的含义，因此会选择在雨水时节拉保保。现在人们通过拉保保的方式联络感情，共同帮助下一代成长。

节气故事馆

天穿节的来历

每年的正月二十日是天穿节，其正处在雨水节气前后。传说，女娲就是在这一日补天的，天穿节正是为了纪念女娲炼石补天、拯救苍生的功劳而设立的。

女娲为什么要去补天呢？天又是怎么破的呢？原来，传说中女娲是创造人类的女神，正是因为她抟土造人，世间才有了人类。可是后来水神共工和火神祝融打起了架，战败的共工恼羞成怒，便一头撞倒了不周山。不周山是支撑天穹的神山，不周山一倒，人间便天崩地裂、山火蔓延、洪水滔天，猛禽与凶兽从林中出来四处害人。

女娲目睹了人间的种种惨象，心如刀绞。为了将人类从苦海中拯救出来，她决心修补苍天。

补天是一项十分艰难的工程，但为了天下苍生，女娲当仁不让地承担起这一重任。她先是从五湖四海中采选五色奇石，然后架起大火烧炼石头，直至七七四十九天后，她才终于用炼好的石头将天修补好。女娲担心天会再一次坍塌，就抓来一只巨大的乌龟，斩下它的四只脚，将其立在四方以便支起天空。

凡此种种，女娲才重新整理好天地间的秩序，人类才得以安居乐业，繁衍至今。

养生指南

春季人们容易肝气旺盛，因此应少吃酸味食品，以免损害脾胃。而人们在春天的户外活动增多，体力消耗较大，但此时脾胃的消化能力偏弱，因此不适合多吃油腻的肉食，吃一些山药粥、红枣粥是很不错的选择。此时节的天气还是比较寒冷的，像鱼、虾、鸡、豆制品等蛋白质含量丰富的食物应该多吃一些。此时节人们的户外活动增多，但要注意循序渐进，适量运动即可。

惊蛰

春雷乍起

惊蛰是二十四节气中的第三个节气。惊蛰的时间为3月6日或5日，此时太阳运行到黄经345°的位置。"惊蛰"的意思是春雷乍起，惊醒了蛰伏在泥土中的昆虫。我国劳动人民很重视惊蛰节气，因为此时气温回升，泥土润泽，繁忙的春耕就要开始了。

七十二候·惊蛰

一候，桃始华

阳春三月，草木萌芽，桃树的叶子尚未长出，花芽却已经悄悄地崭露头角了。明艳的桃花花色是早春一抹明媚的光彩。

二候，仓庚鸣

仓庚就是黄鹂。早春时节，黄鹂早早地知晓了春天的到来，纷纷在枝头开始了招引异性的婉转鸣唱。

惊蛰 天气回暖

惊蛰时节气温开始回升，但波动较大，因此要关注天气预报，根据气温变化及时增减衣物。此外，还要保持室内通风，注意个人卫生，预防疾病的传播。

三候，鹰化为鸠

在惊蛰前后，早已在大自然活跃了一段时间的老鹰开始躲起来繁育后代，而一直蛰伏的斑鸠在这时活跃起来，并开始为了求偶而鸣叫。老鹰的身影减少了，斑鸠的身影却变多了，因此古人误以为老鹰在惊蛰这几天变成了斑鸠。

代表植物·桃花

"酣睡"了整个冬季的桃花感受到春天的温暖，在惊蛰这几日睁开了"睡眼"。自由绽放的朵朵桃花如同点点胭脂，点染了山间田野，构成了一幅充满诗情画意的曼妙图画。桃树枝干优美，花朵艳丽，有粉红色、红色、白色等，是早春重要的观赏植物之一，也是我国传统的园林花木。

🌿 农业生产活动

进入惊蛰节气，气温逐渐回升，但降水量还较小。此时，华北地区的冬小麦已经返青了，因此要及时给农作物补充水分。江南地区的油菜开始开花，要好好施肥。

🌿 节气民俗

🌱 蒙鼓皮

古人想象雷神是一位长着鸟嘴和翅膀的天神，他手中拿着一把大锤，用力地击打身边的众多天鼓，人间便在惊蛰时节听到了隆隆的雷声。惊蛰这天，

> **谚 语 荟 萃**
>
> 惊蛰春雷响，农夫闲转忙。
> 惊蛰地化通，锄麦莫放松。
> 惊蛰节到闻雷声，震醒蛰伏越冬虫。

天庭有雷神击天鼓，人间百姓为了响应此举，便在这一天蒙鼓

皮，表示顺应天时之意。

🌿 剃龙头

惊蛰时节常常与农历二月二日重合，而传说掌管天下行云布雨的神龙会在这一天抬起头观看天下，因此人们说："二月二，龙抬头。"人们相信若是在这一天理发，能为自己招来好运，因此又有"二月二，剃龙头"的说法。

🦋 节气故事馆

惊蛰蒙鼓皮的由来

传说在商朝末年，周文王姬昌的孩子众多，一共有九十九个。有一次，周文王带领众人远赴殷商的国都朝歌，途中经过燕山，突然下起瓢泼大雨，同时天雷大作，雷声滚滚，连山都被震塌了，随后乌云散去，出现五彩祥云。周文王见多识广，说："雷过生光，五彩祥云，必有将星出现。"随后命令手下把在雷雨中诞生的将星找来。手下最终在一处古墓旁发现一个婴儿，这个婴儿相貌非常奇怪：人身鸟嘴，背上还长着一对翅膀。周文王高兴地将这个孩子收养为自己的第一百个儿子。因为这个孩子在雷雨中诞生，所以周文王给他取名为雷震子。

雷震子长大成人后，力大无穷，武艺高强，在哥哥周武王讨伐暴君商纣王的战争中立下赫赫战功。雷震子还特别喜欢音乐，身边总是放着许多牛皮鼓。后来雷震子成为雷神，在天庭继续击鼓打雷。人们也在惊蛰这一天，蒙鼓皮打响鼓，迎接新的节气到来。

养生指南

惊蛰时节乍暖还寒且气候干燥，需格外注意饮食及运动。饮食方面，惊蛰这天可以服用润燥的蔬果，比如莲藕、梨子等。运动方面可以采取多种运动组合进行的方式，以达到强身健体的目的。当然运动时要遵循适度原则，切忌过度劳累。另外，由于此时花朵开始绽放，因此还需要提防花粉过敏症。

春分

草长莺飞

节气解读

春分是二十四节气中的第四个节气。春分的时间为 3 月 21 日或 20 日，此时太阳运行到黄经 0° 的位置。"分"是一半的意思，"春分"即为期九十天的春季已经过去一半。春分在古代也是"日中"的别称，因为在天文学上，春分这天太阳光几乎直射赤道，全国各地昼夜几乎等长。

七十二候·春分

一候，玄鸟至

玄鸟指的是燕子。作为一种候鸟，燕子会在秋天飞往温暖的南方过冬，待到春暖花开时再回到北方筑巢产卵。

二候，雷乃发声

春分时节，下雨便要开始打雷了。古人认为雷是春天阳气生发的声音，阳气在奋力冲破阴气的阻碍，因此发出轰隆隆的雷声。

春分 风和日丽

春分之时，我国大部分地区都洋溢着春天的温暖，但青藏高原、东北、西北和华北北部地区仍然是春寒料峭。需要注意的是，由于天气回暖，泥土解冻，北方地区的沙尘天气会增多，南方则开始进入强对流天气多发期。

三候，始电

既然雷声已经响起，那么闪电又岂会失约？古人认为闪电是阳气冲破阴气的阻碍而产生的光，现在我们都知道，闪电其实是大气中的一种放电现象。

代表植物·海棠花

春分时节，若是缺了海棠花的点缀，岂不是少了许多趣味？看那成片的海棠花，在嫩绿的枝条上盛放，灿若朝霞，绚烂夺目。细细打量一朵海棠花，花瓣的表面是那样光洁，白里透粉的小花，就像是健康的、红润的、少女的脸。春风拂来，枝头上的海棠花微微颤动，美不胜收。

🌿 农业生产活动

春分过后，气温逐步回升，我国西北、东北、华北等地的农作物长势喜人，需水量大，并且由于气温

谚语荟萃

春分秋分，昼夜平分。
春分阴雨天，春季雨不歇。
春分麦起身，一刻值千金。

的原因，这时的水分蒸发速度略快，容易发生春旱，因此要注意多给农作物浇水。

春分过后，气温回暖，容易出现"倒春寒"，严重时会给农业生产带来危害，因此要做好防护工作，比如采用抗寒品种的作物或温室种植等。

🦋 节气民俗

🌿 竖蛋

竖蛋是每年春分时节流行的一种游戏，就是不用任何倚靠而让鸡蛋立起来。早在四千多年前，我国就有了春分竖蛋的习俗，以庆祝春天来临。如今这个习俗已经传到了世界各地。

🌿 放风筝

春分时节，风和日丽，正是放风筝的好时候。特别是春分当日，广场、公园、郊外，到处都可以看到放风筝的人。小朋友为此兴奋不已，大人也乐在其中。造型多样、颜色各异的风筝，升上高高的天空，将蓝天装点得分外明媚。

🦋 节气故事馆

赶春分和神农尝百草

在湖南东南部山区的安仁县有一个流传了几千年的传统活动，叫作"赶春分"。每到春分时节，来自全国各地的药材商人会聚集于此从事贸易活动，"赶春分"的影响力由此扩展到全国，甚至被列为湖南省非物质文化遗产保护项目。

大家为什么要赶春分呢？这和炎帝神农氏的故事有关。传说在上古时代，神农氏游历时经过安仁县，得知这里发生了瘟疫。此时正是春分时节，百姓本应忙于农耕，现在却个个倒在病榻之上。神农氏决定帮助百姓消灭瘟疫，在了解病情后就到山里寻找治病的草药。后来神农氏在山里尝遍百草，发现了许多有用的草药，并教给当地百姓服药之法，最终消灭了瘟疫。

神农氏死后，人们为了纪念他，就在每年的春分这天不约而同地来到这里祭拜。后来许多药材商人也都赶到这里开展药材贸易，规模越来越大，逐渐形成了"赶春分"的习俗。

养生指南

春分时节是保养肝脏的好时机，此时应当多吃菠菜、动物肝脏等食物；起居方面建议在室内培育一些花卉，适度养花能够净化室内空气，还有杀菌除尘的效果；运动时要注意做好热身运动，防止受伤。

清明

　　清明是二十四节气中的第五个节气。清明的时间为 4 月 5 日或 4 日，此时太阳运行到黄经 15° 的位置。清明时节，天气变得清新明朗，到处柳绿桃红，百鸟争鸣，万物欣欣向荣，人们置身于这等春色之中，自然会变得清淡明智，"清明"之名便因此而生。

七十二候·清明

一候，桐始华

　　春季，百花竞相盛开，桐花正好在清明之时开放，桐花开标志着清明的到来。

二候，田鼠化鴽

　　鴽，指鹌鹑类的小鸟。清明时节阳光明媚，天气温暖，田鼠喜欢阴暗的环境，受不了强烈的阳光，

于是躲回洞穴；而喜欢阳光的鹌鹑却飞出来，享受阳光，尽情玩耍。因此古人认为田鼠在这个时候变成了鹌鹑。

🌱 三候，虹始见

清明时节多雷雨，雨水过后，碧空如洗，阳光在水汽较多的空气中发生了折射和反射，因此美丽的彩虹便出现在天边。

🦋 代表植物·桐花

清明前后，桐花如期绽放，它是春夏之交时最重要的一种节气植物。桐树高大挺拔，桐花妩媚硕大。站在树荫下抬头望去，一朵朵粉红透紫的桐花就像是一串串被系在一起的铃铛，它们紧密地挂在枝头，一簇簇、一团团的，被阳光晒得发出浓香，直引得蜜蜂飞上前辛勤地采蜜。桐花开放时是如此美好，花落时也洋洋洒洒，落英缤纷，有一种豪放酣畅之美。

清明　天清地明

有句谚语说："清明断雪，谷雨断霜。"清明时节，全国各地基本上都告别了寒冷的冬天，草木繁茂，百花争艳，到处都是一片欣欣向荣的景象。从降水方面来看，南方地区此时节多雨水，而北方大部分地区的降水仍然较少。

农业生产活动

清明时节，大部分地区都已经比较温暖，农民会抓紧时间种庄稼。此时我国许多地方耕种的小麦都进入了拔节期，生长迅速，需肥量大，因此应注意肥水管理和病虫防治。

谚语荟萃

清明前后，点瓜种豆。
清明喂个饱，瘦苗能转好。
二月清明你莫赶，三月清明你莫懒。

节气民俗

踏青

清明时节，春回大地，草长莺飞，到处都呈现出一派生机勃勃的景象，正是郊游的好时节。因此，我国自唐代以来就有清明时节远足踏青的习俗。在明媚的春光里，人们游览青山绿水，呼吸新鲜空气，与大自然亲密接触。

🍃 扫墓祭祖

中华民族一直保持着纪念祖先、缅怀过去的传统习俗，而清明时节正是扫墓祭祖的日子。这一天，人们会带上美酒、果品、鲜花等来到墓地，清除墓地的杂草，祭拜逝去的亲人，以寄托哀思。

🍃 蹴鞠

"蹴"指的是用脚踢，"鞠"指的是皮制的球，蹴鞠对现代足球的产生有重要的影响。蹴鞠创造之初，是用来训练武士的一种项目，后来逐步发展为娱乐活动、体育运动。古时候到了清明，人们会约上三五好友，共同享受蹴鞠之乐。

🍃 节气故事馆

吃青团的由来

许多地区的人会在清明时节吃青团，那么这一习俗的由来又是什么呢？

传说在晚清时，有一年的清明时节，太平天国将领李秀成被清兵逼到一处田埂。在一个村民的帮助下，他才暂时逃过一劫。

为了不让李秀成跑掉，清兵在村里层层设防，检查每一个出入村子的人，还禁止村民携带食物外出，想把他饿死在野外。

那位好心的农民苦思冥想：既要给李秀成带去食物，又要逃过清兵的检查，这该怎么办呢……他一不留神踩在一丛艾草上摔了一跤，爬起来时发现身上沾满了艾草的绿色，因此他想到了一条妙计。他采了些艾草回家，将它们煮熟并挤出汁来，再将艾草汁揉进糯米粉里，蒸成绿色的糯米团子。他将这些翠绿色的青团藏在青草里，果然骗过了检查的哨兵。

李秀成吃了青团，觉得非常香甜。在村民的帮助下，他最终逃出清军包围。后来，李秀成命令太平军学习制作青团，以便在关键时刻自保。从此清明节吃青团的习俗渐渐流传开来。

养生指南

清明时节宜养肝护肝，这时可以尝试服用银耳这种食物。银耳能够保护肝脏，增强肝脏的解毒能力。此外，人们可以吃一点含有苦味儿的果蔬，这类食物拥有很好的抗菌、解毒和降火的效果。清明时节气温比较宜人，因此应多外出运动，呼吸清新的空气，欣赏美好的景色，这样有益于身心健康。

谷雨

雨生百谷

谷雨是二十四节气中的第六个节气，也是春季最后一个节气。谷雨的时间为4月20日或19日，此时太阳运行到黄经30°的位置。"谷"就是播谷，"雨"就是降雨。谷雨时节，寒潮结束，气温升高，降水频繁，正是适合农作物生长的好时节，因此有"雨生百谷"的说法。

七十二候·谷雨

一候，萍始生

浮萍是漂浮在水面上的一种水生植物，喜欢温暖潮湿的环境。伴随着谷雨后降水增多、气温上升，浮萍开始茁壮生长。

二候，鸣鸠拂其羽

"鸠"的学名叫杜鹃，民间习惯称其为布谷鸟。谷雨二候，布谷鸟一边扇动着翅膀，一边"布谷，布谷"

地鸣叫，似乎是在操心着农事，提醒农民要赶紧播种了。

🌿 三候，戴胜降于桑

谷雨时节，桑树间开始出现戴胜鸟的身影了。这种鸟头顶长有冠毛，背部和尾部有黑白相间的美丽羽毛，因此不难辨认。戴胜鸟以昆虫为食，喜欢在树洞里筑窝。

🦜 代表植物·牡丹花

牡丹花是我国的国花，被誉为"花中之王"。直到这春色将尽的谷雨时节，牡丹花才在花园里绽放出惊人的美丽。牡丹的花色极其丰富，深红、豆绿、娇黄、暗紫……甚至还有墨色的品种。牡丹花的花形也十分多样，但常见的牡丹花，

谷雨 谷雨断霜

谷雨时节，最显著的特点是降水开始增多。北方的寒潮基本一去不返，故有"谷雨断霜"之说。南方地区，气温回升加快，有的地方甚至会略感炎热。

模样总是丰满而富丽的，那绣球般层层叠叠的花瓣，有时竟会将花蕊完全遮掩住。

🌿 农业生产活动

谷雨时节，雨水增多，正是春耕春种的大好时机。此时北方的小麦正在抽穗扬花，但害虫也越来越

谚语荟萃

过了谷雨，不怕风雨。
谷雨时节种谷天，南坡北洼忙种棉。
清明一尺笋，谷雨一丈竹。

活跃，因此要注意病虫害的防治；南方降雨丰沛，正是插秧的黄金时节，因此南方的农民就要开始耕田、施肥，准备播种水稻了。

🍃 节气民俗

🍃 品谷雨茶

谷雨茶，又叫二春茶，即谷雨时节采制的春茶。谷雨时节，温度适宜，降雨丰沛，采制的春茶品质上乘，具有茶色青绿、滋味清新、茶香宜人的特点。所以人们通常会在谷雨这天喝上一些谷雨茶。

🍃 走谷雨

我国自古以来就有"走谷雨"的习俗。谷雨这天，青年男女都要出去走村串亲或者到野外散步。人们外出能够更好地接近大自然，增强体质，联络感情。

🍃 节气故事馆

谷雨赏牡丹的由来

传说在唐高宗年间，黄河决堤，引发了一场大洪水。面对水灾，一个名叫谷雨的青年挺身而出，救出了众多乡亲，甚至还救出了一株百年牡丹。

几年后的春天，谷雨的母亲得了重病，四处求医也没有好转。那株曾经被谷雨救下的百年牡丹知道后，为了报答谷雨的救命之恩，便化身为牡丹花仙，自称丹凤，利用仙术治好了谷雨母亲的病。

又是一年牡丹花开的季节，丹凤被山里的妖怪秃鹰掳走，要用她的血酿造牡丹酒。谷雨听说后，立即闯进秃鹰的老巢，经过一番殊死搏斗，终于将秃鹰击败，救出了丹凤和其他花仙。就在众人转身刚要离开的时候，垂死挣扎的秃鹰掷出一剑，刺死了谷雨。

为了纪念勇敢的谷雨，人们便把他死去的日子命名为"谷雨"。每年一到谷雨的忌日，牡丹花就会纷纷绽放，表达对他的怀念之情。

养生指南

谷雨时节养生的关键在于保养肠胃，此时可以多服用一些粥类、汤类等流质食物；此外，人们还应在这段时间多吃黄瓜、荠菜、菠菜、冬瓜、荸荠等食物，它们能够保养内脏、补充营养。谷雨时节多外出散步是不错的选择，但由于城市中清晨时的一氧化碳等有害气体的浓度较高，因此应避免在清晨外出运动。

二十四节气

夏

万物生长——立夏

小得盈满——小满

夏收夏种——芒种

夏日北至——夏至

盛夏开始——小暑

赤日流金——大暑

立夏

万物生长

立夏是二十四节气中的第七个节气，也是夏季的第一个节气。立夏的时间是 5 月 5 日前后，此时太阳运行至黄经 45° 的位置。立夏标志着夏季的开始，温和的春季渐渐离我们远去了，取而代之的则是触手可及的炎炎夏季。

七十二候·立夏

一候，蝼蝈鸣

立夏一到，人们便会在夜晚听到蝼蝈（蝼蛄）的叫声。这是雄性蝼蝈通过摩擦翅膀发出的声音，目的是求偶。

二候，蚯蚓出

平时生活在潮湿的泥土中的蚯蚓会因地底温度的持续升高而从土壤里钻出地表，"大口大口"地呼吸新鲜的空气。

三候，王瓜生

王瓜是一种攀缘藤本植物，生长在树林或灌木丛中，有药用价值。王瓜喜欢温热的气候，所以在温暖的立夏时节，它的藤蔓会快速攀爬、生长。

代表植物·槐花

立夏时节正是槐花竞相绽放的时候。在那碧绿的树叶的掩映下，一串串槐花垂在枝头，花影参差，摇曳披拂，如此曼妙的景象真是将初夏装点得分外娇媚！微热的暖风徐徐吹过，那清甜的芬芳扑鼻而来，蜜蜂接受了槐花的"邀约"，一场甜蜜的邂逅便悄然而至。

农业生产活动

立夏时节，温度快速升高，草木繁茂，夏收农作物进入生长的最后阶段。冬小麦扬花灌浆，大江南北的早稻开始插秧。

立夏 炎热渐近

随着立夏节气的到来，白昼将会逐渐增长，气温也会与日俱增。但这时，我国大部分地区仍处在温暖的春季，并没有真正进入炎炎夏季。

北方降水少，气候干燥，水分蒸发快，因此农作物要及时浇灌，而且这一时节杂草滋生快，容易影响庄稼生长，所以要及

谚语荟萃

多插立夏秧，谷子收满仓。
立夏不热，五谷不结。
立夏无雷声，粮食少几升。
立夏蛇出洞，准备快防洪。

时清理杂草。南方此时进入雨季，适度的雨水能够促进庄稼生长，但过量的雨水可能会滋生病虫害，因此要做好预防工作。

节气民俗

称人

称人，顾名思义，就是给人称体重。古人会在立夏这天挂起一杆大秤，秤钩上悬挂着一个凳子，无论长幼都需轮流坐到

凳子上称量体重。负责称体重的人还会一边称，一边讲吉利话。据说参与这项活动的人便不会害怕盛夏的炎热，也不会消瘦。

吃蛋、挂蛋、斗蛋

立夏时节，民间还有吃蛋、挂蛋、斗蛋的习俗。鸡蛋不仅美味而且富含营养，能够为人体补充因暑热而亏损的元气。大人还会将熟鸡蛋套进丝网袋，挂在孩子的脖子上，为孩子祈福。孩子则会三五成群地用熟鸡蛋玩斗蛋游戏：用熟鸡蛋尖对尖、尾对尾地碰撞，谁的蛋壳先破，谁就输了。

吃立夏饭

在立夏这一天，许多地方还有吃"立夏饭"的习俗。"立夏饭"是用黄豆、绿豆、红豆、黑豆、青豆和白粳米一起煮成的五色饭，还有的地方是用糯米做原材料，再加上笋子、蚕豆、咸肉等食材煮成的。香喷喷的立夏饭端上圆桌，全家老小欢欢喜喜地享用美食。

节气故事馆

立夏称人的由来

传说在三国时期，有一次刘备要率军外出打仗，不方便带着年幼的儿子阿斗出征，于是他就命令赵云将阿斗护送到江东，给刘备的妻子孙夫人照看。

赵云顺利地带着阿斗找到了孙夫人。孙夫人刚看到年幼可爱的阿斗时内心很是欢喜，但转念一想，自己并非阿斗的生母，倘若对阿斗有照顾不周之处，一方面会让刘备不高兴，另一方面还会在群臣之间引起非议。为了避免留下话柄，孙夫人当着赵云的面给阿斗称了称体重，还嘱咐赵云说："今天正好是立夏，等打完仗你回来接他时再称一次，看阿斗的体重增加多少。"

后来，立夏称人这个习俗渐渐流传到民间，延续至今。

养生指南

立夏时节应多食用红色的食物或含有苦味的食物，比如樱桃、西红柿、山楂、苦瓜、苦菜等，这些食物对心脏有益处。运动方面建议人们避开阳光强烈的时间段并在凉爽通风的地方进行适度的运动。

小满

小得盈满

小满是二十四节气中的第八个节气。小满的时间是 5 月 21 日或 20 日，此时太阳运行至黄经 60° 的位置。"小满"指的是麦类等夏熟作物的籽粒刚刚开始饱满，但尚未完全成熟。

七十二候·小满

一候，苦菜秀

小满时节，苦菜生长旺盛，人们可以吃苦菜充饥。它虽然吃起来很苦，但具有抗菌、解热等作用，适宜在湿热的季节食用。

二候，靡草死

靡草是一种喜阴的植物。小满时节，光照强烈，靡草会被晒死。靡草之死预示着温度升高。

三候，麦秋至

麦秋之"秋"指的并不是秋天，而是百谷成熟之时。小满过后，小麦作为夏熟作物已经成熟，可以收割了，因此对小麦来说已经到了秋收的季节，故称这一时期为"麦秋"。

代表植物·石榴花

"五月榴花照眼明"，韩愈的这句诗传神地描摹出石榴花花色鲜明的特征。小满时节，石榴花感温而发，一朵朵鲜红的花点缀在碧翠的树上，仿佛是石榴树燃起了斑斑火苗似的。那一树在熏风里摇曳着的旺盛的石榴花，以其明艳的色泽，吸引着人们的眼球。

农业生产活动

小满时节，北方地区的夏收作物已经接近成熟，进入农

小满 夏雨渐增

小满节气期间，北方地区的气温进一步上升，与南方地区的气温差距缩小，但降水量仍然较小。南方地区降雨频繁，多发暴雨或大暴雨。

事繁忙时期。这时候，北方气温高、湿度低且易刮风，容易产生干热风，因此应提前采取预防措施。南方地区春播作物生长旺盛，应注意田间管理，谨防麦粒发芽霉烂，同时秋播作物也要开始播种了。

🪷 节气民俗

🌱 祭车神

"民以食为天"，农业生产的重要性不容忽视。灌溉事业是农业生产的头等大事，而水车是灌溉农田的重要工具。人们通过踏动装在河边的水车，把河水引入农田用于灌溉。小满时，一些农村地区会祭祀车神，祈祷水源涌旺。

祭蚕神

传说蚕神是在小满这天诞生的，因此在纺织业发达的"江浙一带"有小满祭蚕神的习俗。蚕十分娇弱，对食物和环境都有较高的要求，稍有疏忽便很难养活。所以养蚕人家会在小满这天祭祀蚕神，祈求蚕茧丰收。

谚语荟萃

小满防虫患，农药备齐全。
小满暖洋洋，锄麦种杂粮。
过了小满十日种，十日不种一场空。

吃野菜

苦菜是中国人最早食用的野菜之一，俗语称："春风吹，苦菜长，荒滩野地是粮仓。"小满前后，苦菜等野菜已经长得很茂盛了，此时的野菜清凉嫩香、营养丰富，不仅吃起来清凉爽口，而且对人体也大有益处。

节气故事馆

祭蚕神的由来

传说在远古时代的一户人家里，有父女二人相依为命，父亲勤劳勇敢，女儿聪明美丽，家中还有一匹神奇的白马，它不仅可以日行千里，还能够听懂人话。

有一次，父亲因急事外出，但过了很多天也没有回来。姑娘思父心切，便在家中自言自语地说："谁能帮我找回父亲，我就嫁给他做妻子。"没想到那匹白马听了这些话后，竟然挣脱缰绳，飞奔出门，没过几天真的把父亲接了回来。

父女团聚后，女儿对父亲说了自己曾自言自语的事。父亲听后坚决不同意，为了女儿的终身大事，就忍痛杀死了白马，然后剥下马皮晾在院子里。女儿痛惜这匹马，对着马皮暗自伤心。突然，马皮飞起，将姑娘卷走了。身披马皮的姑娘被带到了一棵巨大的桑树上，变成了蚕，每日食桑叶、吐蚕丝，造福了蚕农，于是被蚕农们供奉为蚕神。

养生指南

小满饮食养生建议多食用素食。为了达到营养均衡的目的，应保证摄入多种素食，包括青菜类、豆类以及其他瓜果，还应该适当摄入一些坚果。小满时节天气湿热，容易诱发各种皮肤病，因此要保证皮肤的洁净、干爽。运动时最好选择在阴凉通风处活动，注意避免剧烈运动，以防中暑。

芒种

夏收夏种

芒种是二十四节气中的第九个节气。芒种的时间是 6 月 6 日或 5 日，此时太阳运行到黄经 75° 的位置。"芒种"的意思是有芒的麦子快收，有芒的稻子可种。芒种的悄然降临，提醒着人们春花已然飘零殆尽，树荫浓密的仲夏即将到来。

七十二候·芒种

一候，螳螂生

螳螂是一种有名的肉食性昆虫，一般在上一年秋天产下越冬卵，虫卵在第二年芒种时节发育成熟，届时这些晶莹剔透的小生命将会破卵而出。

二候，鵙始鸣

鵙，即伯劳鸟，是一种小型猛禽，喜欢捕捉昆虫、鸟和鼠等。芒种二候之时，伯劳鸟跃上枝头，发出嘹亮的啼鸣求偶。

三候，反舌无声

反舌鸟，别名乌鸫，是一种能够模仿其他鸟叫声的鸟。它在春天非常活跃，但在炎热的芒种时节就不再鸣叫。

代表植物·合欢花

芒种时节，合欢花开得很是热闹。绿油油的叶子间，无数粉嫩嫩的小花像一把把精致的扇子，随着微风的节奏，在枝头婀娜摇曳。合欢树的叶子也非常有趣，它会在夜间合拢，似乎是陷入了沉沉的梦境；而晨曦一照，便又会惺忪展开。此外，若是遇到了大风大雨，它又会逐渐合拢，保护娇嫩的叶片免受风雨地摧残。

农业生产活动

芒种时节是一年之中农业耕种最繁忙的时候。一方面，

芒种 梅雨来袭

芒种期间，雨水充沛，气温显著升高，大部分地区已经炎热起来了。此时江南地区降雨频繁，会出现持续性的阴雨天气，这样的天气往往要持续一个月左右。连绵的阴雨容易滋生霉菌，因此人们称这段时间为"霉雨季节"；又因为这时江南的梅子已经成熟，所以也被称为"梅雨季节"。此时的江南人民应当做好除霉、防雨工作。

小麦等夏收有芒作物已经成熟，如果遭遇连续阴雨，小麦就会倒伏、落粒甚至烂掉，因此农民要抓紧时间收割；另一方面，水稻等秋收有芒作物必须抓紧时间播种，如果推迟了栽种时间，水稻就会错过最佳的生长期。除此之外，还必须加强田间管理，及时定苗、锄草、保墒，即耙地、中耕，保持土壤的水分，确保农作物顺利生长。

> **谚语荟萃**
>
> 麦收时节停一停，风吹雨打一场空。
> 芒种插秧谷满尖，夏至插的结半边。
> 栽秧割麦两头忙，芒种打火夜插秧。

节气民俗

过端午节

农历五月初五是端午节，通常在芒种前后。端午节有许多传统习俗，如吃粽子、赛龙舟、喝雄黄酒、佩香包等。

🌱 煮青梅

芒种时正是梅子成熟的时节，青梅中富含的天然有机酸和矿物质，具有良好的保健作用。但是新鲜的青梅吃起来十分酸涩，难以入口，因此聪明的古人就发明了煮青梅这一方法，煮过的青梅会变得十分可口。

🪷 节气故事馆

伯劳鸟的传说

相传在周宣王时，著名的贤臣尹吉甫轻信了继室的谗言，处死了自己与先夫人的儿子伯奇，事后十分懊悔自责。

有一天，尹吉甫游猎郊外的时候，发现了一只自己前所未见的鸟。这只鸟静静地立在枝头，一边看着他，一边对他啾啾地悲鸣，那声音很是凄切婉转。

尹吉甫忽然觉得这只鸟可能就是伯奇的灵魂化成的，便温柔地对它说："伯奇，你是

否劳苦啊？假如你是我的儿子伯奇，就请你飞到我的车上吧！"话音刚落，那只鸟果然飞下枝头，停到了尹吉甫的车上，于是尹吉甫就小心地载着这只鸟回到了家里。

刚一到家，这只鸟又飞到井上对着屋里不断地哀鸣。尹吉甫顺势看去，原来是他的继室正在房里坐着。尹吉甫一想到正是继室向自己进谗言，才导致爱子伯奇枉死，心中便感到十分痛恨。于是他举起长弓，假意要射杀井上的鸟，暗中却将箭头指向了继室……

继室被尹吉甫射杀了，伯奇的在天之灵得到了安慰，他化身成的小鸟也因尹吉甫的那句"伯奇，你是否劳苦啊"而被后世取名为"伯劳鸟"。

养生指南

芒种时节气温波动较大，人们容易上火，因此需要多吃一些去火的食物，比如莲子、蜂蜜、百合、海带等。运动方面，芒种时人们的新陈代谢旺盛，因此可以多到户外散步，这样可以促进血液循环，缓解精神压力。

夏至

夏日北至

夏至是二十四节气中的第十个节气。夏至的时间为 6 月 22 日或 21 日，此时太阳运行到黄经 90° 的位置。夏至这天，太阳几乎直射北回归线，北半球的白昼时间达到最长。夏至日之后，太阳直射点开始南移，北半球白昼渐短，黑夜渐长。

七十二候·夏至

一候，鹿角解

鹿角是雄鹿的重要性别特征，有着很强的再生能力。每年到了夏至日前后，鹿角便开始脱落，到第二年春天，又会完整地长出。

二候，蜩始鸣

蜩就是蝉，俗称"知了"。夏至后就到了蝉繁殖的时期，此时雄蝉会飞到树上，鼓起腹部，利用腹部的发音器官，连续不断地发出尖锐的声音，这种聒噪的声音其实是它们求偶的乐章。

三候，半夏生

半夏是一种喜阴的药草，夏至时节，半夏在沼泽地或水田中纷纷长出来，其地下块茎是一种常见的中药材。

代表植物·紫薇花

每到夏至时节，紫薇花便会如期开放。那层层叠叠的花朵簇拥在枝头，姹紫嫣红，分外可爱，温热的风徐徐一吹，花朵便随风而动。紫薇花的花期绵长，香气十分淡雅，如果不凑近花朵仔细品嗅，就很难感知到花香的存在。

夏至　雷霆大作

夏至时节，太阳辐射强烈，地表温度持续上升，空气对流较强，因此容易出现雷阵雨。不过这种雷阵雨来得快去得也快，而且降雨范围小，民间称其为"夏雨隔田坎"。我国江南地区会受到夏至降雨的强烈影响，极易发生洪涝灾害。综上所述，江南人民应当格外警惕夏至暴雨，积极做好防洪措施。

🪷 农业生产活动

夏至时节，雨水密集，气温居高不下，不仅农作物生长旺盛，杂草、害虫也会随之而来，所以整枝打杈、

中耕除草、防治病虫等田间管理非常重要。另外，夏至易出现暴雨，应注意防洪排涝。

🪷 节气民俗

🌱 吃夏至面

"冬至饺子夏至面"的说法古已有之，夏至吃面是很多地区的重要习俗。每逢夏至，新麦已然收割，

在这一天品尝面条的滋味，有尝新之意。另外，炎炎夏日，吃一碗过水凉面也是一件很惬意的事。

消夏避伏

古时候我国许多地方都有在夏至时节互赠折扇、互送脂粉的习俗。折扇可以散热纳凉，脂粉可以止汗爽肤，用时下流行的网络用语讲，这些都是"消暑神器"。此外，古代宫廷此时还会将"冬藏夏用"的冰块取出，为皇室成员消暑降温。

节气故事馆

巧姐的故事

过去有一个叫巧姐的姑娘，十分贤惠能干，做得一手好针线。她出嫁后回门的那天，公公婆婆对她提出了一个极其苛刻要求，即让她在太阳落山前做好十双鞋袜和十只荷包带回来。

为了完成这个艰巨的任务，巧姐将所需的布匹、针线和剪刀全都带上了轿子。轿子一路颠簸，她却在轿子里做了一路的活儿。等到了娘家，她连一口水也顾不上喝、一口饭都顾不上吃，就开始飞针走线地做起活儿来。

可是当太阳就快落山时，巧姐才做了七双鞋袜和七只荷包。就在她急得欲哭无泪时，一位老婆婆出现了，向巧姐借一根红线。虽然急于做完手里的活儿，但巧姐还是先把红线递过去了。那老婆婆接过红线，往空中一扔，人便消失不见了，而红线的一头却留在了巧姐的掌心。更神奇的是，天边的那一轮红日就像一面风筝似的被巧姐牵在手中。这边巧姐一拉线头，太阳便飘向了东方。巧姐见状十分高兴，赶紧做起活儿来。就这样，巧姐终于在太阳落山前做完了活。

公公婆婆看着这些鞋袜、荷包，对巧姐很是满意。此时，太阳落山了，而巧姐手里的红线忽然飘浮起来，拽着巧姐飞向了天空，于是巧姐跟着红线渐渐消失在了晚霞当中。

据说，这一天正好是夏至日，所以夏至日的白天才这么长。

养生指南 夏至时节，多吃一些酸味食物可以起到增强食欲的作用。运动保健方面，夏至时节最值得尝试的运动项目是游泳，它可以帮助人们消减暑热、强身健体。但是游泳时一定要注意安全。

小暑

盛夏开始

节气解读

　　小暑是二十四节气中的第十一个节气，表示盛夏正式到来。小暑的时间是7月7日或8日，此时太阳运行到黄经105°的位置。"暑"的意思是炎热，"小暑"就是小有炎热，小暑节气过后天气就会一天比一天炎热。

七十二候·小暑

⚘ 一候，温风至

　　到了小暑时节，人们将再也感受不到一丝凉风，走到室外，立刻就会感觉热浪扑面而来。

⚘ 二候，蟋蟀居壁

　　蟋蟀俗称蛐蛐，喜好阴凉。小暑二候时，蟋蟀刚刚长出翅膀，会从炎热的田野里跑到岩石或墙壁的缝隙中避暑。

三候，鹰始鸷

由于地表温度过高，老鹰会选择到清凉的高空中学习飞行搏杀猎食的技术，因而变得越发凶猛。

代表植物·荷花

时雨纷纷，荷叶田田，池塘里的荷花沐雨而放。一朵朵粉嫩的"小脸儿""出淤泥而不染，濯清涟而不妖"，这份天然雕饰的美丽，给闷热的小暑时节带去一丝沁人心脾的凉意。

小暑 热浪来袭

进入小暑之后，最难熬的"三伏"就登场了。全国大部分地区进入炎热的盛夏，此时空气湿度加大，气温继续升高，天气越来越闷热。此时南方的"梅雨"结束，大部分地区进入伏旱期，人们应当减少外出，预防中暑。

🌸 农业生产活动

小暑时节是棉花的生长旺盛期，棉农除了要追肥，还要及时为棉花整枝、去老叶。此外，江淮地区会进入高温少雨的伏旱天气，应提前蓄水，用作灌溉，以免作物枯死。

🌸 节气民俗

🌱 晒伏

所谓晒伏，就是将室内的衣物、书画等拿到阳光下暴晒，以达到防潮、防霉、防蛀的目的。传说，六月初六是龙宫晒龙袍的日子，而这一天正好在小暑前后，因此民间流传着小暑"晒伏"的习俗。

> **谚语荟萃**
>
> 小暑不见日头，大暑晒开石头。
> 小暑过，一日热三分。
> 小暑不热，五谷不结。

🌱 吃饺子

头伏吃饺子是我国很多地方的传统习俗，北方就有"头伏饺子，二伏面，三伏烙饼摊鸡蛋"的说法。伏天里，由于天气闷热，人们往往会食欲不振，而饱满多汁的饺子配上酸香的陈醋，正是开胃解馋的美味。

食新

"食新"就是"尝新"的意思。小暑时节，南方有食新的习俗，这一天，农民会将刚刚收获的稻谷做成米饭、面条，并与邻里分享这崭新的滋味。此时，人们不仅会吃新鲜的谷物，还会品尝时鲜的蔬菜。

节气故事馆

回娘家习俗的由来

小暑时节恰逢六月农闲时候，部分地区有六月六回娘家的习俗。这个习俗是怎么来的呢？

在春秋时期，晋国有个著名的宰相叫狐偃，他很受人们敬重。每逢六月初六狐偃过生日，都会有许多人前来拜寿。时间一长，狐偃就变得骄傲自大，常常仗势欺人。

赵衰是晋国的另一位贤臣，也是狐偃的亲家。他对狐偃直言相劝，可是狐偃不但不听，还当众责骂赵衰。赵衰年老体弱，竟然被气死了。赵衰的儿子因此憎恨岳父，决定在六月初六那天杀死狐偃。

赵衰儿子的计划被他的妻子，也就是狐偃的女儿知晓了。她也埋怨父亲气死公公之事，但狐偃毕竟是自己的父亲，又怎能见死不救？于是她在六月初五这天跑回娘家报信。赵衰的儿子见事情败露，干脆在家里等待狐偃的惩罚。

第二天一大早，连日以来悔恨不已的狐偃亲自来到赵府道歉，他向女婿承认自己因骄傲自大而犯了错误，并且表示不但不怪罪女婿，还决心悔改。于是狐偃把女婿和女儿都接回家里过寿宴，最终两相和好。

后来狐偃真的悔改了，而且在每年六月初六都会接女儿和女婿回家团聚。渐渐地，百姓也纷纷仿效，于是就有了这个习俗。

养生指南

小暑前后，气温飙升，人体很容易损失水分，建议多食用一些水分较多的蔬果，比如冬瓜、黄瓜等。运动方面，喜欢户外运动的人应当注意防晒，可以涂抹防晒霜，佩戴太阳镜、遮阳帽等。

大暑

赤日流金

　　大暑是二十四节气中的第十二个节气。大暑的时间是 7 月 23 日或 22 日，此时太阳运行到黄经 120° 的位置。"大暑"的意思是暑气盛大。此时正值"三伏天"里的"中伏"前后，天气极为炎热，是一年中最热的时候。

七十二候·大暑

一候，腐草为萤

　　野草在烈日的炙烤中枯朽，产于草根处的萤火虫卵孵化而出，所以古人误以为萤火虫是腐草变的。

二候，土润溽暑

　　大暑时节天气闷热，土壤高温潮湿，身处室外的人仿佛处于巨大的蒸笼中。这样的环境虽给人们的心情和健康造成不利影响，却很适宜于水稻等喜水作物的生长。

三候，大雨时行

大暑时节，雨热同期，天空中不时会形成雨水落下来。到了大暑后期，暑热之气会因雷雨得到削弱。

代表植物·凤仙花

凤仙花喜光、怕湿、耐热不耐寒，正适合在大暑节气生长。这种花的花形酷似蝴蝶，有红、粉红、紫、白等多种颜色。凤仙花在民间又叫"指甲花"，这是因为凤仙花的花瓣捣烂成泥后可以用来染指甲。

大暑 炎热至极

大暑时节突出的特点便是"热"，此时气温极高，令人难以忍受。北方地区的降雨增加，大暑的酷热会相对得到缓解；南方地区则高温少雨，仍处于伏旱季节。

农业生产活动

大暑时节，气温居高不下，此时既是早稻成熟的时候，又是喜热作物生长速度最快的时期；加之酷暑炎热，水分蒸发特别快，因此需要大量的水分，应注意适时灌溉，做好抗旱保收的工作。农民要顶着烈日割稻子，还要

谚 语 荟 萃

大暑热不透，大热在秋后。
大暑不暑，五谷不鼓。
大暑不锄禾，一天少一箩。

给喜热植物灌溉，十分劳苦。我们应该铭记粮食的来之不易，不要浪费粮食。

节气民俗

送大暑船

每逢大暑当天，浙江台州沿海地区的人们便会在建好的大暑船内摆好祭品，抬到码头去，并在码头举行一系列祈福仪式。仪式过后，人们会将大暑船用渔船拖出港口，在大海上点

燃并任其沉没，以此来祈求平安顺遂。

喝暑羊

喝暑羊，即喝羊肉汤，这是华北地区在大暑这一天的习俗。经过繁忙紧张地抢收，人们往往十分疲惫，正需要好好休养。此时一家老小欢聚一堂，每人端一碗羊肉汤喝，拿一个白馍馍吃，聊聊家长里短，别提多幸福了。

斗蟋蟀

乡村田野的蟋蟀，也是大暑节气颇有意趣的小生灵。我国部分地区的人们有在茶余饭后斗蟋蟀取乐的习惯，因此大暑时节斗蟋蟀也是一件应时应景的趣事。

🪷 节气故事馆

送大暑船的由来

浙江地区有送大暑船的习俗，它的起源与"五圣"有关。"五圣"本是同科进士，后来却被皇帝含冤问斩，因怨念没办法消散，便化作了五个凶神，民间尊称他们为"五圣"。

　　传说在清朝同治年间，浙江沿海一带每到大暑时节就会有瘟疫肆虐，使得渔民们没法出海打鱼，维持生计。面对这频繁的瘟疫，当地百姓琢磨说："瘟疫准是'五圣'带来的，这些凶神咱们可惹不起，但是躲又没处躲，究竟该怎么办呢？"思来想去，众人商量出一个办法——把"五圣"送走。

　　于是人们在大暑这天，先在庙里集体供奉"五圣"，表示敬畏和虔诚之心，然后把猪肉、羊肉等食物，以及各种各样的生活用品和不同种类的武器装到渔船上，一边敲锣打鼓，一边把渔船驶入大海。这艘大暑船由两名技术娴熟的船夫驾驶，趁着落潮时出海，让船漂远后点燃，两名船夫再乘小舟回来。如果大暑船漂到深海，无影无踪，就说明仪式被"五圣"接受了，是大吉大利的征兆，送大暑船的仪式才算完成。

养生指南

　　大暑时节应多吃含钾丰富的食物，如各种豆类，以补充人体因流汗损失的钾元素；像牛奶、瘦肉和鸡蛋等含蛋白质丰富的食物，也应多摄入一些。运动时应提防中暑，选择凉爽的运动场地。

二十四节气

秋

禾谷始熟——立秋

秋意渐浓——处暑

白露未晞——白露

昼夜平分——秋分

露寒菊芳——寒露

草木凋零——霜降

立秋

禾谷始熟

　　立秋是二十四节气中的第十三个节气，代表秋季的开始。立秋的时间是 8 月 8 日或 7 日，此时太阳运行至黄经 135° 的位置。"秋"是禾与火的组合，是禾谷成熟的季节。立秋的到来预示着夏天即将过去，但此时我国各地的气温都还比较高，只有北方的部分地区早晨和夜晚有了些许凉意。

七十二候·立秋

一候，凉风至

　　立秋后，我国大部分地区刮起了偏北风，所以早晚间会吹来一阵阵凉风，天气开始变得凉爽。

二候，白露降

　　大雨过后的清晨和温差较大的夜间，水汽会在植物的表面

遇冷凝结成晶莹剔透的露珠，就仿佛是花草有感于瑟瑟秋风而纷纷垂泪。

🌾 三候，寒蝉鸣

这时节，蝉的生命即将走到尽头，它们在枝叶的隐蔽处哀伤地鸣叫着。这不仅是在宣告盛夏的终结，也好像是在控诉着生命的短暂。

🌾 代表植物·向日葵

立秋时节，向日葵正开得灿烂。它有着圆圆的形似太阳的花盘，金黄色的花瓣像亮丽的火苗，成片种植的向日葵开花时金黄耀眼，充满生机，尤为壮观，深受人们喜爱。它的花盘会随着太阳的东升西落而转动，因此得名"向日葵"，又叫"朝阳花"。向日葵的种子不仅是人们喜爱的一种零食，还可以用来榨油。

立秋 秋风送爽

立秋后降雨减少，空气湿度降低，天气的总体趋势是逐渐凉爽，但并不意味着炎热会立即结束。三伏天的末伏就是在立秋之后出现的一种短期回热现象，人们又把它称作"秋老虎"。此时我国大部分地区的气温仍然较高，因此人们仍应做好防暑降温工作。

🌾 农业生产活动

立秋前后，大部分地区气温仍然较高，各种农作物还在旺盛地生长着，一定要注意防旱。

谚语荟萃

立秋三场雨，秕稻变成米。
立秋雨淋淋，遍地是黄金。
棉花立了秋，高矮一起揪。

另外，还要趁着温度较高的有利时机，尽快追肥，加强田间管理。同时，华北地区要种大白菜了，北方的冬小麦播种也即将开始，农民需要做好整地、施肥等准备工作。

🌾 节气民俗

🌾 贴秋膘

夏季炎热，人们普遍没什么胃口，还要应付繁重的劳动，难免会变得清瘦，因此等秋风一起，胃口大开，就要吃点好的，以弥补夏天的消瘦。这就是"贴秋膘"这一习俗的来历。

啃秋

立秋时节，瓜果飘香，因此在许多地方有"立秋啃秋瓜"的习俗。具体说来便是，在立秋之日，人们会购买一个西瓜，然后一家人围在桌前分甘同味。在立秋时节多吃西瓜能够很好地预防秋燥，也能消减"秋老虎"的暑气。

节气故事馆

啃秋的由来

明太祖朱元璋建立明朝后，定都南京，追随他的一众将士也都一起来到南京居住。

这些将士常年在外征战，外加野外条件艰苦，根本无暇顾及个人卫生，因此都养成了个爱洗澡、不讲卫生的坏习惯。他们来到南京后，依然有着这些坏毛病，更有甚者还将当时军中流行的癞痢疮带到了南京城。当时是炎热的夏天，病菌滋生很快，没多久癞痢疮就传播到了老百姓当中，许多人被感染，身上生疮。尤其是体质弱的小孩子，特别容易感染癞痢疮。那个时候，医学水平有限，人们根本不知道如何治愈这种病。

后来到了夏末秋初，庐州府的富人崔公的女儿也得了癞痢疮。但是崔公的女儿爱吃西瓜，并且每天都要吃西瓜，没过几天，她身上的癞痢疮竟然自愈脱落了，于是她便认为这是吃西瓜的功效。随后，许多人家就纷纷效仿她。渐渐地，立秋时节吃西瓜的习俗就在各地传开了，每逢立秋，人们都会吃西瓜，逐渐演变成了"啃秋"的习俗。

养生指南

立秋时节有"贴秋膘"的习俗，但是"贴秋膘"不等同于"大吃大喝"，更不等同于"胡吃海塞"，暴饮暴食百害而无一利，因此立秋饮食养生还需把握适度原则。运动方面，由于立秋时节昼夜温差开始增大，因此有晨练习惯的人要注意增加衣物，以免感冒。

处暑

秋意渐浓

处暑是二十四节气中的第十四个节气。处暑的时间是8月23日或24日，此时太阳运行至黄经150°的位置。"处"是终止的意思，"处暑"就是说暑气终止，它是反映温度变化的一个节气。处暑节气的到来，意味着炎热的夏季结束了，即将过渡到凉爽的秋季。

七十二候·处暑

一候，鹰乃祭鸟

此时节，老鹰开始大量捕猎鸟类，并且会将猎物陈列整齐，仿佛是在举行某种祭祀仪式。

二候，天地始肃

这时的昼夜温差变大，气候干燥，草木纷纷凋零，天地间开始充满肃杀之气。

三候，禾乃登

"禾"是黍、稷、稻、粱类农作物的总称，"登"是成熟的意思。这个时节预示着庄稼开始成熟，农民即将迎接丰收的到来。

代表植物·玉簪花

处暑时节的代表性花卉是玉簪花，因其花苞形似发簪，花色又洁白如玉，故得"玉簪"之名。玉簪的叶片碧绿油润，花朵纤细修长，每逢夜幕，它便会散发出沁人心脾的幽香，因此也被称为"夜来香"。玉簪不仅是处暑的代表植物，还是中国著名的传统香花，它的花、叶、根都能入药。

农业生产活动

处暑昼暖夜凉的条件对农作物体内干物质的制造和积累十分有利，此时庄稼生长迅速，已经趋于成熟，农民要做好秋

处暑 暑气渐消

处暑时节，太阳直射点南移，北半球太阳辐射减弱，我国大部分地区的暑气随之减弱。总的来说，这个节令的气候特点就是白天热、早晚凉，昼夜温差大，降水减少，空气湿度低。因此处暑时节要适时增减衣物，以预防感冒的发生。

收的准备。但由于昼夜温差变大，农民要注意蓄水，适时灌溉，保持土壤湿润。

节气民俗

吃鸭子

处暑节气降临，降雨开始减少，燥气开始生成，人们普遍感到口、鼻、皮肤干燥，因此应注意预防"秋燥"。食用鸭肉可以调养人们的脾胃，应对"秋燥"，因此民间流传着处暑吃鸭子的习俗。

谚语荟萃

处暑天不暑，炎热在中午。
处暑谷渐黄，大风要提防。
处暑里的雨，仓库里的米。

🌾 开渔节

处暑时节，陆地上四处都洋溢着缕缕秋凉，但海水的温度仍然有些高，一些发育成熟的鱼虾、贝类还会徘徊在近海区域。因此在处暑期间，沿海渔民要举行一年一度的盛大仪式来庆祝休渔时间结束，迎接开渔出海时刻的到来。

🌾 放河灯

我国许多民族都有在农历七月十五中元节这天放河灯的习俗。放河灯，也称放荷灯，是我国用以悼念逝去亲人的传统民俗活动。人们将蜡烛置于纸质的河灯中，然后点燃蜡烛，将灯放到河面上，任由荧荧河灯随水远去，以寄托哀思。

🌾 节气故事馆

放河灯的由来

从前，有一户姓王的人家住在淮河边。王家夫妇膝下只有一女，名唤"仙花"。仙花生得亭亭玉立，备受父母呵护。

谁曾想，仙花十五岁的时候在七月十五这一天忽然失踪了。左邻右舍的人帮着找了一整天也没有发现她的影子。眼见天色昏沉，王家夫妇急得相拥而泣，这时有人出主意说："有人说她是在河边不见的，何不放几盏灯在河中？这样一来可以给她指明回家的路，二来还可以给她壮胆。"万般无奈之下，王家夫妇便答应了。

一个不眠之夜过后，天刚蒙蒙亮，仙花就平安归来了。她搂着爹娘放声大哭，并娓娓说出了事情的经过。原来当日她在河边玩水时，一个白胡子老头忽然凌波而来，拉着她的手不放，说要带她到龙宫里当娘娘。就在此时，她忽然看见几盏河灯漂来。最后不知怎的，她便回到了家里。

自此以后，沿河两岸的人家为了防止自家女儿被河神选去做龙宫娘娘，便会在每年的七月十五来到水边放河灯。久而久之，这个习俗就流传下来了。

养生指南

处暑时秋燥尤为严重，建议吃平菇、冬瓜、山药、银耳等食物来保养身体。运动保健方面，可以积极参加晨练活动，这样能够提高心肺的生理功能以及机体的御寒能力。

白露

白露未晞

　　白露是二十四节气中的第十五个节气。白露的时间是9月8日或7日，此时太阳运行至黄经165°的位置。"白露"的意思是在此时节，天气逐渐变凉，夜晚温度下降很快，空气中的水汽开始凝结成白色的露珠。

七十二候·白露

一候，鸿雁来

　　白露时节，天气转凉，北雁思归，于是翩翩鸿雁排成整齐的雁阵，向南方飞去。

二候，玄鸟归

　　燕子也是一种候鸟，此时也要启程飞往南方避寒。

三候，群鸟养羞

很多鸟类开始储存越冬的食物，以度过寒冷的冬日。此处的"羞"同"馐"，意思是美食、粮食。

代表植物·桂花

枫丹露白，秋高气爽，丛丛金桂次第而开。桂花的花朵小巧但香气郁烈。漫步林间时，未见其花，那阵阵蜜意便已扑鼻而来。驻足桂荫之下循香视去，那香气的源头竟是如此精致玲珑。桂花有黄白色、淡黄色、黄色、橘红色等不同花色，除观赏外，还可以用作美食的原材料。

白露 天气转凉

白露时节是一年里温差最大的时候，这时太阳直射点南移，北半球光照减少，太阳辐射减弱，气温快速下降，冷空气频繁袭来，寒冷的冬季风和温热的夏季风在这几日激烈地邂逅并展开难舍难分的纠缠，因此此时秋高气爽，夜间多晴少雨。白露节气代表着炎热的夏天彻底过去，天气已经转凉，迎来了凉爽宜人的秋季。

🌾 农业生产活动

白露是收获的时节，也是播种的时节，我国各地的农民在白露时节都开始忙碌。东北平原开始收割谷子、大豆和高粱；华中地区要抓紧时间采摘棉花、收获水稻；南方地区的晚稻进入成熟期，要利用最后的高温天气进行浇灌，促进早熟。另外，此时的天气对蔬菜的生长大有裨益，因此大江南北的菜农也忙起来了。

谚语荟萃

白露秋风夜，一夜凉一夜。
白露白露，四肢不露。
八月雁门开，雁儿脚下带霜来。

节气民俗

喝白露茶

不同于春茶的清新，白露时候的茶拥有一种醇厚的香味，仿佛历经酷暑的煎熬，茶叶也练就了一身沧桑的品性，因此别有一番风味，深受人们喜爱。

白露米酒

白露时节，全国各地都有酿造米酒的习惯。这种酒是用糯米、高粱等粮食酿成的，醇香之余还留有一丝甘甜。白露来临，此时约上三五好友品尝美酒，也是人生一大快事。

打核桃、吃核桃

白露时节也是核桃成熟的时候。白露刚过，便能见到漫山遍野的农民扛着长竿上山打核桃。核桃既已丰收，又岂有不尝鲜的道理呢？因此民间有"白露打核桃、吃核桃"的说法。

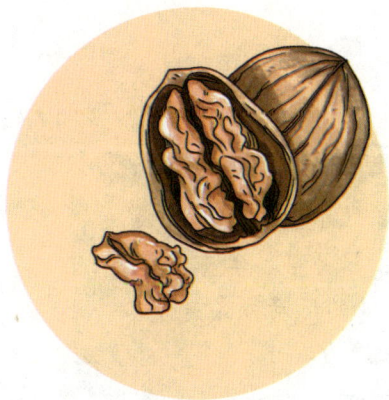

节气故事馆

白露祭大禹的由来

从前，我们的祖先生活在黄河流域，可是这里经常发生大洪水。当时的首领尧任命禹的父亲鲧来治理洪水，但鲧治理了九年也没有成功。

舜继位后，命禹继续治水。当时禹刚结婚几天，可治水工作不容懈怠，禹只好挥泪告别妻子，毅然踏上治水之路。禹吸取了父亲堵截治水失败的教训，采用了疏导的方法治水。禹跋山涉水，亲力亲为，曾经三过家门而不入。

经过多年的艰苦治理，大禹疏通了三江五湖，最终在太湖地区彻底消灭了水患，自此华夏大地的江河都顺利地东流入海，老百姓也不再受洪水之害。太湖地区的人们为了纪念大禹治水的功绩，就为他修庙筑殿。在白露时节，鱼虾肥美，渔民开始捕捞，于是选择在白露时节祭祀大禹，祈祷在他的保佑之下能有个好收成。

养生指南

白露时气候开始干燥，此时多饮水能够预防秋燥；有条件的话，还可以饮用萝卜茶、银耳茶、姜苏茶等茶饮。运动时应注意保持足底温暖，此时最佳的运动方式是慢跑，这项运动可以增强心肺功能和身体的耐寒能力。

秋分

昼夜平分

秋分是二十四节气中的第十六个节气。秋分的时间在9月23日或22日，此时太阳运行到黄经180°的位置。秋分节气意味着秋季已经过去了一半。与春分不同的是，秋分之后，太阳直射点继续南移，北半球的白天渐短，夜晚渐长。

🌾 七十二候·秋分

🌾 一候，雷始收声

此时节，阳气衰降，阴气盈升，云层的活跃度开始降低，从此，下雨便不会再发出雷声。

🌾 二候，蛰虫坯户

由于天气渐渐转凉，昆虫开始钻进洞穴之中，并用泥土将洞口封好，以抵御寒气的侵入。

三候，水始涸

此时节，降水开始减少，天气变得干燥，水分蒸发快，所以湖泊与河流中的水量变少，有些甚至会干涸。

代表植物·彼岸花

秋分之时，成片的彼岸花静静绽放，像是山林间弥漫起一层鲜红的薄雾。彼岸花的学名叫作"石蒜"。彼岸花的花瓣都向后蜷曲着，模样酷似张开的龙爪，雄蕊和花柱却袅娜地探向外侧。

农业生产活动

秋分时节，农民忙着秋收、秋耕、秋种，正是"三秋"大忙时期。北方地区的玉米、高粱、大豆等农作物已经成熟，

秋分 秋高气爽

秋分时节，凉风习习，碧空万里。此时长江流域及其以北的广大地区都先后进入秋季。该节气过后，太阳直射点继续南移，北半球得到的太阳辐射越来越少，因此气温降低得也越来越快。

农民需要抓紧时间收割。华北地区正逢播种冬小麦的黄金时间。南方的晚稻也到了抽穗扬花的关键时

期，必须避免阴雨天气和低温对农作物造成伤害。秋分不仅是收获的时节，也是播种的佳期——北方开始播种冬小麦等冬季作物，而南方也开始翻土准备秋种了。

节气民俗

吃秋菜

所谓的"秋菜"指的就是一种野生苋菜，也有人称其为"秋碧蒿"。秋分这日，人们会去田间地头挖新鲜的秋碧蒿来吃，因此有一句俗语描述此事："秋汤灌脏，洗涤肝肠。阖家老少，平安健康。"人们相信在秋分时吃秋菜有利于身体的健壮。

秋分祭月

秋分本来就是传统的"祭月节"，古代便有"春祭日，

秋祭月"的说法，而现在的中秋节便是由"祭月节"发展而来的。这一天，人们会在香案上陈列各种贡品，只待皓月当空之时，进行祭祀仪式，以此祈祷平安顺遂。后来人们为了追求仪式的完美，便将祭月的日期定在农历八月十五月圆的时候。

🌾 节气故事馆

嫦娥奔月

相传，后羿曾登上昆仑山寻仙问道，王母娘娘感念他射落九日、解救天下苍生的壮举，就赐给他两颗仙丹，并告诉后羿说："这仙丹吃一颗可使人长生不老，若是吃两颗便会飞升成仙。"

后羿拿到仙丹后，因为割舍不下他美丽的妻子嫦娥，便让嫦娥将仙丹珍藏起来。可是这件事被后羿的一个心术不正的弟子逢蒙知晓了，他也因此萌生了飞升成仙的妄念。

八月十五那天，后羿率领众弟子外出狩猎，逢蒙因装病而留了下来。等到后羿与弟子们走远了以后，逢蒙手持宝剑闯入嫦娥的房间。嫦娥自知不是逢蒙的对手，十万火急之下，就将两颗仙丹吞下了。

嫦娥吞下仙丹以后，顿时觉得身体轻盈，只是轻轻一踮脚尖，便飘上了天空。她仍然挂念着后羿，因此选择在距离地面较近的月亮上停了下来。

后羿打猎归来之后，侍女把白天发生的事告诉了后羿，后羿又惊又气，可是逢蒙早已逃之夭夭。失去了爱人的后羿非常悲痛，可也只能痴痴地望着月亮上的那一抹倩影。

百姓听说嫦娥奔月的消息后，便在八月十五这一天布置香案祭拜嫦娥，此举也成为一种习俗。

养生指南

螃蟹具有清热解毒、增强体质的功效，因此秋分时节吃螃蟹有助于身体健康。秋分时的最佳运动是登山。此时山顶空气中的负离子含量高，它有益于人体的体温调节系统，从而能够增强人体对环境变化的适应能力。

寒露

露寒菊芳

寒露是二十四节气中的第十七个节气。寒露的时间是 10 月 8 日前后，此时太阳运行至黄经 195° 的位置。古人把露水作为天气转凉的标志，与白露相比，寒露时的气温更低，此时的露水很冷，已经快要凝结成霜了。

七十二候·寒露

一候，鸿雁来宾

鸿雁排成"一"字形或"人"字形大举南迁，飞往南方越冬。

二候，雀入大水为蛤

寒风萧瑟，雀鸟都飞往南边去了，同时海边又生出许多蛤蜊，它们的条纹和颜色都与雀鸟相似，因此古人以为消失不见的雀鸟都变成了水中的蛤蜊。

三候，菊有黄华

此时菊花已经普遍开放，赏菊的时候到了。

代表植物·菊花

寒露时节，草木摇落，万艳齐衰，唯有丛丛秋菊顶着肃杀的金风傲立于世。菊花的品种极多，大小与花瓣形状各有不同，真可谓千姿百态；颜色也很丰富，白的素洁，黄的淡雅，紫的高雅，红的热烈。由于菊花绽放之时，草木纷纷凋敝，因此古人认为此花不与群芳争艳，具有傲岸的品格，并将其评价为"花中四君子"之一。

农业生产活动

寒露时节，北方的"三秋"大忙已经进入尾声。趁着天

寒露 寒意阵阵

寒露以后，我国大部分地区热气消退，早晚能够感受到明显的寒意。北方地区降水大幅减少，雷雨天气基本消失，冷空气长驱南下，呈现一片秋风萧瑟的景象。南方地区气温下降得并不明显，仍然处在秋日的氛围中。此时雨季基本结束，川、滇、黔一带偶尔还会有雷阵雨。

气晴好，要尽快摘棉花、收红薯。冬小麦种好后，要及时进行田间管理。南方地区正逢种植油菜等耐旱作物的时候，单季晚稻即将成熟，要准备收割了。

🌾 节气民俗

🌾 观红叶

寒露时节层林尽染，万山红遍，满山遍野的林叶被风霜染得如霞似锦、如诗如画。人们怎会辜负这

谚 语 荟 萃

吃了寒露饭，少见单衣汉。
寒露到霜降，种麦日夜忙。
寒露不摘棉，霜打莫怨天。

等美景呢？于是，白露时上山观赏红叶逐渐成了北方人民的一个习俗。

秋钓边

在南方，寒露时炎热渐消，秋阳和煦，正是出游的好时机。有些人会选择在河边纵情垂钓。此时气温迅速下降，太阳无法晒到深水区，所以鱼儿会游到温暖的浅水区，故有"秋钓边"的说法。

登高

登高望远是重阳节的习俗之一，重阳节在每年的农历九月初九，正好在寒露节气前后。此时节，金秋送爽，晴空万里，空气清新，十分适合进行户外活动，故而在重阳节这天登高望远渐渐成了深受人们喜爱的习俗。

节气故事馆

登高避祸的故事

传说在很久以前，有一户农民住在骊山脚下。

有一天，男主人耕作完毕，正走在回家的路上，突然碰到一个算卦先生因为找不到落脚之处而向他求助。男主人便把他带回了家中。

因为没有多余的炕，男主人一家让出了唯一的炕给算卦先生睡，他们打地铺将就了一晚。第二天，算卦先生离开时，他们还送给算卦先生一袋干粮。算卦先生无以为报，就为他们算了一卦，临走前叮嘱他们说："到了九月九，全家高处走。"

男主人虽然不解，但九月初九那天，他还是带上全家人登上了骊山。当他们正在欣赏沿途的风景时，突然半山腰的一处泉水喷涌而出，就像洪水决堤一样冲下山坡，他家的茅草房一下子就被淹没了。男主人这才明白算卦先生的苦心。

后来，这户农民从洪水中幸存的事情流传开来，人们都效仿他们，每到九月初九就带上全家老小去登高避祸。

养生指南

寒露时节建议食用新鲜的蔬果汁、猪血以及菌类，这些食物能够促进新陈代谢。运动方面推荐倒走养生，倒走可以活跃大脑并使平时很少活动的关节和肌肉得到锻炼。但倒走时一定要注意安全，确保道路上没有障碍，最好结伴运动以防意外的发生。

霜降

草木凋零

霜降是二十四节气中的第十八个节气。霜降的时间是在 10 月 24 日或 23 日，此时太阳运行到黄经 210° 的位置。"霜降"的意思就是天气愈加寒冷，露水凝结成霜。霜降的到来意味着秋季开始向冬季过渡。

七十二候·霜降

一候，豺乃祭兽

霜降时节，豺狼开始大量捕获猎物。它们会先将猎物陈列起来然后再吃掉，或者将吃不完的食物摆放起来，这种举动就像是在举行某种祭祀仪式。

二候，草木黄落

此时草木纷纷枯黄，树叶伴随着瑟瑟秋风自枝头翩翩摇落。

三候，蛰虫咸俯

到了霜降后期，蛰居的虫儿们在洞中不动不食，进入冬眠状态。

代表植物·木芙蓉

深秋霜降之时木芙蓉悄然绽放，因它不畏霜寒，故又被称为"拒霜花"。木芙蓉花大而艳丽，且颜色会发生变化，花初开时为白色，接着变成粉色，后变成深红色或紫红色，非常奇妙。

农业生产活动

霜降时节，北方大部分地区的秋收活动已经在扫尾了，要注意大白菜等蔬菜的田间管理。此时南方却进入 "三秋"

霜降 寒霜初降

霜降时节，一天之中的温度变化非常大。尤其是南方地区，白天天气晴朗，尚有一丝热气，但到了晚上，由于冷空气活动频繁，散热很快，温度有可能骤降到0℃以下，空气中的水蒸气落在地面或植物上凝结成霜。北方地区已经进入早冬季节，气温下降迅速，大风天气频繁，不耐寒的农作物即将停止生长。

大忙时节，水稻收割正当时，甘蔗也成熟了，同时还要加强油菜的田间管理。

🌾 节气民俗

🌾 捋桑叶

霜降时民间有捋桑叶的习惯。中医认为，打了霜的桑叶药效更好，这种桑叶被称为"霜桑叶"或"冬桑叶"。用霜桑叶注水泡脚可以起到疏风散湿、润肺清燥、养肝明目的作用。

🌾 吃柿子

霜降时节柿子成熟。柿子的谐音是"事"，苹果的谐音是"平",因此人们会购买柿子和苹果,希望能有"事事平安"的好彩头。此外,经商的人还会把栗子和柿子放在一起,图"利市"的吉兆。

节气故事馆

朱元璋册封凌霜侯

传说明太祖朱元璋年幼时,因为家境贫寒,穷困潦倒,不得不沦为四处讨饭的乞丐。有一年霜降时节,天气寒冷,又赶上闹饥荒,朱元璋连续几天没有吃饭,饥寒交迫,四肢无力,漫无目的地走在路上。正当他觉得自己快要饿死,几近绝望时,突然发现一个破败的小村庄,村口有一棵高大的柿子树,上面结满了又红又大的柿子。朱元璋好像看见了救命稻草一样,使出浑身力气爬到树上,吃了好几颗柿子,这才没有饿死,他感慨要不是这棵柿子树,自己说不定已经去见阎王爷了。奇怪的是,接下来的整个冬天,朱元璋原本流鼻涕、嘴唇干裂的毛病也没有了。

许多年后，朱元璋乱世称雄，成为皇帝，他仍然没有忘记那棵柿子树的救命之恩。又一年霜降时节，朱元璋偶然经过当年那个小村庄，发现那棵柿子树还在。朱元璋赶紧下马，脱下自己的红色战袍，亲自给柿子树披上，并将这棵树册封为"凌霜侯"，然后朱元璋将当年这棵树救了自己性命的事情告诉一众将士，这才依依不舍地离去。后来这个故事渐渐地在民间流传开来，逐渐形成了霜降吃柿子的习俗。

养生指南

霜降时可以适量服用坚果。坚果营养丰富，对健康十分有益，但含有极高的热量，所以不要过量食用，以免造成肥胖。霜降是秋天的最后一个节气，常有气温骤降的情况，因此在运动时应当注意保暖，慢跑、登山、散步等运动都是不错的选择。

二十四节气

冬

万籁俱寂——立冬
初雪飞来——小雪
飞琼碎玉——大雪
长夜漫漫——冬至
冰天雪地——小寒
辞旧迎新——大寒

立冬

万籁俱寂

立冬是二十四节气中的第十九个节气。立冬的时间是11月8日或7日，此时太阳运行到黄经225°的位置。"立"是"开始"的意思，"立冬"的意思就是冬季从此开始。冬季是一年的结尾，此时万物为了度过寒冬，开始进入休养的状态。

七十二候·立冬

❄ 一候，水始冰

立冬时节到来，气温迅速下降，北方地区的水开始结冰了，但此时只是薄薄一层，还不坚固。

❄ 二候，地始冻

这时北方大部分地区温度已经降至0℃以下，大部分地方开始封冻，但地表尚未冻实。

❄ 三候，雉入大水为蜃

雉就是野鸡，蜃就是大蛤。立冬时节，野鸡逐渐减少，海里的大蛤却开始变多，而且大蛤贝壳上的花纹颜色与野鸡羽毛上的花纹颜色很相似，因此古人认为那些消失的野鸡是进入水中变成了大蛤。

🐦 代表植物·寒兰

即便是在冰封的严冬，寒兰依旧潇洒自若地盛开着，正是由于它的存在，冬日无兰可赏的遗憾才得以弥补。这种兰花拥有修长碧绿的叶子以及优雅含蓄的花形，花色也十分多变。值得一提的是它的花香，越是在寒冷的时候，它的幽香就越是清新怡人，因此有"越冷越香"的说法。

立冬 寒风阵阵

在呼啸的北风中，立冬如期而至，人们都会在这一天感受到初冬的寒意。我国幅员辽阔，大兴安岭以北地区早在9月就已经进入冬季，而长江流域的冬季要等到"小雪"那日才正式开始。因此"立秋为冬日始"的说法，其实更接近黄淮地区的节候规律。

农业生产活动

立冬过后，北方地区温度大幅降低，东北地区的土地封冻，需要给农作物做好防护，以保证其顺利越冬。江南正值秋收冬种的大好时节，农民一边忙着收割、晾晒稻谷，一边忙着移栽油菜和抢种冬小麦。华北及黄淮地区昼夜

谚语荟萃

立冬北风冰雪多，立冬南风无雨雪。
立冬晴，一冬晴；立冬雨，一冬雨。
立冬白菜赛羊肉。

温差大，田间土壤夜冻昼消，水分蒸发快，因此要注意浇灌麦田等，避免冻害的发生。立冬以后天气变得十分干燥，土壤含水量减少，林区的防火工作也要提上日程。

节气民俗

❄ 迎冬

立冬在我国古代不仅是一个标志季节的节气，还是一个十分重要的节日。周朝时期，天子会在立冬日率领百官前往

郊外进行隆重的祭祀活动，被称为"迎冬"。这个传统连同仪式一起被传承下来。

❄ 补冬

立冬后就正式进入冬季了。人们认为立冬是进补身体的好时节，只有补好了身体，才能更好地度过严冬。因此人们会在立冬时饱食鸡、鸭、鱼等高热量、滋阴补阳的食物。这便是立冬时节的"补冬"习俗。

节气故事馆

立冬吃饺子的故事

传说，立冬吃饺子的习俗起源于东汉时期，而饺子的发明者正是"医圣"张仲景。

东汉时期，张仲景在长沙担任太守。有一年立冬时节，天气非常寒冷，他在回乡途中路过一个村子，发现村民饥寒交迫，不少人的耳朵被冻伤了。张仲景医者

仁心，决定帮助这些村民。于是，他研究出一个驱寒的食疗药方，即把羊肉、辣椒和一些祛寒的药物切碎，然后用面皮包成耳朵的形状，再下锅煮熟，名叫祛寒娇耳汤。很快，张仲景和徒弟们就搭起棚子，支起大锅，煮了许多祛寒娇耳汤分给村民。村民们吃了祛寒娇耳汤后，浑身发热，不仅能够抵御寒冷，连冻伤的耳朵也渐渐恢复了。后来人们在每年立冬都仿照张仲景的这种方法做祛寒娇耳汤，在流传过程中，"娇耳"的名字演变成了饺子，这个习俗也一直流传至今。

养生指南

立冬时节适合补养肾脏，可以吃一些对肾脏有好处的食物，如黑豆、黑米、紫菜、冬菇、黑枣等。身体虚弱的人可以在此时多食用牛肉，牛肉可以暖身暖胃，强身健体。运动方面，由于立冬以后气温降低、气压升高，人体容易变得僵硬，因此在运动前一定要做好充分的热身运动。热身前要注意保暖，热身后再除去多余的衣服。

小雪

初雪飞来

小雪是二十四节气中的第二十个节气，是反映降水现象的节气。小雪的时间是 11 月 23 日或 22 日，此时太阳运行到黄经 240° 的位置。小雪时节，气温越来越低，逐渐降至 0℃以下，偶尔会有降水，但降水形式从雨变成了雪。

七十二候·小雪

❄ 一候，虹藏不见

小雪时节，强冷空气活动频繁，此时北方地区通常不会下雨，也就不会出现彩虹现象。

❄ 二候，天气上升，地气下降

天空中的阳气上升，大地中的阴气下沉，因此阴阳不交，天地不通。

❄ 三候，闭塞成冬

由于万物失去了生机，天地闭塞而转入严寒的冬天。

代表植物·水仙花

水仙花在我国有极为悠久的栽培历史。培养水仙花也十分容易，只需要将它的球茎放置在清水中，用几粒石子固定住，定期为它换水即可。只要有适当的阳光与温度，假以时日，它就可以在冬天静静开放。

农业生产活动

小雪时节，北方的作物基本都停止生长，进入越冬期。为了防止果树受冻，果农要用草绳包扎果树。采摘下来的白菜等蔬菜也要及时转移到地窖保存。南方小麦播种进入收尾阶段，之后要抓紧时间种植大麦了。

小雪 小雪封地

小雪反映的是我国黄河中下游地区的气候情况，这时北方已经进入封冻期，降雪也已拉开序幕，但一般雪量较小。同时南方地区也逐渐入冬，容易出现大范围的大风降温天气。

节气民俗

❄ 吃刨汤

吃刨汤是我国土家族的风俗习惯。人们会用热气尚存的新宰猪肉，精心

烹饪出鲜美的刨汤，以此款待亲朋。一碗热气腾腾的刨汤给寒冷的冬天增添了一抹幸福的暖意。

❄ 腌菜

我国南方地区有小雪前后腌菜的习惯，当地人称其为"腌元宝菜"。这时候，南京各家各户都会买很多青菜，以

便制作腌菜。这些腌菜通常会吃到来年开春，若是有吃不完的腌菜，就将其制成干菜以便长期保存。

❄ 吃糍粑

我国南方某些地区还有小雪前后吃糍粑的习俗。古时候，糍粑是传统的节日祭品，最早是农民用来祭祀牛神的。糍粑是一种传统美食，由糯米蒸熟捣烂后制成，口感软糯，十分受人喜爱。

节气故事馆

吃糍粑的由来

春秋末年，吴国大夫伍子胥帮助吴王阖闾击败了楚国，为吴王立了大功，然后吴王命令他修建一座城池，防止敌人的侵略。城池建好后，吴王十分高兴，可是伍子胥却闷闷不乐。有人问他原因，伍子胥说："大王被胜利冲昏头脑，喜而忘忧，恐怕不会有好下场。而我在国家内外树敌太多，恐怕也活不久了。我死以后，如果国家受难，老百姓挨饿，你们就在这座城的城墙下面挖地三尺，那里就有食物。"

后来，夫差继位成了新的吴王。他不但不听从伍子胥的谏言，还听信谗言，命伍子胥自刎身亡。不久之后，越王勾践举兵来犯，很快就包围了吴国都城。当时正是小雪时节，天寒地冻，吴国都城被包围了数日，城内的百姓很快就没有粮食了。这时有人想起伍子胥的遗言，找到他说的城墙，挖地三尺，果然发现地下有许多用熟糯米压制成的砖块。原来，伍子胥当初建城时就有先见之明，暗中将大量熟糯米压制成砖块，埋在城墙下当作储备粮。最终吴国人民利用这些糯米砖块渡过了难关。

后来，人们为了纪念伍子胥，每到小雪时节，就用糯米做出砖块一样的糍粑，后来渐渐演变成一种传统习俗。

养生指南

小雪时节天气寒冷，可以食用一些能够有效抵御寒冷的食物，比如肉类、根茎类或含碘、含铁量高的食物。运动保健方面，此时的最佳运动是跳绳。跳绳可以增强心血管系统、免疫系统和神经系统的功能，不仅有利于身体健康，还能放松心情。但是跳绳前一定要做好热身，地面也不宜过于坚硬。

大雪

飞琼碎玉

大雪是二十四节气中的第二十一个节气，也是反映降水现象的节气。大雪的时间是 12 月 7 日或 6 日，此时太阳运行到黄经 255° 的位置。"大雪"不是我们常说的下大雪，而是降雪频繁的意思。大雪节气意味着天气更冷，降雪变多。

七十二候·大雪

❄ 一候，鹖旦不鸣

有记载说鹖旦就是寒号鸟，寒号鸟并不是鸟，而是一种哺乳动物。大雪时节，天气严寒，连特别爱鸣叫的寒号鸟也冻得不叫了。

❄ 二候，虎始交

古人认为大雪时节阴气最盛，所谓盛极必衰，阳气于此时

开始萌动，因此老虎开始了求偶交配活动。

❄ 三候，荔挺出

荔挺是一种兰草，这时它也感受到阳气的萌发，于是开始抽出新芽，孤独地屹立在寒天之下。

🦅 代表植物·松树

朔风肃杀时节，唯有劲松不畏严寒，依旧顽强挺拔。松树经冬犹绿，霜雪不凋，与梅花、竹子并称"岁寒三友"。松树的叶子很是特别，就像一根根碧绿的玉针，叶子外部还长了一层角质皮，这样的结构不仅能减少水分蒸发，还具有保温作用，因此它可以凌霜傲雪，四季常青。

🦅 农业生产活动

大雪时节，北方地区天寒地冻，冬小麦已经停止生长并

大雪 天寒地冻

大雪节气，我国大部分地区已经进入冬季。北方地区气温进一步下降，降雪更加频繁，雪量更大，气温低，因此容易出现积雪。降雪的范围也会扩大，黄河流域甚至也已经出现积雪。由于我国幅员辽阔，南北差异很大，此时在南方的一些地区，比如珠三角一带，仍然可以看到草木茂盛、风和日丽的景色。

进入越冬期。此时的积雪对越冬的冬小麦有很大的益处，既可以保温，又可以滋润土壤，还能冻死一些越冬的虫卵。南方的小麦、油菜还在缓慢生长，需要注意施肥、清沟排水，为安全越冬和来年开春的生长打好基础。

节气民俗

❄ 打雪仗

若是在大雪节气恰逢天降瑞雪的话，人们便会外出

谚 语 荟 萃

大雪纷纷落，明年吃馍馍。
冬天麦盖三层被，来年枕着馒头睡。
大雪河封住，冬至不行船。

打雪仗。一个个晶莹的雪球在晴空下抛来打去，伴随着人们的爽朗笑声，那是冬日里最美的人文景观。

❄ 喝雪菜汤

雪菜又名"雪里蕻"，大雪节气前后正是它上市的时候。雪菜性温，滋味甘平，富含维生素 C，而维生素 C 可以增加大脑的氧含量。冬日里喝上一碗热气腾腾的雪菜汤，不仅能暖胃暖身，还能提神醒脑。

节气故事馆

大雪腌肉的由来

俗话说"小雪腌菜，大雪腌肉"，可是为什么会有大雪腌肉的习俗呢？原来这个习俗与我国民间传说中的怪兽——年兽有关。传说年兽是一只凶恶的怪兽，平时居住在海底，一到除夕夜就爬到岸上伤人作恶。手无寸铁的百姓斗不过年兽，为了躲避它，只好一到年底就躲在家中，足不出户，直到年兽离开。所以人们必须在除夕之前储备很多食物用来避难。但肉类无法长时间保存，于是人们就想出了将肉类腌制风干的方法延长其保质期，这样在年兽来袭的时候，人们就有肉吃了。久而久之，就有了大雪腌肉的习俗。

养生指南

大雪节气推荐食用枸杞、牛肉、鲫鱼、核桃、海参等富含蛋白质、维生素且易于消化的食物。大雪时节，万物潜藏，我们要注意早睡早起，千万不要熬夜伤神，还可以适当运动，以增热抗寒。

冬至

长夜漫漫

冬至

节气解读

　　冬至，又叫"冬节""长至节"等，是二十四节气中的第二十二个节气。冬至的时间是 12 月 22 日或 21 日，此时太阳运行至黄经 270° 的位置。冬至这天太阳直射南回归线，因此冬至日是北半球一年中白天最短、黑夜最长的一天。冬至节气代表着最寒冷的时候就要到来了。

七十二候·冬至

❄ 一候，蚯蚓结

　　传说蚯蚓是阴曲阳伸的生物，此时阳气虽已萌发，但阴气仍十分强盛，所以泥土里的蚯蚓仍蜷曲着自己的身体。

❄ 二候，麋角解

　　冬至阳生，麋鹿感受到阴气逐渐消退，于是它们的角便会自行脱

落，待到来年夏天才会长出新的角。

❄ 三候，水泉动

冬至时节，虽然天气严寒，但是山中的泉水还能流动，并且是温热的。

🪺 代表植物·山茶花

凛冬已至，冰冷的雪花也无法掩盖山茶花的美艳。山茶花在冬日的阳光下熠熠生辉，其植株姿态优美，叶片厚重有光泽，看上去绿油油的。山茶花的花色十分明艳动人，颜色多种多样。它的花盘很大，花瓣也十分繁密，绽放时层层叠叠的花瓣拱出金黄娇嫩的花蕊，模样十分惹人怜爱。

冬至 数九寒天

冬至这天的白昼是一年当中最短的，但由于地表尚有"积热"，温度并不是最低的。冬至过后，中国各地都将进入一年中最寒冷的阶段，因此我们需要做好防寒保暖工作。

农业生产活动

冬至时节正处于数九寒冬的时候，积热少，气温低。北方地区的冬季农作物都处于越冬期，因此农事活动很少，开始冬歇。而在江南地区，冬季作物仍在生长，农民需要做好清沟排水、消灭害虫、防冻保苗等工作。

谚语荟萃

吃了冬至面，一天长一线。
冬至萝卜夏至姜，适时进食无病痛。
不到冬至不寒，不至夏至不热。

节气民俗

❄ 画《九九消寒图》

冬至日，民间有贴绘《九九消寒图》的习俗。古时候，人们会自冬至当天起，每天按照笔画顺序填补一个笔画，每过九天便会有一个字被填补完整，直至九九之后春归大地，一幅《九九消寒图》方才大功告成。

❄ 贴冬至丸

贴冬至丸是潮汕地区农村的一种习俗。所谓冬至丸就是一种用糯米粉蒸制的丸子，人们会在大门、器具或者牲畜上贴这种丸子，以祈祷平安顺遂。

❄ 冬至进补

中国人十分重视冬至进补。冬至当天，我国不同的地区会有不同的庆贺习俗。北方地区家家户户都会选择在这一天品尝鲜美的饺子，有的地方还有吃羊肉、喝羊汤的传统；到了南方，人们会在这一天品尝糯米饭、常鲜面和汤圆。

节气故事馆

冬至丸的故事

传说古时候的一年寒冬，一对年迈的夫妇和他们的女儿逃难至潮汕地区。当时天寒地冻，老妇不幸被饿死，老翁沿街乞讨，讨来了一碗冬至丸给女儿吃。女儿也不忍心看父亲挨饿，结果父女俩都不肯吃。

最终老父亲流着泪对女儿说："女儿呀，我现在没能力养活你了，干脆你就在这里找一户好人家嫁了吧。"女儿含泪答应了。在冬至这天，父女二人分离了。

女儿嫁人后，过上了安定的日子。但她天天思念父亲，尤其是到了冬至时节。她的丈夫看到后，十分不忍，于是在大门的门环上分别贴了两颗大大的冬至丸，希望妻子的父亲看到后，来找女儿团聚。后来每到冬至节气，他们就在门环、门框等处贴冬至丸，此举渐渐成了当地的习俗。

养生指南

鸡肉是公认的冬季进补佳品，食用鸡汤能提高人体的免疫力，起到预防流感的作用。运动保健方面，推荐尝试溜冰、滑雪和冬泳等应景的冬季运动。冬至运动时一定要注意头部的保暖和防风，此外运动要适量，切不可剧烈运动。

小寒

冰天雪地

小寒是二十四节气中的第二十三个节气，小寒的时间是1月6日或5日，此时太阳运行到黄经285°的位置。小寒、大寒是一年中较冷的两个节气，但小寒时节的气温还没有达到最低，小寒过后，气温仍会继续降低。

七十二候·小雪

❄ 一候，雁北乡

尽管此时天气十分寒冷，但那群飞往南方越冬的大雁却已经踏上了北归的航程。

❄ 二候，鹊始巢

这时，北方随处可见的喜鹊感受到了阳气，纷纷开始衔枝筑巢。

❄ 三候，雉始雊

雉，俗称野鸡，外形和鸡相似，尾巴较长。雉非常耐寒，能在冰天雪地里活动，在小寒时节往往会鸣叫。

代表植物·蜡梅

蜡梅的花骨朵儿平滑厚实，表面像是涂有一层薄蜡似的，故得名"蜡梅"。许多人以为它会在腊月盛开，因此误将其写成"腊梅"，但其实蜡梅的花期很长，一般从11月就开始开放，能开到第二年春季。蜡梅的花瓣较硬，花色主要为黄色，香味较浓郁。

农业生产活动

此时节，北方大部分地区的农民都在休息，而南方地区的农民还要继续忙碌，不仅要给小麦、油菜等施肥，还要注意做好庄稼的防寒工作。总体而言，小寒时节气温很低，农作物和禽畜容易遭受冻害，因此保暖工作很重要。

小寒 大风降温

小寒时节，太阳直射点仍然位于南半球，我国大部分地区白天短，光照少，白天获得的太阳辐射少，夜晚释放的热量多，因此气温会持续降低。有些时候，小寒时节冷空气活动比大寒时更频繁。

🦅 节气民俗

❄ 赏梅、喝梅花茶

小寒时节，我国很多地方的人会趁着梅花盛开的时候外出赏梅，然后顺手摘些梅花来煮茶喝。梅花茶不仅清香可口，还有保健功效。古人认为，小雪节气饮用梅花茶，来年就不爱生病。

> **谚 语 荟 萃**
>
> 小寒时处二三九，天寒地冻北风吼。
> 小寒大寒，冻作一团。
> 小寒大寒不下雪，小暑大暑田开裂。

❄ 过腊八节

腊八节是我国的传统节日之一，起源于古代的腊祭仪式，因此腊八节也被称作腊八祭。如今人们过腊八节时已不再举行祭祀活动，而是在这一天吃腊八粥、腊八豆腐、腊八面等来庆贺节日。

节气故事馆

火神节的故事

很久以前，一个鄂温克族的猎人上山打猎，结果什么收获也没有，最终，他又累又饿地在一个山洞中沉沉睡去。等他醒来时，发现自己携带的猎枪已经腐烂了。他惊慌失措地往回赶，一路上的风景也和上山时所见的迥然不同了。

不知走了多久，猎人终于望见远处有两个毡房，一家看上去富有，另一家看上去贫寒。他走近后，贫寒之家的人热情招待了他，而富有之家却没有人搭理他。

这时，毡房上传来火神的声音。火神威严地说："我要惩罚那冷漠的一家，保佑慈善的一家。"说着，富人家的毡房忽然冒起了浓烟，熊熊烈火吞噬了精致的房屋。这一天是小寒。

从此，鄂温克人会在每年小寒时祭祀火神，以祈祷来年六畜兴旺，生活富足。

养生指南

小寒节气正逢腊八节，可以趁机吃一些腊八粥，粥中的谷类和豆类对身体很有益处。此外，在这个时候吃一些虾肉、鲍鱼、海参等食物也对身体很有益处。运动保健方面，在公园或庭院步行健身是老少咸宜的运动方式。

大寒

辞旧迎新

大寒是二十四节气中的最后一个节气，此后，又将开始新一轮的节气轮回。大寒的时间是 1 月 20 日或 21 日，此时太阳运行至黄经 300° 的位置。大寒的意思是天气冷到极点，我国大部分地区在此节气进入一年中最冷的时候。

七十二候·大寒

❄ 一候，鸡始乳

大寒时，春天的脚步越来越近，我国南方一些地方的母鸡因感觉到天气变暖而开始孵小鸡。

❄ 二候，征鸟厉疾

此时，鹰隼一类的猛禽在空中盘旋，杀气腾腾地四处搜寻猎物。这群鸷鸟急需补充能量，以熬过严寒。

❄ 三候，水泽腹坚

大寒期间，我国北方大部分地区河、湖中的冰会一直冻到水中央，此时冰面最厚、最结实。

代表植物·瑞香花

瑞香花姿态俊逸，香气馥郁，绽放时花团锦簇，令人赏心悦目。作为中国的传统名花，瑞香花会在大寒时节履霜盛放，其花期常与春节重叠，似乎是有意向人们恭贺新春。因此，人们也寄予它花开富贵的美好寓意，把它当作一种吉祥之花，盛赞它为"天香祥瑞"。

大寒　滴水成冰

大寒时节，寒潮不断南下，中国大部分地区进入一年中最冷的时期，到处都是低温的大风大气，同时降雪频繁，积雪不易融化，呈现出一片冰天雪地的严寒景象。从小寒到大寒期间，气温都很低，大风天气频繁，因此务必要注意御寒保暖。

农业生产活动

大寒时节，寒潮活动强烈，全国各地农事活动普遍减少。北方地区要特别重视牲畜和越冬作物的保暖，同时要抓紧积肥堆肥，为来年的春耕做好准备。南方地区要做好田间管理工作，此时正是田鼠活跃的时候，因此要捕捉田鼠，保护作物。

节气民俗

❄ 贴窗花

大寒时节一到，离过年也就不远了。在所有过年的准备工作中，贴窗花是最盛行的民俗活动之一。

谚 语 荟 萃

小寒大寒寒得透，来年春天天暖和。
小寒大寒，滴水成冰。
大寒小寒，无风自寒。

窗花是一种剪纸艺术，心灵手巧的人会在红纸上裁剪出各种寓意吉祥的图案，贴窗花也就有红红火火、喜气扬扬的寓意。

❄ 祭灶神

每年大寒期间的腊月二十三或二十四是民间传统的祭灶节日——灶王节，北方又称"小年"。传说灶王爷会在这一天向玉帝禀报人间的事，为了祈求灶王爷能向上天言好事，人们就会在这一天祭拜他。祭品里不可缺少的一种食物就是糖瓜，人们希望灶王爷享用糖瓜以后嘴巴变甜，向玉帝多说些自家的好话。

节气故事馆

祭灶王爷的传说

传说在古代，有一对姓张的兄弟，哥哥是泥水匠，弟弟是画师。哥哥最擅长垒灶，人称"张灶王"。张灶王不仅手艺好，而且为人热心，谁家有什么矛盾纠纷，他都会上前劝解，因此人们十分尊敬他。张灶王活到七十多岁，在腊月二十三安然离世。

张灶王刚去世，他的几个儿媳妇就吵起来要分家产，整个家乱作一团。弟弟张画师对打理家事一窍不通，每天都很发愁。

有一天，张画师经过灶台，突然想出了一个好主意。他预先在灶台壁上画了张灶王的画像，等到第二年腊月二十三日这天深夜，张画师偷偷进入厨房，突然大声叫喊："大哥显灵了！"全家人都被惊醒了，循声找到张画师所在的厨房，只见在昏暗的烛光中，黑漆漆的灶台上方显现出已故的张灶王的面容，所有人都大惊失色。

此时张画师开口说："大哥托梦给我，说他死后已经成仙，玉帝命他掌管各家的灶火。你们为了家产吵闹不休，破坏了家庭和谐。大哥十分生气，准备将此事禀告玉帝，惩罚你们。"

大家听完这话吓得纷纷跪地磕头，还取来张灶王生前爱吃的糖瓜供奉在灶台上。此后，张家再也没有发生过争吵。

很快，灶王爷显灵的故事就传开了，人们不想灶王爷向上天说自己家的坏话，也开始祭拜灶王爷。

养生指南

大寒时节适合吃一些辛辣的食品，比如辣椒、胡椒和生姜，这些食物能够增强食欲、促进血液循环，是不错的御寒食物。运动保健方面，早起运动时应做慢跑等热身运动。运动时不要用嘴呼吸，否则冷空气会刺激咽喉、气管，甚至进入胃部引发胃痛。

写给孩子的

中国传统文化

中国传统节日

张欣怡◎主编

北京工艺美术出版社

图书在版编目（CIP）数据

写给孩子的中国传统文化．中国传统节日／张欣怡
主编．－－北京：北京工艺美术出版社，2023.4
ISBN 978-7-5140-2577-4

Ⅰ．①写… Ⅱ．①张… Ⅲ．①中华文化－儿童读物②
节日－风俗习惯－中国－儿童读物 Ⅳ．① K203-49
② K892.1-49

中国国家版本馆 CIP 数据核字 (2023) 第 008055 号

出 版 人：陈高潮　　策 划 人：杨　宇　　装帧设计：郑金霞
责任编辑：赵震环　　责任印制：王　卓

法律顾问：北京恒理律师事务所　丁　玲　张馨瑜

写给孩子的中国传统文化　中国传统节日
XIE GEI HAIZI DE ZHONGGUO CHUANTONG WENHUA ZHONGGUO CHUANTONG JIERI

张欣怡　主编

出　　版	北京工艺美术出版社	
发　　行	北京美联京工图书有限公司	
地　　址	北京市西城区北三环中路6号　京版大厦B座702室	
邮　　编	100120	
电　　话	(010) 58572763 （总编室）	
	(010) 58572878 （编辑室）	
	(010) 64280045 （发　行）	
传　　真	(010) 64280045/58572763	
网　　址	www.gmcbs.cn	
经　　销	全国新华书店	
印　　刷	天津海德伟业印务有限公司	
开　　本	700 毫米×1000 毫米　1/16	
印　　张	8	
字　　数	37千字	
版　　次	2023年4月第1版	
印　　次	2023年4月第1次印刷	
印　　数	1～20000	
书　　号	ISBN 978-7-5140-2577-4	
定　　价	199.00元（全五册）	

　　二十四节气、传统节日、传统民俗、十二生肖等是中国传统文化的重要组成部分，是祖先留给我们的宝贵遗产，它们凝聚着祖先农耕文明的智慧结晶，其中蕴含着古人对自然、天地、人文和人生的思考。因此，传承和弘扬中国传统文化，可以说意义重大。

　　孩子是中国腾飞的希望，只有他们真正了解并发自内心地热爱灿烂的中国传统文化，并结合时代需求不断创新，才能让中国传统文化长盛不衰，真正地"活"在今天。

　　为了让孩子从小就受到中国传统文化的熏陶，真正了解中国传统文化，我们精心编写了《写给孩子的中国传统文化》丛书。书中内容丰富，关于节气特点、节气风俗、节日传统、节日饮食、民俗来历、生肖传说、美德故事等应有尽有；为了拉近孩子与中国传统文化的距离，我们采取了讲故事的方式，将知识与故事融

为一体，降低阅读门槛，让孩子易于理解阅读；书中的插图色彩明丽，清新自然，活泼有趣，可以给孩子带来极大的美学享受；栏目丰富，可以让孩子从多个角度了解中国传统文化；版式活泼，符合孩子的阅读习惯，可以提高孩子的阅读兴趣。相信通过阅读本套丛书，孩子一定可以清楚地了解中国传统文化的传承和演变，感受古人探索自然的智慧，体会中国传统文化的恒久魅力和时代风采。

优秀的中国传统文化是中华民族的符号，展现了中国人特有的文化内涵和精神风貌，让我们一起携手，努力将其发扬光大吧！

目录

1

目录

春节

春满乾坤福满门

春节别称新年、新岁、新春等，欢度新春佳节在民间叫"过年"。春节作为我国著名传统节日已延续数千年之久，在众多传统节日中最为盛大、最为隆重。春节时间从狭义上来讲是在农历的第一天，即农历正月初一；春节广义上指的是本年小年开始，至次年元宵节结束。春节的习俗丰富多彩，景象极为壮观，有很多诗词都有描绘，如北宋王安石的《元日》。

节日民俗

置办年货

置办年货是春节的一个十分重要的习俗，年货包括自家使用的，还包括赠送亲友的，具体有吃的、用的、玩的、穿的等，比如，瓜果零食、鸡鸭鱼肉、窗花贴纸、新鞋新衣等。人们会去各处采买年货，为了准备齐全，常常需要花费数天的时间。

🏮 拜年

新年到来之时，亲朋好友会备好礼物、互相拜年，借以表达祝福之情。晚辈向长辈拜年、说吉祥话，街坊邻里相互拜访、送上祝福。这都是世世代代流传下来的重要习俗、礼节，沐浴在美好的祝愿下，大家共迎新年、共度新春。

🏮 包压岁钱

压岁钱，又名压祟钱，是春节的重要民俗之一。通常是

谚 语 荟 萃

二十三，糖瓜粘；二十四，扫房子；二十五，磨豆腐；二十六，去割肉；二十七，杀只鸡；二十八，把面发；二十九，蒸馒头；三十晚上熬一宿；大年初一扭一扭。

年来到，年来到，闺女要花儿要炮，老婆要个暄棉袄，老头儿要个新毡帽。

在过年期间，由长辈将事先准备好的压岁钱派发给晚辈。压岁钱在民俗文化中寓意驱邪镇恶，保佑平安，晚辈得到压岁钱后就可以平平安安地度过这一岁。

🏮 吃饺子

春节时，北方必不可少的一道美食便是饺子。饺子用饺子皮和饺子馅制作，人们把馅放入皮中，对折捏紧，使漂亮的饺子像一个个小元宝，周围还有半圈"花边"。饺子馅料的种类非常丰富，包括三鲜馅、韭菜鸡蛋馅、纯肉馅等。煮熟后的饺子皮薄馅大，吃起来很香。在吃饺子时，有些人会蘸醋食用，有些人会搭配上热乎乎的饺子汤。

🏮 吃年糕

年糕属于中国传统食物，意为"年年高"，寓意"今年更比去年好"。春节之际，许多地方都会吃年糕，并且年糕上常常印有各式图案，比如"五福""如意""金元宝"等，将内心期望寄寓其中。除此之外，年糕形状也多有不同，比如一般会做成鱼状，意味着"年年有鱼，步步高升"。

🏮 节日故事馆

青年万年创建新历法

有关春节在民间有这样一个流传已久的故事，故事的主人公是一个名为万年的青年。

在很久以前，人们知道四季是不断轮回的，一个轮回就

🐭 知识拓展

饺子最初名叫"娇耳"，是作为一种药用食物存在的。相传其是由东汉医圣张仲景首创。当时战乱频仍，灾害不断，灾民成群，瘟疫暴发，时值冬季，病害多由伤寒而起，百姓的耳朵都被冻伤了。于是张仲景为人们发明了一种药物——"驱寒娇耳汤"，将煮好的羊肉和药材用面皮包成类似耳朵的形状，然后煮熟，人们吃下后伤病渐渐痊愈了。经过后世演变，现在的饺子形状多变，馅料丰富。

是一年。但是他们不知道每个季节的具体时间，也不了解农时。对古人来说，农时极为重要，不了解它，粮食收成就不好，这让历代国君都十分苦恼。有一年，商朝的国君昭告天下：谁能制定出准确预报农时的年历，就可以成为高官，并得到大量财宝。

那时有一个名叫万年的小伙子，他的家里很穷，以耕田和打柴为生。万年知道不懂农时的坏处，又听说了国君的需求，便决心制定出有准确节令的历法。此后他一边劳作，一边留意气候及动植物的变化。

这一天，万年又上山打柴，忙碌了一会儿后，他坐在大树的阴凉处休息。在观察四周的时候，他看到了阳光下树影的移动，灵光一闪，想："随着时间的推移，树影也在不断移动，我为什么不用这种方法来计算时间呢？"有了这个主意后，万年马上就把树枝插在地上，再根据阴影在阳光下的变化来计算时间。他观看了许多次，又经过刻苦研究，终于发明了日晷。

但是日晷计时需要阳光，到了阴天或雨天，太阳不出现，就无法使用了。于是万年又尽力寻找解决问题的其他办法。有一次，他留意到水珠的滴落：水珠不断从一个地方垂直滴落到另一个地方，每次所用的时间都差不多。他想道："利用水珠均匀滴落的特点，是不是可以制造出一种计时工具呢？"万年想到了办法，就又行动起来，这次他依然进行了反复实验，最终制造出了一个新的计时工具，称为五层漏壶。

通过日晷和漏壶，万年就可以比较准确地计算出一天的时长了。后来他又观察和推算出了一年的时长：四季的一次轮回需要三百六十多天。至此他构建出了一年的大框架。万年继续开展研究，终于将一年内的各个农时都确定下来。就这样，在他多年的努力下，一部新的历法诞生了。

万年将这部新历法进献给国君，国君大喜，实现承诺，将他封为国师，让他负责将新历法推行至天下。万年并没有止步于此，在推行新历法时，还在不断地完善它。在这个过程中，他又发现了星星的移动与时令的关系，因而每天晚上，他都会去高台上观察星星。

时间慢慢地流逝，万年也积累了越来越多的知识。可是这一天，万年再也不能继续完善他的历法了。夜晚，当他再次登上高台认真观察星象时，一支箭从暗处飞来，射中了他，万年不幸身亡。

得知万年中箭身亡的消息后，国君大发雷霆，立刻命人追查凶手以及幕后的主使。原来，新历法损害了曾经管理历法的旧官员的利益，正是他们暗中谋划，派人杀害了万年。国君很快下令处死了他们。

万年的新历法在全国推行，百姓掌握了准确的时令，深受其益，对他崇敬不已。为了纪念万年，人们将这部新历法命名为万年历，将万年历中的第一天确定为春节。

节日意义

春节是新一年的开始，庆祝春节即迎接新一年的到来。各式各样的春节习俗皆寓意美好，蕴含着人们对往后日子的美好祝愿。春节作为中国人民最重要的传统节日，意义非凡。庆贺新春意味着辞旧迎新，祈福新年，期望来年五谷丰登。

元宵节

花灯遍照万家春

元宵节也称上元节、小正月、元夕或灯节。农历元月即为正月，"宵"古义为夜晚，新年的首个月圆之夜在正月十五日，所以这天称为元宵节。元宵节是春节的延续，将庆贺新年的喜庆氛围推向了新高峰。元宵佳节，街头巷尾张灯结彩，红红火火，载歌载舞，格外热闹，人们成群结队地走上街头共赏明月、共观盛景、共度良宵。

节日民俗

赏花灯

元宵节赏花灯是我国的传统民俗，于西汉时期出现，至唐朝盛行起来，一直绵延至今，元宵节也因此又叫"灯节"。元宵节之际，街市之间装点着五颜六色、造型各异的花灯，既有常见的大红灯笼，还有彩灯、宫灯、走马灯等，图案样式包括花鸟兽虫，种类繁多、绚丽多彩。元宵节的夜晚，人们携亲伴友，共同观赏。

猜灯谜

猜灯谜又称打灯谜，是元宵节的又一特色活动。每逢元宵节，人们除了要挂起彩灯，还会把谜语的谜面写在纸条上，贴在五光十色的彩灯上供人猜。由于猜谜语既有趣又能启迪智慧，能很好地增强节日气氛，所以深受人们喜爱，逐渐成为元宵节不可缺少的活动。

谚语荟萃

八月十五云遮月，正月十五雪打灯。
上灯圆子落灯面，上元无雨多春旱。
元宵节，走百病。

舞龙灯

舞龙灯，又称"耍龙灯""龙灯舞"，是中国优秀传统民间文化艺术。在历史长河中，舞龙衍生出多种活动方式，龙灯在其中传播最为广泛。这种龙由竹子扎制而成，包括龙头、龙身、龙尾三部分，表面用纸包裹，涂有颜色，里面点着灯火。在龙的前方专门有人拿着安有巨球的杆子作为引领。表演时，巨球朝四面八方晃动，龙头紧紧追随巨球，龙身随之飞舞游走。

舞狮

舞狮属于中国民间传统的庆祝活动。元宵佳节之时，常有舞狮活动助兴。在长期发展演变中，舞狮逐渐衍生出南、北两种风格，南方广东的舞狮表演最为著名。每头"狮子"由双人操纵表演，一人站立舞头，一人躬身舞尾。伴随着声声锣鼓，表演人员做出狮子的各种动作。

🏮 吃元宵或汤圆

　　元宵与汤圆是元宵节最重要的食物，有非常悠久的历史。北方大多吃元宵，南方大多吃汤圆。它们长得很像，都是白白胖胖的圆球，里面都有芝麻、豆沙、枣泥等馅料，但元宵是将馅料放入糯米粉中滚出来的，汤圆是填入馅料后包出来的。生元宵硬邦邦的，煮过后就会变得软软糯糯的，好吃极了，深受人们喜欢。

节日故事馆

挂红灯避害的故事

传说在唐朝末年，黄巢率领起义军攻打郓城，然而连续奋战三天却毫无收获。转眼间，已临近新年，天寒地冻，黄巢见士兵连过冬的衣服都没有，在这样的恶劣条件下，不能硬攻，于是决定将军队暂时驻扎在山里，等过完年再攻打。

黄巢趁过新年的时候，装扮成卖汤圆的，秘密进城打探消息。

黄巢进城后，看到在不远处有一伙人正围着什么指指点点。刚好迎面走来一个衣衫破烂的老人家，正一下一下地敲着梆子卖醋。黄巢就向他询问这是怎么一回事。老人瞧了瞧黄巢，见四下无人，悄声在他耳边说道："据说过不了几天黄巢就要带兵再次攻城了，朝廷贴出告示，让百姓参军交粮，眼看战争就要来了。"

正说着，忽听有"嗒嗒嗒"急促的马蹄声响起，只见一队人马冲了出

来，马上的人高喊道："众人听着，逆贼黄巢已经进城，现已关闭城门，布下了天罗地网，所有人都禁止出入，如有发现卖汤圆的立即上报！"

黄巢一听连忙扔下东西逃跑了，他很快躲进了一户人家。没想到这里正是刚才与他讲话的那个老人的家，黄巢拜托老人让他在此躲藏。老人不禁愣了一下，然后点点头答应了。

随后老人把黄巢领到后院的一堆醋缸跟前，找了其中一个让他钻进去，他刚钻进去，就有官兵闯进门来，盘问老人有没有看见可疑的人，老汉连忙摇头否认。领头的官兵不信，下令搜查，于是十几个人到处翻箱倒柜，一通乱找，砸破了很多东西，连院中的两口醋缸也裂开了，醋流了满地，幸好黄巢所在的那个醋缸没有被打破。

知识拓展

灯谜最初是由谜语发展而来，起源于春秋战国时期，是一种可以益智娱乐的文艺游戏，包括谜面、谜目、谜底三部分。谜语悬之于灯，供人猜测，始于南宋。元宵佳节，人们仅仅欣赏五彩缤纷的彩灯仍觉意犹未尽，于是有人想到将谜语贴在彩灯上，赏玩之余也可以猜谜语，大大增加了节日趣味，因此逐渐成为元宵节的重要活动。

官兵走后，黄巢出来见满院的碎片与醋水，很是自责。老人忙让黄巢快点逃走，并告诉他逃走的路线。黄巢见老人善良实诚，便试着进一步探听军情。老人毫不犹豫地告诉他："此城建于秦始皇时期，城墙又高又厚，上面安装了滚木，边上藏着弓箭手，易守难攻。要想攻城的话，不能直接从城门开始，应该从附近的天齐庙的缺口进入。"黄巢非常高兴又惊讶于老人这样坦白，没想到老人已经知晓黄巢的身份，说道："我们生活得极度艰难，早已忍受不了这个腐败黑暗的朝廷了，正期盼着你能来救我们于水火之中啊！"黄巢非常感动，没想到老百姓如此敬重自己，就叮嘱老人正月十五之时在房檐上挂上灯笼贴好红纸。这样他们攻城的时候，易于辨认，不至于伤害到老人。

黄巢走后，老人把这个消息散播出去，慢慢地，全城百姓都知道了这个消息，家家都预备好红纸和灯笼。

黄巢一回到军中大营，就
与众将士商讨攻城大计。转眼到了正月
十五日晚，黄巢率领大军按老人所说的地点偷
偷进城，内外夹击，不一会儿就攻破了城门。

　　起义军进城后，见到门口挂红灯笼的人家，一
概不进，反而那些贪官污吏、土豪劣绅都不曾听说此事，
最终难逃一死。第二天，黄巢开仓放粮，还给那位救助他的老
人送去银两作为报答。

　　从此以后，每逢元宵佳节，家家户户都会挂上红灯笼，
一直到今天都是如此。

东方朔与元宵姑娘的故事

　　汉武帝时期，有位足智多谋的大臣叫东方朔。有一天，
东方朔正在御花园中踏雪寻梅，忽然看见一个宫女躲在角落里
哭泣。

　　东方朔上前询问她哭泣的缘由，宫女哭诉道：“回禀大人，
我叫元宵，自从进宫以后，就再也没见过我的父母。我非常想
念他们，但又无法出宫，不知何时才能跟父母见面。”

　　东方朔听后非常同情她，当即表示一定想办法让她和家
人团聚。

　　第二天，东方朔悄悄出宫，在长安城内四处散播“正月
十五火烧长安”的消息。一时间，长安城内人心惶惶，大家纷

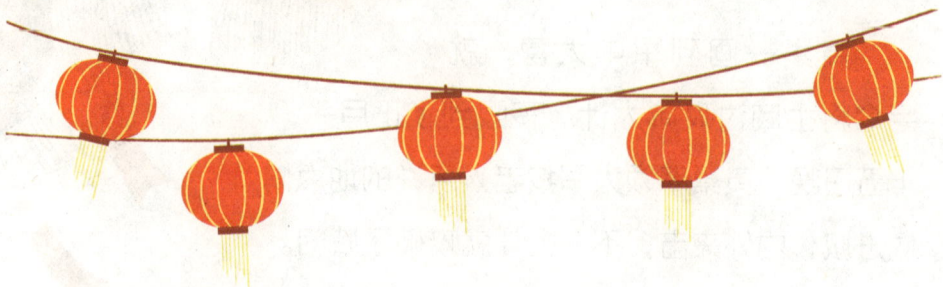

纷询问东方朔该怎么办。

东方朔说："正月十五那天晚上，玉帝会派火神下凡火烧长安，你们赶紧逃命吧！"

大家听后，慌忙奔走相告。

这个消息不胫而走，很快就传到了汉武帝的耳朵里，他连忙命人请来东方朔商量对策。

东方朔假装思考片刻后说："火神最爱吃汤圆，我听说宫中有一个叫元宵的宫女做的汤圆非常好吃，不如正月十五晚上就让元宵来教老百姓做汤圆，让家家户户用汤圆来供奉火神。

然后您再命人在长安城内挂满宫灯，让城外的百姓也一起到城中，所有人都上街观灯，就能躲避灾难了。"汉武帝立即命人照办。

转眼间，正月十五到了，元宵的父母跟着城外的其他百姓一起进了长安城。而元宵在做好汤圆后，也随着供奉火神的人群出了宫，她提着一盏大灯笼，上面写着"元宵"二字。元宵的父母看到后，惊喜地大喊："元宵！元宵！"元宵听到喊声赶紧跑过去，她终于和自己的父母相见了！

这一夜，长安城果然平安无事。汉武帝大喜，下令以后每年正月十五都用汤圆供奉火神，全城挂灯笼、放烟火。因为做汤圆的宫女名叫元宵，所以人们就把正月十五定为"元宵节"。

节日意义

庆祝新年是一个漫长的过程，到了元宵节其浓烈气氛仍未见衰减。在古代，元宵节有一定的躲避灾祸、祈求平安的意味，到如今，则是人们在明灯之间、圆月之下，普天同庆、共享喜庆。庆祝元宵节意味着团团圆圆、和和睦睦，寄寓着人们对家庭生活的美好憧憬。

春龙节

雨降吉祥龙抬头

节日解读

　　春龙节是中国重要的传统节日，由来已久，别名龙抬头、春耕节、社日节、农事节、青龙节等，时间在每年的农历二月初二这一天。中国民间认为，龙象征祥瑞，掌管风雨。据说在农历二月初二，龙王抬起头，抖下身子，使天降甘霖，滋润万物，粮食就会丰收，即民间所说的"二月二，龙抬头，大仓满，小仓流"。此外，二月初二正处惊蛰前后，百虫苏醒，易发疾病，人们期望龙出来镇住毒虫。

节日民俗

剃龙头

　　"剃龙头"是指在二月初二这一天理发。儿童理发叫"剃龙头"，大人给孩子理发是为了借龙抬头的吉兆保佑孩子健康成长；大人理发意味着辞旧迎新，希望新的一年有好运。还有很多地区，不管头发多长正月都不理发，一直等到二月初二再理发。

🏮 看社戏

社戏是社日节的一种娱乐活动，与戏曲艺术、杂技有关，在民间十分流行。表演内容多为动作表演，像是武戏、马戏等。社戏一般在庙台或临时搭建的舞台上演出。以前每到春龙节，男女老少会聚在一起观看社戏，因为去的人很多，还带动了集市的发展。比较有名的地方社戏有绍兴社戏、黄冈社戏等。

🏮 吃龙食

二月初二是有关龙的节日，因此食物也带有龙的影子。在这一天，北方人会吃龙须面、龙鳞饼等面食；南方人则会吃象征着龙牙、龙耳、龙眼的馄饨、饺子和汤圆。其

中流传最广的就是龙须面。这些将食物比作龙身体的一部分的行为，表现了人们对龙的崇拜并希望借此沾沾福气。

撒灰引龙

中国民间在春龙节会进行撒灰活动。撒的灰，主要是柴灰，还包括石灰或糠。各地具体

谚语荟萃

二月二，剃龙头，一年都有精神头儿。
二月二，龙抬头，蝎子、蜈蚣都露头。
二月二，敲锅台，大小元宝滚出来。

做法有所差异，一般有几种说法："拦门辟灾"，即把灰洒在门前；"辟除百虫"，即把灰撒在墙角；还有"围仓"或"打灰囤"，即把灰洒在院中，围成大小不一的圆圈，并在圈中象征性地放上一些粮食。

🏮 吃猪头

古时候，猪头是用来祭奠供奉的。"二月二"吃猪头是北方民间的传统习俗，从古流传至今，有着吉祥寓意。由于普通农户人家在过年时将猪肉都差不多吃完了，正月一过，新年也过去了，到"二月二"只剩下一个猪头。现代"二月二"吃"扒猪脸"，饮食方式多样，体现了当代与历史文化的完美融合。

🏮 节日故事馆

黑龙潭的故事

很久很久以前，有一座山叫龙斧山，山下不远处有一个黑龙潭，住在附近村庄的百姓引黑龙潭的潭水来浇灌农田，人们的生活安逸自在。

然而不久后发生了旱灾，几年都没有见到雨水，黑龙潭也渐渐干涸了，附近一带的老百姓都遭了殃，很多人都离开了这里另谋生路，还有一些人留了下来，他们每天祈祷，希望能感动上天下点雨，拯救他们。然而，老天爷好像睡着了一般，没有听到大家的愿望，一点儿下雨的兆头都没有。

黑龙潭边住着一对年轻夫妻，以种田和采药为生，小伙子叫强娃，小姑娘叫莹花。强娃见天还是不下雨，觉得不能再这样下去了，不如到黑龙潭瞧瞧，挖一挖潭底，没准能挖出水来，这样大家就有救了。

强娃和莹花一商量，两人立即行动起来，他们带着镢头在干涸的黑龙潭潭底挖起洞来，可是整整过了一个月，也没见到一滴水。但两人没有放弃，仍然一天又一天地到黑龙潭去。

二月初一这天，强娃还像往常那样挖着潭底，突然感觉镢头砸在了一个硬邦邦的东西上，传来金属的响声。强娃赶紧继续往下挖，一看，竟然是一个金光闪闪的大金蛋。强娃马上把莹花叫过来，两人刚刚捧起那颗金蛋，只见一只大白鸽破壳而

知识拓展

春龙节的产生与中国自古以来对龙的崇拜息息相关。在中国古代传说中，龙是掌管气候和降水的神兽，因此衍生出可以呼风唤雨的龙王形象，如《西游记》中的四海龙王：东海龙王敖广、南海龙王敖钦、西海龙王敖闰、北海龙王敖顺。不同于西方将龙形容为邪恶之物，中国始终认为龙代表着吉祥，象征着中华民族。中国人民都自称"龙的传人"，对龙怀有尊崇之情。古代帝王将龙视为权力的化身，身着"龙袍"。

出。强娃想要捉住它，还没反应过来，大白鸽就扑腾一下飞了起来。

这时，大白鸽开口说话了："我本来是天上的神仙，但是却在黑龙潭潭底困了几百年，幸好今天你们挖开了潭底，解救了我，为了报答你们，我可以帮你们实现一个愿望。"

强娃和莹花对视一下，异口同声说道："我们希望老天能够降雨，让雨水填满黑龙潭！"

大白鸽回答："在龙斧山山顶悬崖边的山洞里，有一把劈山斧，你们找到后，用它劈开黑龙潭的潭底，就会见到水了。"

说完，大白鸽就飞走了。强娃和莹花听从大白鸽的指点，一鼓作气爬上龙斧山，又齐心合力攀上悬崖，最后终于来到了山洞，里面果然放置着一把巨大的黑铁斧头，看起来似有千斤重。

强娃有点担心，不知道怎么才能拿着这把大斧头下山，可谁知，他一把就将它扛了起了，神奇的是，这把大斧竟一点儿也不重。

于是，夫妻俩欢天喜地地扛着斧头下山了，这时天已经黑了。到第二天一大早，强娃就照着大白鸽所说，抡起大斧对着潭底猛烈一劈，只听"轰隆"一声巨响，潭底剧烈颤动起来，转瞬间就裂开了一道大缝。紧接着，从裂缝中忽然飞出一条大黑龙，只见它在空中翻云吐雾后，天上布满乌云，雷声阵阵。又见黑龙长长地吐出一口气，大雨就此倾盆而下。

这场雨过后，万物都苏醒了过来，黑龙潭终于再次蓄满了潭水。大家纷纷跑来感谢强娃和莹花，还在龙斧山上建造了龙王庙，把那黑铁斧供奉在庙里。从此以后，每年二月初二，人们都会前来拜谢，在民间还传唱着这样一句话："二月二，龙抬头，人不害病地丰收。"

龙抬头的传说

相传，武则天废唐改周，自立为周武皇帝这件事惹恼了玉皇大帝，玉皇大帝一气之下，便命令四海龙王在三年内不得向人间降雨。连续数月没有降雨后，河道干涸，庄稼旱死，一时间，哀鸿遍野，民不聊生。

掌管天河的玉龙不忍心看到这种人间惨象，不惜违抗玉帝的命令私自降雨，解救了百姓。玉帝大怒，将玉龙打入凡间，并将其压在一座大山之下。山前还立了一块大石碑，上面刻有四句话："玉龙行雨犯天规，应受人间千秋罪。若想重上灵霄殿，除非金豆开花时。"

百姓们得知玉龙是为了拯救苍生才被压在山下受苦的，都十分难过。为了救出玉龙，大家纷纷去寻找开花的金豆，但

谁也没有找到。一直到第二年的农历二月初一，一位老奶奶背着一布袋玉米粒赶集，因布袋口扎得不结实，金黄的玉米粒撒了一地。

一个人看到后高兴地大喊："这玉米粒多像金豆呀！如果把它们放在锅里炒，不就爆出金花了吗？"众人一听，高兴极了，大家商定，第二天一齐行动，大家都爆玉米花。二月初二这一天，玉米花被爆得满天飞，玉龙看见这情景，高兴地大声喊道："玉帝，金豆开花了，您该履行承诺，放我出去了吧？"玉帝看到金黄色的豆子果然开花了，而且他也被众人齐心协力救玉龙的情形所感动，便将压在玉龙身上的大山移开。玉龙抬起头一跃而起，再降甘霖。

从此以后，每到二月初二这一天，人们就爆玉米花或是炒豆，并念着"二月二，龙抬头，大仓满，小仓流"，来祈求这一年五谷丰登、仓囤盈满。

节日意义　春龙节是与龙有关的节日，蕴含着人们的原始信仰，表现出对龙的无限崇拜。人们庆祝春龙节意味着祈求神龙赐福。这时已进入仲春季节，大地复苏、草木萌动，农民要进行春耕、播种，急需水分湿润土壤。所以春龙节的意义还在于祈求风调雨顺、粮食丰收。

花朝节

良辰花开美如画

花朝节从名字就可以看出与花有关，是为了庆贺百花的生日而设，简称花朝，也叫"百花生日""花神生日""挑菜节"。由于花朝节时令性很强，各地气候多有差异，所以其日期存在地域差异。有的是在农历二月初二举行，有的是在农历二月十二举行，还有的是在农历二月十五或二十五举行。

节日民俗

🏮 踏青、赏花

在花朝节之时，春暖花开，江南地区的人们会相约一起到城外踏青、赏花。姑娘们还会摘下美丽的花朵插在发间。还会剪红纸、扎彩带，挂在花枝上，将祝福寄托其中。

扑蝶会

　　春天到来，万花竞相开放，阵阵花香招引来蜜蜂蝴蝶。因此在花朝节这一天，相聚在一起的女孩，看见翩翩起舞的蝴蝶，会一同相互追逐，扑蝶作乐，嬉戏玩耍，渐渐成为一种流行的活动，也就是民间所说的扑蝶会。

晒种祈丰

　　花朝节到来之时，各家各户都会将各式各样的种子摊晒在院子中，以祈求来年能够丰收。如果在此期间没有下雨，晴天艳阳就代表着万物大丰收的吉兆。

谚语荟萃

百花生日是良辰，未到花朝一半春。万紫千红披锦绣，尚劳点缀贺花神。

十二花朝定要晴，晴明月半看丰登。

🏮 吃花糕

花朝节的传统特色美食是花糕。在这一天，人们会采摘新鲜的花瓣，预备好糯米粉，然后将鲜花捣碎，混合糯米粉制作成百花糕，这种食物带有花朵的芬芳气味，味道极好。

🏮 饮酒

唐朝时期盛行在花朝节这天饮酒。每逢花朝节，当时的文人雅士会邀请三五知己相聚在一起，赏花之余，饮酒作乐，赋诗一首，互相唱和，悠闲自得，共同庆祝百花生日。

🐍 节日故事馆

崔玄微助花开放的故事

花朝节从何而来呢？其实这背后流传着这样一个有趣的故事。

古时候人们非常爱花，对花有无限的热忱，文人墨客更甚。唐朝天宝年间，爱花成为一种社会风尚，有位名叫崔玄微的花迷，已经到了爱花成痴的地步。他一赏起花来，废寝忘食，常常对着一朵花日夜不间断地观察，甚至能从花未开一直看到花落。

到了春季，百花即将绽放，崔玄微非常激动，他每天都盯着那些花，期待着能看到花开的样子，可他等了好多天，本来应该要开放的花竟然一点儿开花的迹象都没有。

崔玄微感到很奇怪，怀疑是记错了时间，可是一翻万年历，并不是日期的问题。

一直搞不清楚这个问题，崔玄微难以安下心来。一天夜里，在他不断查找资料的时候，困意袭来，他坐在凳子上睡着了。春天的夜晚还伴有余冬的寒意，微风拂过，崔玄微身上一抖，被冻醒了。突然，他听到花园里有声音传来，然后起身想去瞧瞧是怎么一回事。

谁知一到花园，崔玄微竟然看到一群从没见过的漂亮女子坐在那里，只是每个人都神情哀伤的样子。崔玄微没多想就朝她们走去，询问道："你们是谁？为什么会出现在我的花园中？"

其中有个女子看到他也没有慌乱，回答道："我们本是伴花开放的百花精灵，因为之前与风神封姨有过节，她就恶意阻拦我们。"

听到这里崔玄微终于知道问题出在哪里了。

女子继续说："我们听说你是个极为爱花之人，所以特地前来求助于你。"

"乐意效劳，我可以做些什么呢？"崔玄微问道。

女子们见崔玄微答应了，非常高兴，于是告诉他破解之法。

第二天崔玄微就按照那些女子所说的开始做准备。他买来彩帛，还在上面画上了日月星辰的图案。准备好了之后，在

知识拓展

因"五帝之一"的青帝是公认的百花之神，所以有人还在花朝节这天拜祭青帝。除了青帝，关于十二花神还有其他说法。据说十二花神对应着农历十二个月，由于花开因时而异，所以每个月的代表花也不同。有人认为，十二花神应该是兰花、梅花、桃花、牡丹花、芍药花、石榴花、荷花、紫薇花、桂花、芙蓉花、菊花及水仙花。还有人以梅花、杏花、桃花、牡丹花、石榴花、莲花、玉簪花、桂花、菊花、芙蓉花、山茶花及水仙花为十二个月的代表花。每种花还分别有代表人物，其花语也各有特点。

五更时分，他把彩帛挂在枝头上。一时间，百花都绽放开来。突然一阵狂风袭来，草木折毁，在彩帛的保护下，花枝上的花都很安全，依然繁盛，没有被吹落。

不多时，这件事在很多地方都流传开来，爱花惜花的人纷纷仿效这一做法，慢慢形成习俗。因为当时护花的时间在早晨五更，所以称为"花朝"。久而久之，渐渐演变成一个节日，即百花生日"花朝节"。古时候民间在这天会有很多习俗，比如祭拜花神等。

节日意义

花朝节是为百花庆祝生日的节日，赏花、戴花等习俗皆与花有关，世界上像中国这样给花专门制定节日的民族是不多的，可见中华民族对花的热爱有悠久的传统。花朝节为人们的生活增添了无数浪漫情趣，弘扬了传统文化。

上巳节

暮春三月碧连天

作为中国古老的传统节日，上巳节还称三月三、春浴日、女儿节等。上巳节在农历三月上旬的巳日，所以称为"上巳"，魏晋以后固定在三月初三这一天。上巳节在中国有非常悠久的历史，在古人心目中，占有非常重要的地位。每年这一天，上至天子诸侯，下至庶民百姓，都会邀约而出，共同庆祝这一节日。

节日民俗

祓禊沐浴

在上巳节这一天有一个重要的习俗，就是沐浴。古时候人们会到水边，通过沐浴春水，洗濯污垢，来消除冬天留存的病害。还有一些地方用兰草洗身子，或用柳枝蘸上含有花瓣的水点在身体上。

🏮 放风筝

农历三月初三的上巳节时节，天气已慢慢转暖，人们开始踏青游玩。经过了沉闷的冬天，正是到户外活动的好时候，所以上巳节有放风筝的习俗，正如俗话所说"正是人间三月三，风筝飞满天"。风筝又叫纸鸢，是一种古老的游戏道具，到郊外借着春风放风筝可以强身健体、愉悦身心。

🏮 曲水流觞

上巳节之日，人们会举行多种活动，比如临水浮卵、水上浮枣和曲水流觞。其中最为古老的是临水浮卵，就是在流淌

谚 语 荟 萃

三三令节重厨房，口味新调又一桩。地米菜和鸡蛋煮，十分耐饱十分香。

三月三，荠菜当灵丹。

上巳拜高禖，子孙不用愁。

的河水中放上熟鸡蛋,随水移动,谁能拾到谁就吃掉。后来演变出水上浮枣和曲水流觞。曲水流觞指的是魏晋时期文人雅士临水设宴,众人在水边围坐,将酒杯置于水上,随水漂流,酒杯停在哪里,那个人就要把里面的酒喝下,随后赋诗一首,否则罚酒三杯,十分风雅有趣。历史上最为著名的曲水流觞活动,就是王羲之、谢安等人于兰亭举行的,为此,王羲之还留下著名的《兰亭集序》一文。

🏮 吃地米菜煮鸡蛋

在春季有一种蔬菜叫地米菜,即荠菜,吃地米菜可以止血、明目。每逢农历三月初三上巳节到来之时,正是地米菜成熟之时,民间很多地区都有吃地米菜煮鸡蛋的习俗。

🏮 吃糯米饭

糯米饭以糯米为主要食材,还会加入赤小豆、薏米等食材,蒸制而成。此外还有排骨糯米饭、菠萝糯米饭等。糯米饭往往包含多种颜色，让人看起来很有食欲。加入了多种食材的糯米饭越嚼越香，是节日不可或缺的美食。

节日故事馆

杨青与凤珍的故事

民间流传着一些与上巳节有关的故事，其中一个浪漫的故事与放风筝的习俗有关。

传说，山东潍坊的杨家庄有一个年轻人叫杨青，他年幼失亲，被一位老人抚养长大。老人擅长画画，在他的用心教导下，杨青画的画栩栩如生。老人去世后，杨青做了画师。令人惊异的是，他画的鲜花居然能将蜜蜂吸引过来，从此找他画画的人络绎不绝。

有一次，杨青去镇上卖画，途经一片山林，听到有人喊救命，就急忙去寻找，看到了一个老人被老虎追赶。杨青万分焦急，他灵机一动，拿出自己的一幅画挂在树上，将老虎吸引了过来。那幅画上有一只肥溜溜的黑猪，老虎口水直流，叼起画纸就离开了。

老人得救后请杨青去家中做客。老人很欣赏他，后来，老人的女儿凤珍与杨青相爱了。就在他们将要结婚时，突然传来宫中的圣旨，说要在民间选女子入宫，凤珍也在其中。大家都长吁短叹，不知如何是好，最终还是杨青想到了办法。他裁了一个真人大小的纸人，把凤珍的身形模样画了上去，从远处看，这纸人就像真人一样。

到了接凤珍入宫的那天，人们都看到"凤珍"竟然飘飘悠悠地飞到了天上，不久就连影子也见不到了。大家都说凤珍是被神仙接走了。此后，人们再也没有见过这一家人。

凤珍"飞走"的那一天是农历三月初三，后来人们怀想起凤珍与杨青的神奇经历和美好爱情，就在那一天糊好纸

知识拓展

放风筝作为一种游艺活动，是中国古代劳动人民的智慧结晶，距今已有两千多年的历史。传说在春秋时期，墨子历时三年研制出一种会飞的木鸟，这就是风筝的雏形。后来，鲁班继承了他的工艺，弃用沉重的木头，改用轻便的竹子制成了一只喜鹊，可以在空中飞行，这就是传说中的第一个风筝。到了汉代，产生了名为"纸鸢"的纸风筝，以竹篾做骨架，表面糊着纸，这与现代风筝极为类似。

人，并放到天上去。因为"凤珍"的谐音是"风筝"，后来人们就有了在上巳节放风筝的习俗。渐渐地，风筝演变为各种形状。

王羲之著成《兰亭集序》

东晋大书法家王羲之所书写的名震千古的《兰亭集序》就描写了上巳节当天的情形，通过这篇文章，我们可以感受到当时过节的氛围。

《兰亭集序》所描写的是晋代永和九年（公元 353 年）的上巳节。当天，王羲之与友人谢安、孙绰等相约聚集到会稽山阴的兰亭。兰亭四周群山环抱、郁郁葱葱，一条清澈的溪流绕着兰亭向远处流去。

王羲之与众人沿着溪水分散开来，用香草蘸水在身上虔诚地扑打，以除污祛邪，祈求身体康健。大家洗完之后，便席地而坐。宴饮开始，大家玩起曲水流觞的游戏。

这时，有仆人手持酒壶来到最上游的一个人身边，给他斟满酒后，把酒壶放在水里，让它漂浮着。酒壶一路顺水漂流，当酒壶漂到下游的一个人面前时，那个人就捞起酒壶给自己斟满一杯，然后再把酒壶放入水中，让酒壶继续向下游漂去。大家就这样一个接一个地满上酒，当最后一个人倒完酒后，他会把酒壶交给身边的仆人，仆人会把酒壶再送到最上游的人那里，如此一来，酒壶就开始了新一轮的漂流。

　　众人不时遥相举杯，细细地品着酒，吃着食物，畅谈各自的感慨以及抱负，都非常尽兴。很多人在欢快的氛围中诗兴大发，写下了情真意切的诗文。众人都觉得应该保存这些有感而发的诗文，便叫人记录下来，集合成册，交给王羲之写序。王羲之欣然答应，著名的《兰亭集序》便由此而来。

节日意义

　　上巳节代表着祈福日，也是人们寄托希望的节日。庆祝上巳节表现了人们对美好亘古不变的追求，表达着祛邪祈福的美好愿望。在民俗中常见水的身影，表现了人们对于生命洁净、健康的无限向往。

清明节

细雨清风寄哀思

节 日 解 读

　　清明节和春节、端午节、中秋节属于中国四大传统节日，同时清明又是中国的二十四节气之一，因此这个节日兼具自然性和人文性。清明节别名祭祖节、踏青节、行清节、三月节等，具体时间在公历 4 月 5 日或 4 日。清明时节，既是人们扫墓祭祖、寄托情感的日子，也是人们踏青出游的日子。

节日民俗

祭祖

　　清明节是最重要的祭祀祖先的节日。在我国古代，祭祖是极其重要的事情，高门大户在祭祖时有严格的流程，穷苦的人家虽然没有条件举行隆重的祭祖仪式，但也会非常重视。现如今，我们会通过扫墓、

送鲜花等方式来追思先人。

踏青

　　在民间，清明节也被叫作"踏青节"。每逢清明，天气转暖，春回大地，万物复苏，草长莺飞，自然界到处呈现生机勃勃的景象，这正是亲朋好友结伴出行到郊外散步游玩的大好时光，在清明节踏青春游的习俗一直延续至今。

植树

　　清明节气前后很适合植树，树苗成活率很高。因此，民间有清明节植树的习惯，还有人把清明节称为植树节。这一天，大人常带着孩子在郊外种树，一般选取已经生出枝干的小

树，将它种在土坑中，用铲子挖土盖好树根，再为小树浇水。植树可以保护环境，是一种很好的绿化活动，从古至今都为人们所提倡。

🏮 折柳戴柳

清明节这一天，民间有折柳、戴柳、插柳的习俗。俗话说："有心栽花花不发，无心插柳柳成荫"，柳条生命力强大，易成活。清明时节，人们会将柳枝折下，插在发间，或者把柳条编成花环的样子戴在头上，还会把折下的柳枝插在门楣、屋檐之下。

🏮 吃青团

青团是清明节时在江南地区流行的小吃。将艾草的汁拌进糯米粉里，揉成面团，里面包进豆沙或者莲蓉，再上锅蒸熟，

谚语荟萃

清明前后，种瓜点豆。
清明前后一场雨，强如秀才中了举。
清明雨星星，一棵高粱打一升。

青团便做好了。它的形状像小馒头，呈青色，表面光滑，还带有光泽。青团口感清淡软糯、香气悠长。做青团时也可以用浆麦草汁、绿叶蔬菜汁等取代艾草汁。

🏮 节日故事馆

插柳保命的故事

清明节有插柳的习俗，这又是从何而来呢？据说与黄巢这一人物有关。

唐朝末年，农民起义军领袖黄巢指挥数十万军队，南征北战，下定决心要将天下恶人除尽。话说一年九月，为了侦察敌情，不误杀好人，他乔装打扮，在泗州地界暗访民情。在一条小路上，他看到迎面来了一位妇人，身上背着一个六七岁的孩子，另外手里还牵着一个两三岁的小孩，正在慌慌张张地赶路。黄巢觉得这个女人的行为有点奇怪，就忍不住冲上前去，质问她："你这个妇人做事太不近情理，为什么背着大孩子，却让走路还不稳的小孩子在地上行走？"妇人回答："您有所不知，背着的这个孩子是我丈夫之前的夫人所生，他的母亲因为财主刘半城的逼迫已经去世了，现在他无依无靠，我不舍得让他自己赶路。而这小孩子是我亲生的，所以才让他自己走。"

黄巢听到这话内心大为感慨，这才知道自己错怪了好人，于是进一步问道："你们这样着急是要到哪里去？"妇人说："我们听闻黄巢来了，这个人见人就杀，所以准备去别处逃命。"黄巢一听大怒，吼道："是谁散播的谣言！我就是黄巢。"那妇人见此情形吓得连忙跪在地上求饶："大王饶命！"黄巢看她这般，稍稍缓解了怒气向她说明："不要害怕，快点起来，不要听他人胡说，我向来只杀那些穷凶极恶的地主，无辜的穷苦老百姓，我一下都不会动。我想知道到底是谁这样说我？"妇人回答："是我们的东家刘半城。"

黄巢非常气愤，对妇人说："你放心带着孩子回家吧，明天我会领兵将刘半城那样压迫好人的土豪劣绅通通杀光，给你们撑腰。此外，你通知那些穷苦人家，折下柳树枝条，明天将其插在屋檐下作为标记，到时我们看到后就会避开这些人家，保证你们的安全。"妇人听了连连点头，然后带着两个孩子回去了。后来老百姓听了妇人的话，都在屋檐下插好了柳枝。

黄巢回到军中后，给军队发布了一道命令：屋檐下插有柳枝的人家，一律不得惊扰！第二天黄巢率大军来此，看到在门上插柳的人家，果然不加屠戮，因此这些百姓都得以平安渡过了此劫。而那些恶霸地主家没有接到插柳的通知，最后都被起义军杀掉了。后来黄巢按照从妇人那里打听来的霸王刘半城家的位置，冲进去亲手了结了他的性命，还将搜刮出来的财产都分给了当地老百姓。泗州百姓对黄巢感恩戴德，歌颂他为民除害的功绩。

　　插柳之日正是清明这一天，因此每逢清明，家家户户仍会在屋檐下插上柳枝，取消灾避难之意。久而久之，渐成风俗，一直流传至今。

🐭 知识拓展

　　清明时节，正值柳条发芽。佛教中的观音以柳枝蘸水普度众生，受此影响，古时人们认为折柳、戴柳可以辟邪。此外还有折柳送别的风俗，离别时赠送柳枝以表达依依不舍的心意。柳树的生命力顽强，折柳送行也祝愿友人能够早日适应新环境。

刘邦祭母

传说秦朝末年之时，刘邦战胜了项羽，登基称帝。刘邦得到了天下，但他一直惦记着一件事——由于离开家乡征战多年，他已经很久没有去母亲的墓前祭拜了。现在天下已定，刘邦决定在清明节这天回家乡祭拜母亲。可是，当刘邦带人回到家乡，发现由于连年争战，很多墓碑都东倒西歪、面目全非了，墓碑上的字也已经模糊不清。刘邦找了很长时间也没找到母亲的墓碑，他又着急又伤心。

无奈之下，刘邦从身上拿出一张纸，把它撕成碎片，对着天空虔诚地许愿："母亲您在天有灵，请给孩儿明示。我把这些碎片抛向空中，落下后如果风吹不走，那么，这个地方就是母亲的坟墓。"

许完愿，刘邦把手里的碎纸片抛向空中，只见那些纸片被吹向四面八方，在风中飘摇不定，一些纸片落到了地上，又打着卷儿飘走了。但他很快发现了一件惊人的事情：竟然真的有纸片安安稳稳地落在了一座坟墓上，在风中静静地待在那儿。刘邦惊喜地跑过去，仔细端详墓碑，上面果然刻着他母亲的名字。历经波折，刘邦终于找到了母亲的坟墓，他十分惊喜，马上请人来为母亲修缮坟墓，重立墓碑，以告慰母亲的在天之灵。

从此以后，每逢清明节，刘邦都会到母亲墓前祭拜。百姓看到皇帝尚且如此，也都纷纷效仿，在清明节这天到祖先的坟墓前祭拜，缅怀祖先的同时也祈求祖先保佑。于是，清明节祭祖的习俗便延续了下来。

节日意义

清明节是祭祀的节日，在这一天我们缅怀祖先、祭奠先人，后来祭祀的对象不限于亲人朋友，也包括古人和先烈。清明节寄托着我们对过去的思念，也承载着我们对未来的期待，具有深刻的纪念意义。清明节踏春游玩也有亲近自然的意义。

端午节

端阳情志永流传

节日解读

　　端午节在农历五月初五，是中华民族的传统节日，端午节还有许多别称，比如端阳节、端五节等。关于这个节日的来源说法众多，最流行的说法是为了纪念投江自尽的楚国爱国诗人屈原，经过后世的发展，演化成今日习俗众多、寓意深刻的端午节。

节日民俗

系五彩带

　　在中国传统文化中，象征五方、五行的五种颜色被视为吉祥色，它们分别是青、红、白、黑、黄。在端午节这天，父母会在孩子的手腕上、脚腕上系上五色丝线，寓意辟邪、防五毒，希望孩子平安

吉祥。随着时代的发展，五色丝线逐渐发展成长命缕、长命锁、香包等漂亮的饰物，制作也日趋精致。

挂菖蒲、艾叶

有些地方有端午节时在大门上悬挂艾叶和菖蒲的习俗。艾叶、菖蒲在古代一直是药用植物，人们认为它们具有辟邪的作用，长期以来将其用作端午除毒治病的传统材料。端午到来之际，各家各户都会摘取几枝艾叶和菖蒲，然后再用菖蒲包裹好悬挂在门窗、屋檐等地方。

赛龙舟

在端午节当天，很多地区有赛龙舟的传统民俗活动，不同地区有不同的地方特色。人们通常将船雕刻成细长的龙形，

船头作为龙头，船尾作为龙尾，船身有龙鳞图案。竞赛时，由一人敲鼓指挥，水手伴随鼓声的节拍划桨前进，是一种有趣的体育竞赛方式。

🏮 吃粽子

粽子是端午节必不可少的传统食物。制作方法是用又长又宽的粽叶，把糯米和各种馅料包裹成牛角的样子，再用绳子绑紧，煮制而成。由于各地饮食习惯不同，粽子形成了南、北不同风味，主要分为甜粽子和咸粽子两种，常见的馅料有豆沙、红枣、咸肉等。

🏮 喝雄黄酒

"雄黄"又名雄精、石黄等，是一味古老的中药材，雄黄酒就是用雄黄研磨的粉末混合炮制而成的药酒。民谚有云："五月五，雄黄烧酒过端午。"雄黄酒是端午节的重要饮品，在这一天，民间很多地区的人们都会饮用。此外，人们还会把雄黄酒洒在屋

未吃端午粽，寒衣不可送；吃了端午粽，还要冻三冻。

清明插柳，端午插艾。

端午佳节，菖蒲插屋。

端午节，天气热；五毒醒，不安宁。

子的角落中，涂在小孩耳、鼻、头额和面颊上，可以驱散毒虫、驱除毒气。

节日故事馆

屈原投江的故事

民间流传着一些有关端午节的故事，屈原投江可以说是其中流传最广的一个。

在很久以前的战国时期，天下纷争不断，楚国有一位大夫（官职名）名叫屈原，他非常关心国家的前途和百姓的疾苦。那时强大的秦国想要统一天下，因此多次进攻楚国，甚至连楚怀王都被迫逃亡到赵国，可是赵国也不敢收留他，最终楚怀王死在了秦国。

面对这样的情境，屈原十分痛心，为了挽救楚国，他经常劝楚怀王的儿子顷襄王任用贤臣、远离小人，还要注重训练军队，来让楚国强盛。不过顷襄王是一个注重吃喝享受的国君，不仅如此，他还重用小人，那些小人都害怕打仗，只知道鼓动顷襄王割地求和。

屈原看到了国家内忧外患的险境，虽然已经用尽办法规劝楚王，但楚王就是不采纳他的建议。另一边，那些小人早已把屈原看作眼中钉、肉中刺。他们害怕与秦国打仗，总是在楚王耳边说屈原的坏话，并且污蔑屈原对楚王不敬。楚王亲近小人，把他们的话当真，越来越厌恶屈原，后来还把屈原流放到了湘南，也就是现在湖南的南部。那时候的湘南非常荒凉，屈原再也不可能有机会去楚王的面前规劝他了。

屈原被排挤、放逐，心中充满愤恨。他恨的不是自身的遭遇，而是恨楚王的不思进取、恨奸臣危害国家。但当他亲眼看到百姓难以生存、家破人亡的情景时，屈原的愤恨更加深沉，以至于寝食难安。屈原是一位极有才华的诗人，可他心中的苦闷无处可说，也无法消解，他只有徘徊在汨罗江边，吟诵着诗句以排遣心中的苦闷。屈原怀抱着最后的期望，希望楚王有一天能够醒悟，自己能够被召回，以挽救国家和人民。

日复一日，年复一年，这样度过了十几年，衰败的楚国

知识拓展

五毒指的是五种毒虫。古时候人们认为，五月是毒月，初五为毒日，所以端午节是"重午"之日，此时五毒尽出，即毒蛇、蜈蚣、蝎子、蟾蜍、壁虎，因此人们在这天会采取多种方法来躲避五毒危害，例如系五彩带，挂菖蒲、艾叶，喝雄黄酒等都是用来防五毒的手段。

最终被秦国灭掉了！此时屈原已经年迈，他被楚国灭亡的消息彻底压倒，留下了最后一首诗——《怀沙》后，就带着无尽的失望和绝望投入了汨罗江，表现出他对国家和百姓深沉的爱与责任。

屈原品性高洁、志向远大，并且从年轻时就抱有强烈的爱国、爱民的思想，曾经为国为民做过许多实事。虽然他被朝堂排斥，但百姓都十分爱戴他。得知屈原投江的消息后，他们怕屈原葬身鱼腹之中，都急忙划船赶去汨罗江打捞。江面上有许多的船只，人们都在尽力地寻找，但最终还是没能找到屈原的尸体。百姓怕江中的鱼虾啃咬屈原的身体，就把饭团子用芦苇叶包好，将米饭用竹筒盛好，倒入江中，乞求那些鱼虾吃这些食物，不要咬食屈原的身体，让他死后得到安息。

屈原投江时正是农历五月初五，"端"是初的意思，而五月就是午月，所以称为"端午"。后来逐渐演变出了在端午节吃粽子、赛龙舟的习俗。

节日意义

　　端午节正处夏季，天气燥热，人容易生病，人们借此驱邪消灾，祈福家人和自身平安。另外，端午节还具有更深刻的寓意，就是追念与祭祀为国为民奉献生命的先贤，树立家国情怀。后来端午节逐渐成为追念与崇拜高尚灵魂的节日，蕴含着深邃丰厚的文化内涵。

洗晒节

沐浴阳光共洁净

洗晒节，是中国极具乡土气息的传统节日。洗晒节在每年的农历六月初六，据说东海龙王在这一天要出水晒鳞，人们也会在这天晒衣服，以求吉利，因此叫"洗晒节"。这时天气已非常闷热，再加上正值雨季，气候湿润，万物极易霉腐损坏。所以在这一天从皇宫到民间，从城镇到农村，都有很多洗浴和晒物的习俗。

节日民俗

晒书

古时候，那些书香门第和宫中的官员会在这一天把藏书以及史籍、档案拿出来晒一晒。人们一般会把书铺在桌子上，或者搬出书箱，敞开后在阳光下晾晒。晒书主要是为了防止书籍发霉或被虫蛀，另外还带有一点"亮家底"的意思，可以向左邻右舍炫耀家中丰富的藏书，用来彰显自己学富五车，这在古代渐成风尚。

🏮 晒衣被

六月初六的洗晒活动十分广泛，除晒书外，古时候百姓还会在这一天将衣物、被子等物品拿到太阳底下晾晒。民谚有"六月六，家家'晒红绿'"的说法。

🏮 人畜洗浴

　　洗晒节还包括有关洗的活动。洗晒节这天，很多地区的女子会洗头发，据说这样头发就可以更好地保持清爽。有些地区，还会在这一天给小孩子洗澡。此外，在古代，人们将大象作为吉祥的代表，认为这种动物象征着国泰民安，因此在洗晒节会有洗象活动，这是当时的一大盛景。这一时节天气炎热，为了给动物们降温去虱，人们也会把猫、狗等动物牵到河边给它们洗澡。

🏮 回娘家

　　农历六月六，在晋南地区被称为"回娘家节"，意思就是出嫁的女儿在这一天要回娘家探亲。此时正处于农闲阶段，

谚 语 荟 萃

六月六，请姑姑。

六月六日阴，牛羊贵如金。

六月六，家家户户"晒红绿"。

六月六，晒龙衣，雨打龙衣不收米。

母亲可以好好招待女儿女婿一番。俗话说"六月六，请姑姑"，所以这天也叫"姑姑节"。

🏮 吃茯苓糕

　　一些地区有在洗晒节吃茯苓糕的传统。茯苓糕是以茯苓和面粉为原材料，加入白糖和干果蒸制而成的。茯苓糕颜色洁白，味道香甜，又好看又好吃。放冷的茯苓糕口感更紧实，风味更佳。

节日故事馆

王羲之吃胡饼的故事

在每年的六月初六，一些地区素来盛行一个习俗，即招待女婿吃胡饼，这又是从何产生的呢？传说与东晋著名书法家王羲之有关。

东晋时期，有一个大将军名叫郗鉴，他奉旨平叛，立下功劳，做了太尉。郗鉴有一个女儿，名叫郗璇，生得端庄美丽，又聪颖明慧，知书达理，郗鉴视其为掌上明珠。不知不觉，郗璇就到了谈婚论嫁的年纪，郗鉴开始考虑女儿的婚事。一经打听，听闻朝中丞相王导府上子弟众多，个个才貌双全，于是郗鉴找到王导，将自己的想法告诉了他，希望他能向自己推举一个女婿。王导说："我家这些子弟都各有所长，一时难以品评高下，您择日可以派人到我府上，好好观察一番。"郗鉴觉得甚好，便答应了下来。

知识拓展

据说晒书的习俗与唐代高僧玄奘有关。玄奘取经归来途中，不慎将经书掉落在水中，他急忙将经书捞出晒干，这些经书才得以保存。后来很多寺院也因此都会在这一天将经卷拿出晾晒。随着时间的推移，民间也产生了相似的活动，从而渐成晒书这一习俗。

几天后，郗鉴派管家拿上礼物到王丞相家中。

王府子弟听说郗太尉派人来挑选女婿，高兴得不得了，一个个都仔细打扮了一番，出来与管家相见，希望能被选中。郗府管家观察了一下这些年轻人，并且一一与他们进行了交谈。他发现，这些人虽说个个都是青年才俊，但是他们因为太想给管家留个好印象了，所以言谈举止都比较拘谨，显得不那么自然，便觉得他们都不太合适。

后来，闲逛之间，郗府管家来到了王府东边院子的书房里，只见一个青年人袒腹仰卧在靠墙的床上，正悠闲自得地吃着胡饼。管家见他这般神情，非常惊讶、好奇，觉得他与别人迥然不同，于是主动走到青年身边和他搭话。谁知那青年却不理睬，仍然躺在床上吃着胡饼。这个年轻人就是王羲之，原来在回府的半路上，他看到了一位书法家所写的古碑文，对其沉迷不已，赏玩了一番，早忘记还有相亲这一回事了。又因为天气炎热，随手把衣襟解开，就这样躺在书房的床上吃胡饼，此时还在不断回想那绝妙的书法，连管家的问话都没听到。

郗府管家回到府上，将他的所见所闻都一一禀告给了郗太尉。郗鉴就决定邀请王羲之来家中相见，他看到王羲之豁达文雅，才貌双全，又写得一手好字，十分满意，当场就决定选择王羲之为婿，"东床快婿"一说就是由此而来的。

节日意义

在洗晒节进行的不管是洗还是晒的活动，都是从夏日的气候特点出发的，是兼具实用性与仪式性的卫生保健活动。在古人眼里，"洁净"秉持着一种神圣的意义，"污秽"是灾祸的来源，所以在特殊的节日里，人们都非常重视洁净身体。洗晒节这一节日就意味着除湿洗尘、祈求吉祥。

七夕节

家家乞巧望秋月

节 日 解 读

　　七夕节是古代女孩子最为重视的节日，因此又叫"少女节"，在这天有一个重要的活动叫乞巧，所以又称"乞巧节""七巧节"，时间在每年的农历七月初七这一天，是中国重要的传统节日。七夕节在中国众多传统节日中极具浪漫色彩，被誉为中国的"情人节"。

节日民俗

拜织女

　　每到七夕节的晚上，女子都会举行拜织女的仪式。在祭拜之前先要沐浴斋戒，然后在户外放一张桌子，上面摆好水果、花生、酒水、瓜子等祭品，再放上鲜花和香炉，接着就对着织女星许愿，希望自己能像织女一样心灵手巧。仪式过后大家会围在桌前聊天儿，直至午夜。

乞巧

在七夕节这天晚上，女子之间会比赛穿针，即穿针乞巧，也叫"赛巧"。她们借着月光，将手中的五色丝线不断穿过连续排列的七孔针中，最快成功的人称为"得巧"。此外，还有"浮针试巧"的说法，指将盛着水的容器露天放置一夜，再经过第二天的暴晒，直到水面生膜，这时女孩会将针或细草放在那层膜上，观察针在水底的影子，以验智巧。

为牛庆生

在牛郎织女的故事中，一头老黄牛具有举足轻重的地位，它陪伴牛郎并多次帮助他，为了纪念老黄牛，人们将七夕定为牛的生日。在七夕节这天，孩子会到郊外采集野花，然后挂在牛角上，为牛庆祝生日。

吃巧果

巧果是乞巧节的一种重要的点心。它们的形状各不相同，但都很小巧，一般是白色，食材是面、糖、芝麻等，用模子做出花、鸟、鱼、虫等模样，再进行油炸或烘烤，更精致的巧果上还有立体的花纹。在古代，巧果由女子亲手制作，大家一起欣赏和品尝制作者的手艺。

谚 语 荟 萃

牛郎会织女——喜相逢
牛郎织女二人转——夫唱妇随
巧芽芽，生得怪，盆盆生，手巾盖。七月七日摘下来，姐姐妹妹照影来。又像花，又像菜，看谁心灵手儿快。

节日故事馆

牛郎织女的故事

相传，很久以前，在南阳城西一个叫牛家庄的小村庄里，有个叫牛郎的小伙子。在牛郎还没长大成人时，他的父母就去世了，于是他只能跟着哥哥嫂嫂过日子。他很勤劳，每天除了上山放牛、砍柴，还主动承担了所有的家务。即便如此，他的嫂嫂还是不满意，总是对他又打又骂，还不让他吃饱穿暖，让他睡在牛棚里。

一天，牛郎的嫂嫂又让牛郎去放牛，并说："你今天必须要带回十头牛，否则就别回来了。"牛郎知道嫂嫂这是想赶自己走，明明只有九头牛，怎么可能带回十头牛呢？他赶着牛进山后，越想越伤心，就哭了起来。这时一位白发苍苍的老人出现在他面前，问明牛郎伤心的缘由后，对他说："在伏牛山有一头无人认领的老黄牛，你带它回家吧！"

知识拓展

魁星是中国古代神话中主宰文章兴衰的神，据说农历七月初七是魁星爷的生日。魁星爷生前是一个满腹学问的文人，但由于多次科考失败，最终投河自尽，后被鳖鱼救起，升天成为魁星。他掌管考运，想考取功名的文人会在这一天祭拜他。"魁星点斗"指的就是魁星爷用毛笔圈定中举之人。

牛郎按老人的指点，果然找到了老黄牛，回到家后他悉心地照顾这头牛。没过多久，嫂嫂还是以分家为由，把牛郎赶出了家门，牛郎只得到了两件破衣服和那头老黄牛。从此，牛郎就和老黄牛相依为命了。

一天晚上，牛郎躺在老黄牛身边，老黄牛突然对他说："明天傍晚，你到湖边去，我会帮你找个妻子。"原来，这头老黄牛曾是天上的灰牛大仙，因犯了天条才被贬到了人间。

牛郎吃惊之余，牢牢记住了老黄牛的话。果然，第二天傍晚的时候，牛郎在湖边结识了从天上到凡间玩耍的织女，两人互生爱慕之心，便私订终身。婚后他们，男耕女织，日子过得美满幸福，还生下一双儿女。

可是，好景不长，王母娘娘知道了织女偷偷下凡留在人间的事后，非常生气，便把织女抓回了天庭。牛郎和孩子非常伤心但又无可奈何。

一天晚上，老黄牛又开口说话了，它说："我要死了，我死后你把我的皮剥下来，披上皮你就能飞，就可以去找织女了。"老黄牛死后，牛郎含泪听从了老黄牛的话。

牛郎用两个箩筐各装一个孩子，披上牛皮后，便腾云驾雾飞上天庭了。眼看牛郎就快遇上织女的时候，王母娘娘拔下头上的发簪一挥，天空中立刻出现了一条波涛汹涌的天河，将牛郎和织女隔在了天河两边。

从此，牛郎和织女就只能隔河相望，以泪洗面。玉帝被他们的痴情打动，就允许他们每年七月初七相会一次。每到这一天，天上的很多喜鹊就会在天河上搭成一座鹊桥，成全这一对有情人。

节日意义

七夕节作为中国流传已久的民间传统节日，带有中国特有的印记。在这一天，牛郎织女得以在鹊桥之上相会一次，这个传说极富浪漫色彩，象征着唯美永恒的爱情。"七"谐音"吉"，七月初七寓意双吉，是一个吉祥的日子，带有祈福意味。

中元节

遥祭先人不忘本

节日解读

　　"中元"一词来源于道教的"三元说"，其中上元、中元和下元分别对应一位神仙。中元节时间为农历七月十五。在这一天，人们会放河灯以怀念先人。

节日民俗

🏮 放河灯

　　放河灯，又叫放荷灯，是指在农历七月十五这天夜里，人们将底座上放置着蜡烛的灯盏放在河流之中，任其漂流。中元节放河灯这一习俗，据说是从上元节（元宵节）的张灯习俗演变而来的。古人放河灯是为了普度和祈福，现在已变成一种娱乐活动。

🏮 祭祖

在中元节这一天，民间盛行祭祖。祭祖行为是人们固本思源、不忘根本、缅怀先人的一种体现。中元节正赶上小秋，人们可以把收获的喜悦与祖先分享。因为各地习俗略有差异，所以祭祖的方式也不尽相同。

🏮 淋麻姑

中元节又称"麻姑节"，民间有些地区会在这一天，全家出动，拿着水瓢，朝着天空泼水，希望可以将燃烧在麻姑身上的火焰浇灭，借此纪念她，这一行为慢慢演变成一种风俗，流传至今，现叫作"淋麻姑"。

吃花馍

一些地区的人会在中元节吃花馍，并用花馍祭祖。花馍是一种白面做的食物，可以当作主食吃。它们的外形多样，飞禽走兽、花草瓜果等造型都能见到。最常见的花馍是花的样子，有花心和花瓣，中间和四周嵌入红枣。人们通过各种手法制作花馍，有时还会为花馍上色。它们像一个个小艺术品，寄托着人们的美好心愿。

祈丰收

因为中元节与古人对丰收的期盼有关，所以形成了祈丰收的习俗。从前，在一些地区，人们会在自己家的门口通过焚香来祈求丰收，之后将香插在土地上，就像插秧一样，人们把

谚语荟萃

有钱去看戏，无食来抢孤。
七月半无雨，十月半无霜。
七月十五地门开，没事别在南墙转。

这种活动叫作布田。香插得越多、越正，就象征着收获的农作物越多、越好。

节日故事馆

麻姑学鸡叫帮助民工

公元前 221 年，秦王嬴政结束了战国时代的分裂割据，完成了统一六国的大业，建立了中国历史上第一个封建专制王朝——秦朝。

为了巩固统治，同时也为了抵抗北方游牧民族的侵犯，秦始皇下令修建长城。修筑长城工程浩大，为了能尽快完成，秦始皇征集了数百万的民工，还规定了严苛的期限。

在炎炎烈日之下，民工一刻不停地工作着。他们身上扛着巨大的石块艰难地行进着。牵引着重物的绳子绑在民工的身上，一道道血痕触目惊心。由于徭役繁重，百姓苦不堪言。可是，秦始皇仍然觉得进程太慢，为了加快工程进度，秦始皇命令铁匠铸造了一只铁公鸡，把

它放在长城附近的小山上，然后发布通知："修筑长城的民工听到公鸡的鸣叫才可以休息，否则不能停下！"

大伙儿都明白，一只用铁铸成的公鸡怎么可能出声呢，这根本就是用来剥削人们的借口。但是大家也都无可奈何，只能忍气吞声。不久，很多人都累死在工地上了。

秦始皇有个女儿，她小时候得过天花，所以脸上长满了麻子，因此大家都叫她麻姑。麻姑虽然其貌不扬，但是心地善良，聪明伶俐。她跟随秦始皇视察修建进程，目睹了民工在修筑长城时的悲惨处境，心中十分不忍。但麻姑自小不受秦始皇的喜爱，所以也不好当面去劝说，只能另想其他办法。

一天，民工们依然像往常那样拼命干活，突然听到了鸡的鸣叫声。大伙儿不禁愣住了，纷纷抬头看向山上的那只一动不动的铁公鸡。他们都不敢相信自己的耳朵，铁公鸡怎么会鸣叫呢？正当大家窃窃私语之时，一声更加响亮的鸡叫声真真切切地从铁公鸡那里传来。

大伙儿一齐欢呼起来："铁公鸡显灵了！"监工的士兵见此以为这是上天的旨意，不敢违背，只好让民工们休息。

之后的几天，铁公鸡都会按时鸣叫。修筑长城的民工有时间休息了，因此劳累致死的人大大减少。人们内心非常感激这只神奇的铁公鸡，将它奉若神明。

日复一日，一个精明的监工起了疑心，于是他跑到了小山上，躲在附近的树丛里，偷偷监视着铁公鸡，想看看究竟是怎么一回事。

知识拓展

香港地区的潮汕人、潮州人思乡念祖之心极为深切，他们会在一年一度的中元节举办盂兰胜会，历时一个月，这一风俗至今已有一百多年的历史，是整个香港最隆重及大规模的民俗活动。2011年，中元节（潮人盂兰胜会）入选国家级非物质文化遗产名录。

果然，监工看见一个满脸麻子的小姑娘走了过来，她打开铁公鸡的外壳，小心翼翼地钻了进去，过了一会儿，铁公鸡发出响亮的鸣叫声。

那个小姑娘就是麻姑，她是之前跟随秦始皇到这里巡视时，偷偷留下来的。

监工立即把这件事报告给了秦始皇，秦始皇听后气得暴跳如雷，派人将麻姑抓进宫中审问。

谁知麻姑毫不隐瞒，非但不求饶，还义正词严地劝说父亲应该以民为本，否则便会失去民心，导致江山不稳。秦始皇勃然大怒，他完全没有听进去女儿的劝告，而是要下令处决麻姑。

麻姑心灰意冷，毅然决然地跳进了宫殿内熊熊燃烧的火炉当中。

突然，乌云密布，一阵阵雷声响起，随后天降瓢泼大雨，似乎是在为麻姑哭泣。

秦始皇见此情景突然心生悔意，可女儿已经被火烧死，

他心痛不已。秦始皇开始反思自己，意识到自己太过残忍，于是命人毁掉了那只铁公鸡，并且也不再像之前那样过于严苛地对待民工了。

老百姓听说了麻姑的义举，非常感动。麻姑去世的这一天正是农历七月十五，于是人们将这天定为麻姑节，以此纪念她。

节日意义

中元节将佛、道、俗三流合一，有着丰富的文化内涵。佛教盂兰盆节源于目连救母的传说，称扬的是孝道文化；道教主要传播道德伦理，倡导人们要注重修德；民间祭祖表达的是对先人的思念和缅怀。三者合而为一，表达的是发扬敬祖尽孝、多做善事的观念。

中秋节

花好月圆人团圆

　　每年的农历八月十五是中国传统的中秋佳节，是家人团圆的日子。这个节日被称为中秋，是因为此时正处于秋季的中期。另外，一年有四季，每季有三个部分，称为孟、仲、季，所以中秋也叫仲秋。中秋节这天的夜晚为月圆之夜，人们会在晚上拜月、赏月，所以这天还叫月夕、拜月节。赏月之余，亲朋好友会团聚在一起，而远在他乡的游子也会借此寄托自己的相思之情，因此中秋节也叫作"团圆节"。

节日民俗

拜月

　　中秋节的晚上拜月，在我国是一项十分古老的习俗。人们会设好香案，摆上月饼、瓜果等祭品，等到月亮升起来后，全家人一起祭拜月神并祈福。有的

出门在外不能与家人团聚的人，也会通过拜月寄托自己对家人的思念。

🏮 赏月

中秋节赏月的习俗源远流长，魏晋时已有中秋赏月之举，唐宋时蔚然成风。在宋朝，京城人民会争相抢占酒楼，为的就是更好地欣赏月色。中秋节的月亮相对其他月份的满月更圆、更亮，因此，在秋高气爽的中秋之夜，人们聚在一起，饮酒赏月，别有一番情调。

🏮 赏桂

桂花也叫九里香，是我国人民十分喜爱的一种传统名贵花木。自古以来，桂花都象征着崇高、美好、吉祥，因此人们把"进士及第"或考上了状元，称为"蟾宫折桂"。中秋赏桂是自古以来的习俗，此时桂花开放，阵阵飘香。同时还会食用用桂花制作的糕点和糖果。在中秋节赏桂花别有一番情致，寄托着人们对甜蜜生活的追求和赞美。

🏮 吃月饼

月饼是八月十五中秋节必不可少的节日食品，经历了漫长的过程发展到今天的模样。起初，月饼是用来拜祭月亮的供品，到了明代，中秋吃月饼才成为一种普遍的风俗。月饼外面包裹着一层金黄的面皮，上面印着各式花纹。里面有馅，包括豆沙、莲蓉、果仁或者肉粒等。随着时代的发展，月饼的品种更加繁多，可以满足各类人群的需求。

🏮 喝桂花酒

中秋节前人们会采摘桂花，一般是采摘金桂，还将它们做成各种美食，其中比较有名的是桂花酒。人们一般会在中秋

谚语荟萃

人逢喜事尤其乐，月到中秋分外明。
八月十五月正南，瓜果石榴列满盘。
云遮中秋月，雨沃上元灯。

节前后把它酿制好，来年品尝。这是一种甜水酒，色如琥珀，芬芳醇厚。在中秋节的夜晚，家人聚在一起，赏着明月，喝着桂花酒，享受着轻松美好的氛围。

节日故事馆

钟无盐劝谏齐宣王的故事

据说在战国时期，齐国有一个女子，相貌奇丑无比，名叫钟无盐。她高额深眼、长腰粗腿、脖子肥粗、头发稀少、皮肤粗糙而黝黑。虽然她容貌丑陋，但是天生聪慧，富有才干。钟无盐每到月圆之时就会对月礼拜，并虔诚许愿，希望月亮能赐给她一副美丽的容貌。

战国时期，诸侯争霸，分裂割据，战争频繁。齐国当时的君主是齐宣王，他在执政初期日日歌舞，夜夜欢声，整天沉迷享乐而荒废了朝政。国力越来越疲弱，国家处于风雨飘摇之中，齐宣王却对此毫不在乎。钟无盐一直以来都非常关心国家大事，见齐王这样昏庸无能，为了挽救国家危难，毅然决定冒死进宫劝谏齐王。

一天，齐宣王在宫中饮酒作乐，正尽兴之时，有侍卫来报告，说有一个长相奇丑的女子要求见大王。齐宣王非常好奇，一时来了兴致，于是答应了让她进宫。

这个丑女就是钟无盐。她见到齐宣王后，认真地说道："民女钟无盐听闻大王美德，特来拜见，希望可以留在大王身边，自此以后侍奉大王。"

话音刚落，只听见一阵接一阵的笑声。

钟无盐并没有因为他们的嘲笑而退缩，只见她抬起眼、张开嘴、挥着手，然后拍着膝盖高喊："危险啊！危险啊！"

钟无盐这样的行为令周围的人忍俊不禁，齐宣王笑着问

📖 知识拓展

一开始，"月饼"并不叫"月饼"。月饼的雏形是一种叫作"太师饼"的食物，里面厚外皮薄，出现于殷商时代的江浙一带。到汉朝，张骞出使西域，带回了芝麻、胡桃，民间出现了胡桃仁馅的饼——胡饼。唐朝时，杨贵妃认为"胡饼"一词不好听，将其改名为"月饼"，在民间逐渐流传开来。

道："你这是在做什么？"

钟无盐镇定自若地回答："我这举目，是替大王观察风云的变化；张口，是惩罚大王那双不听劝谏的耳朵；挥手，是替大王赶走阿谀奉承之徒；拍膝盖，是要拆除大王这专供游乐的王宫。"

一番话说完，宫殿变得异常安静，齐宣王不语，接着钟无盐指出了齐国面临的四大危难："现如今强大的秦国、楚国对我国虎视眈眈，大王您却毫不关心，一旦外敌来袭，势必灭国，这是一；大王您兴建豪华宫殿，损耗民力，这是二；朝廷内奸臣当道，贤良忠心的人个个退隐山林，这是三；大王您饮酒作乐，沉迷女色，对外不行诸侯的礼节，对内不好好治理国家，这是四。齐国现在危机四伏，如果大王还这样执迷不悟，定会亡国啊！"

钟无盐振聋发聩的言语给了齐宣王当头一棒，他一下子醒悟过来。于是，他即刻命人撤掉酒宴，并下令拆除高台，将身边小人罢免，召回忠臣，散尽后宫，立钟无盐为后。

自那之后，齐宣王开始励精图治，在钟无盐的辅佐下，齐国渐渐变得强大起来。一年八月十五中秋夜，钟无盐又一次在圆月之下倾吐着自己的心愿，齐宣王看见了，对她说道："在我心中，你永远是最美的！"

话刚说完，突然钟无盐摇身一变，竟然化为了一名绝美的女子！齐宣王喜不自胜，钟无盐更是喜极而泣，夫妻二人在月光之下紧紧相拥。

后来，中秋佳节到来之际，女孩们都会对着圆月祭拜，希望能够实现心中所愿。

月饼起义的故事

元朝末年，统治者实行暴政，民不聊生。雪上加霜的是，有一年还赶上了严重的天灾，老百姓再也无法忍受统治者没完没了的剥削，纷纷揭竿而起。朱元璋领导的起义军就是其中一支。

朱元璋考虑到单靠自己的力量，很难成就大业，便想联合其他起义队伍共同抗元。可元朝统治者也有防范，他们担心起义军串联起来，因此在各个交通要道都严密搜查，以便将起义军各个击破。

这该如何是好呢？朱元璋手下的军师刘伯温足智多谋，

他在深思熟虑后，想到了一个好办法：将联合起义的日期定在八月十五，当天让做饭的人做一些像月亮一样的饼，并将一张张写着"八月十五夜起义"的字条藏入饼中，然后以给亲朋好友送饼为名，掩人耳目地将消息传到各地起义军队伍的首领手中。

八月十五这天夜里，当元朝的统治者们还沉浸在赏月氛围中的时候，各路起义大军一起发动进攻，很快就攻破了元大都，推翻了元朝的统治。

此后，每逢中秋节，朱元璋就会命人做很多像月亮一样的饼，作为节令糕点赏赐给群臣，并称其为"月饼"。后来，中秋节吃月饼的习俗就在民间流传开了。

节日意义

中秋节花好月圆，象征阖家团圆，中国人非常重视血脉亲情，"团圆"对中华民族有着别样的意义。在这一天，人们都会回到家乡与家人、好友一起度过美好的佳节，共同享受相聚的快乐。同时月亮在中秋节有着重要的地位，人们借此表达对月亮的敬仰和喜爱之情。

重阳节

登高望远人安康

重阳节在每年的农历九月初九，两九相重，故称"重阳"。此外还被称为"老人节""登高节"等。"九九"谐音"久久"，象征长久，寓意健康长寿。因此，在古代，人们将重阳节看作是非常吉利的节日，对此节有着特殊的感情，有很多诗词描写重阳节，比如唐代著名诗人王维《九月九日忆山东兄弟》所写："独在异乡为异客，每逢佳节倍思亲。遥知兄弟登高处，遍插茱萸少一人。"

节日民俗

登高

重阳节登高的习俗由来已久，源于古人对山岳的崇拜，再加上此时节的气候正适合登高望远，因此重阳节又叫"登高节"。登高之后还有宴饮、赋诗等活动，

称"登高会"。登高可以起到强身健体、愉悦心情的作用，深受人们喜爱。

赏菊

重阳节正是赏菊的时节，很久以前，人们就有在此时赏菊的习俗，在文人中更是如此，他们还会作诗赞颂菊花。菊花不畏严寒，凌霜开放，被誉为花中"四君子"之一。菊花颜色艳丽，开放时花瓣丝丝缕缕，十分飘逸，观赏价值很高。因为菊花的生命力很顽强，所以还象征着长久、长寿，因此赏菊寄托着人们的美好心愿。在古代，重阳节也有"菊花节"之称。

佩戴茱萸

茱萸是一种药用植物，可以用来治疗多种疾病。相传，

谚 语 荟 萃

重阳无雨，九月无霜。
吃了重阳糕，夏衣就打包。
重阳晴，一冬晴；重阳阴，一冬冰。

汉高祖的宠妃戚夫人一般会在重阳节这天将茱萸插在头上到宫外巡游，后人竞相效仿。在古代，人们认为茱萸具有驱虫去湿、逐风辟邪的作用，因此在登山时，会将它插在头上或手臂上。因其香味浓烈，也可以将茱萸磨碎缝制进香袋挂在身上，希望带来健康好运。

吃重阳糕

在某些地区，重阳节有吃重阳糕的习俗。重阳糕还叫"花糕""桂花糕""菊糕"，是用糯米粉、赤豆、果脯等制作而成的糕点，口味多样，带有重阳节的独有特色。"糕"谐音"高"，意为步步高升，有的地方将它做成九层，上面有两只小羊，代表"重阳"之义，有的地方还会将五颜六色的小旗子插在重阳糕上面，寓意登高避灾。

🏮 喝菊花酒

重阳节饮菊花酒，是中国民间古老的习俗。古人认为菊花酒是一种吉祥酒，可以用来祛灾祈福。头年重阳节会采摘好新鲜的菊花和嫩叶，与粮食相混合，酿制而成菊花酒，放至第二年重阳节再饮用。重阳节前后，秋燥明显，喝重阳酒可以消除内燥。

节日故事馆

桓景除瘟魔的故事

民间流传着一些关于重阳节的故事，其中一个与重阳节登高的习俗有关。

在古代，人们不知道一些灾难产生的原因，也不知如何应对，有时就会把它们归结于恶兽或妖魔作祟。

据说，在很久以前，有一个名叫桓景的人，家住汝河旁的汝南县。他与父母、妻子住在一起，以种田为生，虽然日子过得并不富足，但平平安安。可惜世事难料，这一年，汝河两岸忽然流行起瘟疫，许多人都因此去世。桓景想起了小时候大人谈论过的事：在汝河里有一只瘟魔，每年它都会为祸人间，使百姓患瘟疫而死去。桓景怀疑这次的灾难就是那只瘟魔造成的，于是决心除掉它。

桓景是一个勇敢、果断的人，他有了为民除害的念头后就立刻行动起来。可是他自己还没有斩妖除魔的本领，便想要拜师学艺。功夫不负有心人，他打听到了一位名叫费长房的仙长，住在东南山。据说他神通广大、本领极高，甚至可以呼风唤雨、驱使鬼神，简直无所不能。桓景大喜过望，认真思考后，就决心向他拜师学艺。

去往仙居的路十分曲折，桓景竭尽全力地探寻着仙人的踪迹，可还是一无所获。桓景想到家乡的百姓，不禁焦急万分，可是心急也没有用，他沉下心来继续寻找。终于有一天，桓景的眼前出现了一只不同寻常的鸽子，它浑身雪白，两眼似有神光。桓景若有所思地看着这只鸽子，只见鸽子朝着他点了点头，就像在示意一样。桓景好奇地走上前去，那只鸽子突然张开翅膀飞了起来，可是并没有飞远，落下后就回头望向他。就这样，桓景跟着鸽子走了许久之后，竟然看到了一处居所，

知识拓展

重阳节在菊花盛开的金秋，是观赏菊花的大好时节。据说赏菊这一传统起源于东晋隐居名士陶渊明，他以爱菊而闻名。菊花与陶渊明有着不解之缘，"菊，花之隐逸者也"，正好同不与世俗同流合污的陶渊明心意相通，他在菊花身上寄托着情志，高洁的菊花也成为陶渊明人格的代表，两者可以说是互相成就。后人多仰慕陶渊明的高风亮节，纷纷效仿他饮酒赏菊。

原来这就是费长房的仙居。

仙居大门紧闭，桓景没有贸然去打扰，而是走到门口，怀着一颗诚挚的求艺之心跪在门前，这一跪就是两天两夜。虽然桓景此时已经疲惫不堪，但他还是没有起身。到了第三天，他面前的大门忽然打开了，一位白发苍苍、精神奕奕的老人从屋里走了出来，他抚了抚胡子，笑眯眯地对桓景说："我知道你的来意，你为民除害的心十分坚定，那就跟随我到院子里来吧。"

从此桓景就开始在这里学习武艺。费长房将一把降妖青龙剑送给桓景，并指点他练习降妖之术。为了早日学成本领，桓景每天都在刻苦练剑。有一天，费长房对他说："你已经学

有所成，明天就是九月初九，汝河的瘟魔会出来为祸人间，你即刻回乡为民除害去吧！我已经给你准备了一包茱萸叶子，一瓶菊花酒，你带去分给百姓，并让他们登高避祸。"嘱咐完毕，费长房招手引来一只仙鹤，让它把桓景送回汝南县。

桓景坐着仙鹤赶路，只用了一天就回到了家乡。九月初九一早，他按照仙长所说，聚集了全村的男女老少，向他们说明情况，并叮嘱他们待在山上不要下来。随后，桓景将茱萸叶子分到每个人的手中，这样瘟魔就不敢近身；又将菊花酒分给众人，每人喝一口，这样就不会染上瘟疫。桓景仔细想了想，确定已经安排妥当，就告别百姓，带着那把降妖青龙剑孤身一人回到村中，准备斩杀瘟魔。

桓景在河边耐心等待着，不知过了多久，忽然天气大变，汝河上狂风阵阵、水波翻滚，那只瘟魔从河中出来，上了河岸。它找不到村民，抬头远望，看到村民在山头上聚集着，就以极快的速度冲至山下。村民见到这样的情景，内心十分恐惧，但他们牢记桓景的话，并没有四处逃散。酒气与茱萸的香味融合在一起，被山风送到瘟魔的面前，果然使它不敢上前。

瘟魔四处张望，只看到桓景一个人站在山下，就立刻向他扑去。桓景虽然从没有亲手除过妖魔，却临危不惧，他镇定自若地抽出青龙剑，与瘟魔打斗起来。他本领高强，瘟魔渐渐处于下风，想要逃跑。桓景将青龙剑脱手甩出，只听一道破空

声响起，那柄剑气势如虹、寒光闪烁，将瘟魔钉在了地上。

　　瘟魔被桓景除去，汝河两岸的百姓终于得救，从此不再受瘟疫之苦。那一天的登高避疫给大家留下了深刻的印象，为了纪念桓景除魔、百姓得救的日子，此后每到农历九月初九，人们都会进行登高的活动，并一直延续至今。

节日意义

　　重阳节是属于老人的节日，弘扬着绵延已久的爱老、敬老、感恩的中华传统美德。重阳节登高有益于强身健体，也源于古人对山岳的崇拜。在这一天，人们饮宴祈寿，祈福消灾，表达对生命的珍重。

腊八节

腊粥美味祈天酬

　　人们把农历十二月称为腊月，农历十二月初八这天是腊八节，习惯称其为"腊八"。最开始腊八节带有浓烈的宗教色彩，传说佛教的创始人乔答摩·悉达多就在这一天得道成佛，到此时节，佛教的教徒就会熬制腊八粥来祭祀佛祖。久而久之，在历史的演变中，腊八节的宗教意味渐渐淡化，最终成为中国的一个传统节日，腊八粥也成为该节日的特色美食。

节日民俗

寺院施粥

　　佛教在中国盛行以后，每到腊八节，寺院就会用谷物、干果等煮粥，送给门徒和信众。据说喝了这种腊八粥，会得到佛祖的保佑，所以人们也将它称为福德粥、佛粥等。很多信众十分看重腊八粥，不仅自己食用，还要为家人带上一份。直到现在，仍有寺庙在这一天施粥。

🏮 腊八崇冰

一些地区在腊八节有一个独特的习俗，叫作腊八崇冰。腊八前一天夜里，各家各户会给孩子"冻冰冰"。将红萝卜、白萝卜刻成花朵形状，周围是用芫荽做的绿叶，然后摆在放有水的碗中，再将碗放在户外窗台上。第二天早上，如果碗里的水冻成了冰，并且中间还突了起来，就是粮食丰收的好兆头。之后再将五颜六色的冰块拿出来，让孩子们吃着玩。有的地方的农民会在清晨到河沟打冰，再把它们洒在田地里，据说是在祈求庄稼丰收。

🏮 腌腊八蒜

在腊八节腌制腊八蒜在一些北方地区极为盛行。腊八节到来这天，人们会在一个容器中倒上醋，然后将蒜浸泡在里面，密封好放置一段时间。蒜逐渐变成翠绿色，本身的辣味会消失，变得酸爽可口。过年的时候作为小菜食用，可以解油腻。还有一种说法，蒜与"算"同音，在腊月初八这天，商家要将这一年的收支核算清楚以查看盈亏。

🏮 吃腊八粥

腊八粥是一种软糯香甜的粥品，是腊八节最受欢迎的传

统食物之一。腊八粥是用大米、薏米、红枣、花生和各种豆类熬制成的，为了让粥的口味更好，人们往往还会放一些糖。这种粥营养丰富，味道香浓，平常人们也会食用，但豆类不易消化，在做给老人、儿童吃时，可少放豆类。

煮五豆

在一些地区，腊八节也会煮粥，但不叫"腊八粥"，而是"五豆粥"，五豆分别是绿豆、红豆、黄豆、扁豆、黑豆。有的在腊月初五这天就开始熬煮，有的在腊八节当天熬煮，有的还会制作"雀儿头"，用面捏制而成，与米和五豆一起烧煮。据说，腊八节这天人们吃了"雀儿头"，麻雀头疼，第二年不会糟蹋庄稼。这种"五豆"粥，除了自家食用外，也会送给亲朋好友。

谚语荟萃

腊八，祭灶，新年快到，闺女要花，小子要炮。

吃过腊八饭，就把年来办。

腊八腊八，冻掉下巴。

节日故事馆

妻子提点欧阳修的故事

腊八节还有一个关于五豆粥的小故事。

相传宋朝大文豪欧阳修出身贫寒，但十分好学。他曾流落到顺阳地区，住在城外的一个破庙里，以卖文为生。一天他进城卖诗文，正好遇到一李姓员外的千金抛绣球选夫婿。没想到李大小姐早就看上了富有才华的欧阳修，将绣球抛给了他。然而李员外素来是个嫌贫爱富之人，根本看不上欧阳修，不同意这门婚事。李小姐却坚定不移，愿与欧阳修相伴一生，于是父女决裂，李员外将女儿赶出了家门。两人就这样在破庙里成了亲，欧阳修把卖文换来的钱通通交给妻子。夫妻二人每天省吃俭用，常常只能以豆子稀饭充饥，日子过得很艰苦。就连后来欧阳修赴科举考试的盘缠，也是妻子平日一点一点积攒下来的。后来，欧阳修一举得中，做了大官，带妻子进京赴任。妻子担心他做官之后忘了初心，于是在腊月初八这天给他做了一顿用五种豆子煮制而成的稀饭。欧阳修吃了之后，皱着眉连连说道："难吃！难吃！"这时妻子就开始讲述过去经历的众多苦难。欧阳修幡然醒悟，感受到妻子的用心良苦，于是便定下规矩，每年的腊月初八都要吃豆子稀饭。这件事传到了老百姓耳中，大家纷纷效仿，渐渐形成腊八节煮"五豆"的习俗。

兄弟俩悔悟改过的故事

传说，在很久以前，有一对夫妻和他们的两个儿子幸福地生活在一起。夫妻俩非常勤快，每天早出晚归，在田间地头忙碌，家里储存下来很多粮食。他们家院中有一棵大枣树，在

知识拓展

一年共有十二个月，农历的十二月通常叫作"腊月"，那么这个叫法又是从何而起的呢？实际上，在古代，"腊"本是一种祭礼。远古时期，人们每年用猎获的禽兽举行春、夏、秋、冬四次大祀，祭祀祖先和天地神灵，其中冬祀的规模最大，也最为隆重，通常在农历十二月举行，所以后来称农历十二月为"腊月"，"腊"也就是"猎"的意思。

夫妻俩的照料下，这棵枣树每年都会结出很多又大又甜的枣，可以卖很多钱，因此一家人的日子过得很富裕。

随着两个儿子一天天长大，老两口儿逐渐老了。老两口儿在去世前，一再嘱咐两个儿子，一定要好好种庄稼，好好照料枣树，要攒钱、存粮，再各自娶一房媳妇。两个儿子嘴上答应着，却都没放在心上。

父母去世后，家里就只剩下兄弟俩过日子了。哥哥看着粮仓里堆得满满的粮食，对弟弟说："咱们有这么多粮食，还有什么可担心的呢？今年歇一年吧。"弟弟听后非常赞成，并说："咱们也不缺枣吃，枣树也不必伺候了。"于是，兄弟俩便靠着父母留下来的粮食和财产，日日逍遥，既不种庄稼，也不管枣树。结果一年又一年过去了，粮仓里的粮食吃完了，枣树结的枣也越来越少。

这一年到了腊月初八，粮仓里的粮食已经全吃光了，兄弟俩找不到吃的，饿得实在受不了了。无奈之下，哥哥找来一把小扫帚，弟弟找来一个小簸箕，他们在粮仓里认真地打扫，

从这里扫出一点儿黄米和大米，从那里寻出一点儿花生和红豆，就这样，勉强凑出了一点儿五谷杂粮，和找到的几枚干红枣，放到锅里一起煮了。兄弟俩吃着五谷杂粮凑起来的粥，感觉到了从未有过的香甜。这时候他们想起了父母临死前说的话，心里非常后悔，决定改过自新。

从此，兄弟俩再也不吃喝玩乐了，变得和父母一样勤快，他们的日子很快就好起来了，也分别娶妻生子，过上了幸福的生活。

后来，每逢农历腊月初八，人们为了提醒自己要勤劳节俭，就用五谷杂粮熬粥喝，这就是腊八粥。

节日意义

腊八节在中国具有悠久的历史，其蕴含的意义也不断丰富。先秦时，腊八节是用来祭祀祖先和神灵的仪式，民众在这一天驱疫避害，祈求五谷丰登、人畜兴旺。后来腊八节与佛教产生了一定的渊源。现如今，腊八节也成为春节的前奏曲，预示着中国人最隆重的传统节日——春节即将来临。

灶王节

驱扫陈年往日事

灶王节是中国民间的传统节日，还叫"交年""小年下""小年"。一般北方灶王节为腊月二十三，南方灶王节为腊月二十四。灶王节是祭灶的节日，灶王负责管理各家的灶火，每逢灶王节到来之际，每家每户都会"祭灶神"。

节日民俗

祭灶王

传说在灶王节这一天，灶王爷会到天上禀奏各家各户一年的善恶，玉帝根据情况降下祸福。所以，这天晚上，人们会在灶王神位前祭灶糖、祭灶汤，希望他能多说好话。为了求得保佑，人们会在灶王画像两边贴上一副对联："上天言好事，下界保平安。"

🏮 沐浴、理发

房子干干净净，人也要干干净净。灶王节时，人们还会洗浴、理发。在古代，即便是家里条件不好的穷苦百姓也要在这一天把头发修剪一下，清洗一下身子。

🏮 扫尘

俗话说："腊月二十四，掸尘扫房子。"灶王节离春节只剩下几天，在祭祀完毕后，人们就要开始准备迎接新年了。

在这时扫尘，是中国民间一直以来的习惯。扫尘就是彻底地打扫家里，北方叫"扫房"，南方称"掸尘"。人

们会用扫帚扫墙壁，还会擦洗桌椅，冲洗地面，洗净被褥窗帘，庭院也要打扫干净。清扫完毕家中可以焕然一新，干干净净迎新春。

吃灶糖

灶糖分为不同的种类，人们通常把扁圆形的称为"糖瓜"，细长形的称为"关东糖"。灶糖大多是用麦芽糖制作而成的，黏性极大。

节日故事馆

张单悔悟成仙的故事

民间流传着灶王爷成为神仙之前的故事。

传说，古代有一个名叫张单的平民娶了一个名叫郭丁香的妻子。郭丁香聪慧勤劳，为了让家里的生活变得更好，每天

都在辛苦劳作，忙到很晚才休息。日复一日，他们的日子越来越好。几年后，他们家就从普通百姓变成了大户人家，盖了许多房屋，又陆续买了土地和家畜。村里的百姓都称赞郭丁香的能力，认为张家的兴旺离不开她的辛苦，也十分羡慕张单的好福气。

　　家中的产业越来越多，生活越来越富足，张单每天都过得很舒服。而郭丁香每天要为家中的生计操心，得不到充分的休息，整个人变得越来越苍老、憔悴。

张单每天什么活儿也不干，就会想东想西，他开始埋怨起妻子的容貌，看她越来越不顺眼，想要休了她，另娶一个年轻漂亮的妻子。在古代，男子的地位要高于女子，所以只要张单挑到妻子的错处，就可以轻易赶走妻子，而家里的财产还是他的。后来张单就整天找碴儿数落郭丁香，几个月后，他真的把妻子休了。

张单终于摆脱了不漂亮的妻子，心中十分高兴，他迫不及待地娶了隔壁村财主的女儿李海棠。张单满意极了，觉得自己的生活一定会更好，将曾经的妻子完全忘在了脑后。但李海

知识拓展

在中国，就连小小的灶台也有独属的节日，实际上这经历了漫长的发展演变过程。在远古时代，生产水平非常落后，食物匮乏，常常不能满足生存需要，因此灶在当时对氏族部落的存在至关重要。远古时代属于母系社会，所以由女子管理炉灶。随后，逐渐演变出掌管人类饮食的灶神。灶神一开始都是妇女形象，到了汉代有了男性灶神，即我们常说的灶王爷，后来又产生了与之相配的灶王奶奶。从魏晋时代起，灶王爷慢慢变成玉皇大帝派到人间考察善恶的司命之神。

棠可不像郭丁香一样既能干又勤快，她是个和张单一样的懒人，只知道享受，从不为未来做打算。

就这样，这对夫妻天天过着奢侈的生活，对家中的事务完全放任不管。没过多久，家中的钱财就在不知不觉中败光了。即便如此，他们还是没有醒悟，为了继续过好日子，他们开始卖房子和田地。等到他们后悔时，为时已晚，最后穷得都吃不上饭了。李海棠眼看日子过不下去了，就偷偷地带着家中仅剩的粮食跑了。张单没有创造财富的能力，在饥寒交迫中，只好上街乞讨。

过去的富足日子一去不回，张单每天都狼狈不堪。这一天，穿着破烂衣服的张单饿着肚子到了一户人家的大门外乞讨，这家的仆人端给他一碗粥。张单的肚子咕咕作响，很快就把粥喝完了。他又请求道："您家的粥真好喝，请再给我一碗吧。"

仆人就又盛了一碗给他，张单又把粥喝光了。他摸了摸肚子，终于舒服了。他看到仆人的态度挺和气，想到这家的主人应该也是和善的人，又看到天色已晚，自己没有地方住，就央求道："天不早了，求求你禀报你家主人，看能不能收留我一晚。"仆人答应了他，又很快返回，领着张单在厨房住下。

这几年张单的日子过得实在不好，身体很虚弱，没过多久又饿了。他只好叫来那个仆人，说明了自己的意思。仆人听了二话不说，从灶台旁又盛了一碗热粥给他。乞讨了这么多年，张单很少遇到这样大方的人家，他喝了粥，对仆人说："你家的主人心地真好，能不能让我与他见一面，我想谢谢他。"仆人说："我家主人一向如此，我去回禀一声，主人会见你的。"张单心里十分感激，他赶紧理了理头发，顺了顺衣角。不一会儿，就看到门外出现了几个身影，他连忙低下头行礼，而后抬起头来，觉得这位主人好生面熟，再定睛一看，他面前的女子正是他曾经的妻子郭丁香。

　　郭丁香也认出了张单，有些惊讶，问道："这是发生了什么，怎么到了这个地步？"虽然这些年的经历早已让张单习惯了自己的这副模样，但是见到了曾经的妻子，他的脸还是一下子涨得通红，恨不得在她的面前立刻消失。郭丁香还是那么和善，并且凭借自己的辛勤劳动又挣出了一份家产，可是自己却灰头土脸，靠乞讨为生。张单羞愧难当，心想："我还有什么脸面活着呀！"他不敢看郭丁香，只好转过头。这时他瞧见了厨房烧着火的灶台，就钻到了里面，张单很快就断气了。

　　张单升天后向玉皇大帝认错，玉皇大帝觉得张单勇于承认自己的错误，是可以原谅的，便赐给他"灶王"的封号，让他成为天地之间的使者，考察人间的善恶。每年的腊月二十三，他都要回到天庭，向玉皇大帝汇报家家户户的情况，玉帝则会根据他的汇报，来决定新的一年给每个家庭好运气还是坏运气。

节日意义

在腊月劳动人民终于空闲下来，能够有自己的时间来好好地准备迎接新年和春节的到来。灶王节一到，就意味着人们要开始为迎接新年做准备了。人们用一些比较黏牙的美食祭祀灶王，是想令其"嘴甜"，不让他和玉皇大帝讲自家的坏话，保佑来年顺遂。

除夕节

今朝守岁迎新日

除，即去除；夕，即夜晚。除夕是岁除之夜的意思，又称大年夜、除夜、岁除，指的是农历每年年末最后一天的夜晚，一般在农历腊月二十九或三十，因此又称大年三十。除夕在中国传统节日中占有重要席位，在这天晚上，千家万户都会团聚在一起，携手喜迎新一年的到来。

节日民俗

贴年红

除夕时贴年红是我国民间由来已久的重要习俗。年红是春联、门神、福字、年画、窗花等过年时所贴的红色喜庆元素的统称。过年贴年红可以增加节日喜庆的气氛，同时寄托了人们对美好未来的向往。

守岁

　　守岁就是守着新年的到来。在除夕夜，除了需要有充足睡眠的幼儿，大多数人都会守岁，哪怕是大一点儿的小孩子也会比平时睡得晚。守着新年的到来，亲自送走旧年，包含着人们对未来的美好期望，希望明年会过得更好。一般人们会守岁到半夜十二点，过了此刻，就算是迎来了新年，可以安心休息了。

挂灯笼

　　到了除夕，到处都是一片喜气扬扬的节日景象，挂灯笼是必不可少的习俗。灯笼在民间又叫灯彩。火红的灯笼高高

谚语荟萃

一夜连双岁，五更分二年。

年三十，合家欢乐吃扁食。

大账小账，三十晚上。

送信儿的腊八，要命的糖瓜，救命的饺子。

挂，寓意着生活红红火火，也增添了浓浓的年味儿，营造出节日的喜庆气氛。在夜晚，屋檐底下的红色灯笼照映四方，显得特别温馨，代表着人们对来年殷切的祝福。

吃年夜饭

除夕夜的晚饭俗称年夜饭，还叫团圆饭，是每年的最后一顿饭。年夜饭最重要的就是家庭成员要齐聚一堂，围坐桌旁，共同享受。各地的年夜饭都很有讲究，北方人常常会吃饺子，

寓意万事如意。有的地方会吃鱼，"鱼"和"余"谐音，象征"吉庆有余""年年有余"。这时人们既是在享受满桌的美味佳肴，也是在享受那快乐的气氛。

节日故事馆

秦琼、尉迟恭守门护主

在过去，人们认为世间万事万物都有属于自己的"神"，例如，有太阳神、花神、火神等，就连大门上也有相应的门神。人们觉得，有了门神的保护，一家人就会平安。

门神的形象多种多样，包括文官、武将，在后世流传最广的门神是尉迟恭、秦琼两位大将，那么他们两位是怎样演变为"门神"的呢？

相传唐太宗李世民在刚刚登基时总是睡不好觉，夜夜做噩梦，耳边还常常听到门外传来奇怪的声响。晚上休息不好，

知识拓展

春联也叫门联、对联、桃符，王安石的诗作《元日》有云"千门万户曈曈日，总把新桃换旧符"。这里的"桃""符"指的就是"春联"，包括上联、下联和横批三部分。文字对仗、精巧工整，寄托着人们美好的愿望。春联作为一种独特的文学形式，在中国有着悠久的历史，具有中国特色。古时题联作对是文人雅事的一种，写春联也成为一种社会风尚。

唐太宗白天的精神状态自然也就不好。皇帝身边有两员大将名为尉迟恭和秦琼，他们随李世民南征北战，非常忠心，看到皇帝每天精神萎靡的样子，十分担忧，便向唐太宗询问发生了什么事。唐太宗告诉他们："朕登基以来，每天晚上都睡不踏实，朕怀疑宫里可能有鬼魅作怪。"二人一听，立马主动要求道："我们二人愿意在夜里为皇上把守寝宫，看看到底是什么妖魔鬼怪在此作祟！"唐太宗欣然答应。于是，尉迟恭与秦琼身着戎装在皇帝寝宫门口守了一整晚，果然奏效，唐太宗没有听到那些奇怪的声音，睡得特别安稳。

然而，两位将军虽然威武不凡，但也是血肉之躯，天天晚上在门外站岗，时间长了身体也吃不消。唐太宗心疼尉迟恭和秦琼，于是想了个办法，让人按他们的形象画了两幅画，贴在寝宫的大门上，就这样，唐太宗再也没有受到过鬼怪的打扰。

后来，一传十，十传百，老百姓都听说了这件事，纷纷将两人的画像贴在门上，慢慢演变为一个习俗，尉迟恭和秦琼也就变成了今天的门神。

年兽的传说

在民间流传着一些关于除夕的故事，其中有两个版本的年兽故事。

第一个版本：上古时期，有一头名叫年的怪兽。它体形庞大，面貌狰狞，生性凶残，见人吃人，见兽吃兽。

年平时藏在深山密林中睡觉和休息，每隔三百多天就会到人畜聚集的地方觅食。而且它都是天黑以后活动，等到鸡鸣破晓，便会再次返回山林。人们摸清年的活动规律后，便把年出没的这一夜称为"年关"。

这一年，人们推算着年又要来了，纷纷收拾包裹准备躲藏起来。就在这时，村口来了一个白胡子老爷爷。村里人提醒老爷爷说年快来了，让他赶紧躲起来。

老爷爷不慌不忙地笑着说："不用害怕，我有办法把它撵走。"然后他径直走进了村子。

半夜，年果然又闯进了村子。它发现有户人家屋里亮着灯，便冲了过去，快到门口时，院内突然传来噼里啪啦的爆竹声。年吓得大叫一声，不敢再向前走了。

这时，那个白胡子老爷爷身披大红袍，手拿红绫，开门走了出来。他把红绫一甩，只见一道红光在天空中闪过，年的眼睛顿时像被针扎了一样疼，它嗷嗷大叫着，一溜烟地逃走了。

第二天一大早，村子里的人回来一看，老爷爷安然无恙，所有牲畜也都没有受到伤害。

大家都怀着好奇心去感谢和询问老爷爷，老爷爷哈哈大笑道："这个怪兽最怕红色、火光和爆炸声，以后你们碰到它要出来的时候就贴上红纸，燃放爆竹，它就不敢再为害人间了。"说完，老爷爷就消失不见了。

从那以后，每到岁末，家家户户都会在门上贴上红对联、红窗花、红"福"字，还会燃放烟花爆竹。

第二个版本：传说在遥远的古代，有一个名叫年的怪兽，它住在深山老林里。年兽的外表长得很是狰狞，它牙齿锋利，眼露凶光，生性凶恶残暴，几乎什么活物都吃。但它并不是天天出现，往往每隔三百多天才会去人类聚居处捕猎人畜。在白天它不会来，而天黑以后就是它大肆活动的时候了，等到公鸡报晓、天蒙蒙亮时，它就会返回山林。人们将那一晚视作灾难来临的时刻，就把那晚称作年关。

为了过年关，人们聚在一起绞尽脑汁，终于想出一整套办法。到了那天，百姓都提前准备晚饭，天快黑时，已经整理好灶台，熄灭了火，鸡圈牛栏都封闭起来，大门也紧紧关着，但人们也不敢睡觉，坐在一起低声地闲聊壮胆，家家户户都是如此。

天黑以后，年兽就下了山林、冲进村落，人们听见它的动静都不敢出声。而年兽转来转去，看到街上没有一个人影，找寻了一个晚上，一无所获。很快，公鸡打起鸣来，天色渐亮，年兽不得不返回了。

人们成功熬过年关，都欣喜不已，人们将大门敞开，开心地庆贺，还四处走动去见自己的亲朋好友，即便是碰到不熟悉的人，也会相互拱手问好，到处都洋溢着喜悦的气氛。

一连几年，村中都平平安安，人们以为年兽不会再来，就放松了警惕。可是好景不长，多年后的一天晚上，人们正一如往常地做着手头的事情，突然一阵重重的脚步声传来，伴随着可怕的吼叫，年兽来了！

人们猛然想到这正是年关的日子，急忙奔回家中，可是已经晚了。这一次，人们伤亡惨重，不过有一户人家却安然无恙。人们发现，这家夫妻刚刚新婚，到处装饰着红布，夫妻俩身穿红衣，年兽来的时候，院里还有一群爱闹的孩子点了一堆爆竹，除此之外就没有什么不同寻常的地方了。

大家讨论良久，一致认为年兽应该是被红色、火光和爆竹炸裂时的响声惊走的。下一年，人们在年关将近时都在家中、门外贴上红色的纸，挂上红灯笼，还敲锣打鼓、点燃爆竹，制造出极大的声势。那晚年兽还没有进村，就远远地跑开了。人们顺利度过了年关，这些习俗也保留了下来。这就是除夕的来历。

节日意义

在一年的最后一天，人们庆祝除夕节，这一天对人们来说意义非凡，是团圆的日子，离家的游子都会尽量回到家中与亲人团聚，共同见证过去的一年结束的时刻，共同迎接新的一年、新的一天。除夕意味着辞旧迎新，即辞别旧岁，迎接新年，这一节日流传至今。

写给孩子的
中国传统文化

中国民俗故事

张欣怡◎主编

北京工艺美术出版社

图书在版编目（ＣＩＰ）数据

写给孩子的中国传统文化．中国民俗故事 / 张欣怡
主编．-- 北京：北京工艺美术出版社，2023.4
　　ISBN 978-7-5140-2577-4

Ⅰ．①写… Ⅱ．①张… Ⅲ．①中华文化-儿童读物②
风俗习惯-中国-儿童读物 Ⅳ．① K203-49 ② K892-49

中国国家版本馆 CIP 数据核字 (2023) 第 008053 号

出 版 人：陈高潮　　策 划 人：杨 宇　　装帧设计：郑金霞
责任编辑：赵震环　　责任印制：王 卓

法律顾问：北京恒理律师事务所　丁 玲　张馨瑜

写给孩子的中国传统文化　中国民俗故事

XIE GEI HAIZI DE ZHONGGUO CHUANTONG WENHUA ZHONGGUO MINSU GUSHI

张欣怡　主编

出　　版	北京工艺美术出版社	
发　　行	北京美联京工图书有限公司	
地　　址	北京市西城区北三环中路6号　京版大厦B座702室	
邮　　编	100120	
电　　话	(010) 58572763（总编室）	
	(010) 58572878（编辑室）	
	(010) 64280045（发　行）	
传　　真	(010) 64280045/58572763	
网　　址	www.gmcbs.cn	
经　　销	全国新华书店	
印　　刷	天津海德伟业印务有限公司	
开　　本	700 毫米×1000 毫米　1/16	
印　　张	8	
字　　数	39千字	
版　　次	2023年4月第1版	
印　　次	2023年4月第1次印刷	
印　　数	1～20000	
书　　号	ISBN 978-7-5140-2577-4	
定　　价	199.00元（全五册）	

前言

　　二十四节气、传统节日、传统民俗、十二生肖等是中国传统文化的重要组成部分，是祖先留给我们的宝贵遗产，它们凝聚着祖先农耕文明的智慧结晶，其中蕴含着古人对自然、天地、人文和人生的思考。因此，传承和弘扬中国传统文化，可以说意义重大。

　　孩子是中国腾飞的希望，只有他们真正了解并发自内心地热爱灿烂的中国传统文化，并结合时代需求不断创新，才能让中国传统文化长盛不衰，真正地"活"在今天。

　　为了让孩子从小就受到中国传统文化的熏陶，真正了解中国传统文化，我们精心编写了《写给孩子的中国传统文化》丛书。书中内容丰富，关于节气特点、节气风俗、节日传统、节日饮食、民俗来历、生肖传说、美德故事等应有尽有；为了拉近孩子与中国传统文化的距离，我们采取了讲故事的方式，将知识与故事融

为一体，降低阅读门槛，让孩子易于理解阅读；书中的插图色彩明丽，清新自然，活泼有趣，可以给孩子带来极大的美学享受；栏目丰富，可以让孩子从多个角度了解中国传统文化；版式活泼，符合孩子的阅读习惯，可以提高孩子的阅读兴趣。相信通过阅读本套丛书，孩子一定可以清楚地了解中国传统文化的传承和演变，感受古人探索自然的智慧，体会中国传统文化的恒久魅力和时代风采。

优秀的中国传统文化是中华民族的符号，展现了中国人特有的文化内涵和精神风貌，让我们一起携手，努力将其发扬光大吧！

目录

1

目录

玉液飘香——女儿红

民俗解读

　　女儿红是浙江绍兴的传统名酒，属于黄酒，以糯米发酵而成。该酒酒性柔和，颜色橙黄透亮，入口芬芳醇厚，适量饮用具有一定的保健功能。依照绍兴老一辈的传统，每当有人家喜得千金或贵子时，这户人家便会在自家地下埋上几坛黄酒；若得的是千金，那酒便被称为"女儿红"，若得的是贵子，那酒便被称为"状元红"。女儿红在女儿出嫁时饮用，在打开酒坛后，新娘要先舀出三碗酒，分别敬给公公、婆婆和父亲，以祈盼家人平安健康，夫妻恩爱和睦。

民俗故事馆

裁缝家的女儿

　　很久以前，绍兴有个手艺精湛的裁缝，他一心想要个儿子，以便有人传承自己的手艺，接手裁缝铺子。可是他和妻子成亲好几年，妻子也没有怀孕，两人便朝思暮想地盼着有个孩子能降临。

　　这一年，妻子突然不舒服，经常恶心呕吐，脸色看起来非常不好。裁缝急忙请郎中来给妻子把脉，这才发现妻子竟是怀孕了，裁缝高兴坏了，盼星星盼月亮，终于要有自己的孩子了。绍兴人几乎家家户户都会酿酒，得知妻子怀孕的好消息后，裁缝也赶忙酿了几坛，等到儿子出生后，就能拿出来大宴宾客了。

夫妻二人满心欢喜地等了十个月，妻子顺利生产了，只不过并不是裁缝期盼已久的儿子，而是一个女儿。裁缝有点儿失望，心想：女儿长大了迟早要嫁人，自己的裁缝手艺岂不是要失传了？他心灰意冷，就把自己酿制的十坛酒埋在了桂花树下。

后来，女儿慢慢长大了，不仅出落得越来越漂亮，还完美地继承了父亲的裁缝手艺，甚至青出于蓝。她绣在手帕上

民俗小知识

女儿红不仅滋味醇美，储存它的酒坛也十分讲究。酒坛上往往带有精致的彩绘浮雕，浮雕的内容与民间传说和神话有关，最受欢迎的主题往往与历史上的美女有关，比如昭君出塞、西施浣纱、嫦娥奔月等。因为女儿红被存放在雕刻精美的酒坛中，所以又被称为"花雕"。

的牡丹能引来蜜蜂采蜜，绣在衣服上的小鸟，就像真的要飞起来一样。久而久之，十里八乡的人都知道裁缝家有一个绣活儿出色的女儿，许多人慕名而来，裁缝铺的生意越来越红火了。

裁缝也不再介怀不能把手艺传给儿子的事了，他欣慰于养个女儿也同样出色。后来，他决定把女儿嫁给最中意的小徒弟，让他们夫妻二人共同经营裁缝铺。女儿出嫁这天，裁缝把十里八村的人都邀请来，给女儿办了一场盛大的婚礼。宴会开始后，裁缝突然想起自己当年埋在桂花树下的美酒，急忙叫人挖出了酒坛子，刚打开酒盖，扑鼻的香味就迎面而来，人们闻着那沁人心脾的味道，好像还没喝就已经醉了。等人们品尝到这美酒，更是对它赞不绝口。

此后，在绍兴一带，人们就形成了不管生男孩还是女孩，都会酿几坛好酒埋在地下的习俗。如果生的是儿子，埋在地下的酒就等儿子功成名就时喝，叫作"状元红"；如果是女儿，就等到女儿出嫁时喝，叫作"女儿红"。直到现在，在我国浙江绍兴一带还流传着这样一句谚语："嫁人要嫁真心郎，喝酒要喝女儿红。"

生生不息的民俗

古时候，由于绍兴人总在喜宴上用贮藏多年的黄酒招待宾客，使得绍兴的黄酒成了当地响当当的特产。尽管时代不断发展，但绍兴的黄酒始终富有生命力。在 20 世纪初，绍兴黄酒更是蜚声海外，在美国旧金山举办的巴拿马太平洋万国博览会上摘得金奖。如今，无论是北京奥运会还是上海世博会，从 G20 杭州峰会到世界互联网大会，满载着中华传统文化的绍兴黄酒频频亮相。

酥烂鲜嫩——叫花鸡

民俗解读

　　叫花鸡是江浙地区的传统名菜，相传是古时候的乞丐缺乏炊具和调料时发明的做法，故称叫花（化）鸡。通常来说，叫花鸡的做法是：给处理好的鸡刷上料汁，用荷叶等包裹起来，接着再用黄泥封好，入火煨熟。这道菜色泽枣红，芳香扑鼻，鸡肉酥烂鲜嫩，饱受好评。

民俗故事馆

乾隆皇帝与叫花鸡

　　话说清朝时，乾隆皇帝有一次巡游江南。途中，他突发奇想，换成了平常人的装扮，准备到处游山玩水。乾隆嫌跟随自己的几个便衣侍卫影响心情，就略施小计把他们甩开了。乾隆玩了大半天，没留神走到了荒野。这时，天已经晚了，回去的路也看不清了，乾隆只能凭感觉往回走，在他又累又困时终于看到前方出现了一个破旧的茅屋。他进去之后，才发现里面住着一个衣衫褴褛的老乞丐。乾隆也顾不上讲究了，跟老乞丐挤着住了一晚上。

到了第二天，乾隆觉得饥肠辘辘，想要进城去找自己的侍卫，但饿得几乎走不动路了。这时，他发现老乞丐已经讨饭回来了。乾隆饿极了，问老乞丐有什么吃的。老乞丐神秘一笑，从布袋里掏出一只母鸡。乾隆看了看乞丐的茅屋，根本没有任何炊具，不知道他要怎么烹饪这只鸡。只见老乞丐杀鸡之后取出内脏，接着来到不远处的荷塘，摘下一片荷叶裹住鸡，

再将荷叶包裹的鸡用黄泥裹得严严实实。随后，老乞丐点起一堆火，将鸡丢进了火中。乾隆眼巴巴地等了半天，火终于熄灭了，老乞丐用木棍将鸡拨了出来，砸开泥壳，揭开荷叶，发现鸡毛直接脱落了，露出了鲜嫩的鸡肉。随后，老乞丐大方地扯下一条鸡腿，递给了乾隆。乾隆平常吃的鸡都是御厨精心烹饪过的，哪里吃过用这种随便的做法煨出的鸡呢？但是他实在饿极了，就举起鸡腿咬了一口，发觉这鸡肉外酥里嫩、鲜香可口。他吃完之后意犹未尽，问老乞丐这道菜的名字。老乞丐笑着说：

民俗小知识

在古代，人们称乞丐为"叫化子"。乞丐们没有产业也无依无靠，只能靠沿街乞讨过活，甚是可怜。乞讨时，乞丐们需要凄楚地小声叫着，即"叫"；乞求他人的施舍，则为"化"。"叫化"一词生动地体现出中华文化的精深。

"叫花子没有锅，才不得不这么做，我们都叫它'叫花鸡'。"乾隆对老乞丐道谢之后就回城了。

找到随从之后，乾隆立刻命令他们给老乞丐送去一大笔钱，老乞丐摇身一变，成了富人。此后，乾隆还常常让人按照老乞丐的方法给自己做鸡吃。他觉得"叫花鸡"的名字不雅，就改为"富贵鸡"，但是民间还是喜欢称其为"叫花鸡"。

生生不息的民俗

叫花鸡是江浙地区的一道传奇名菜，早在20世纪50年代，这道菜就被浙江省选为36道杭州名菜之一，属于杭州的非物质文化遗产。

一包鲜汁——馄饨

民俗解读

在中国，馄饨是一种十分常见的面食，它通常是将鲜肉、鲜虾、蔬菜、葱姜等食材剁碎混合后，用薄面皮包住，下到沸水中煮熟后食用。馄饨鲜香可口，汤汁鲜美，深受人们喜爱。若是在寒冷的时候吃上一碗热馄饨，那真是非常幸福的一件事。

民俗故事馆

西施包馄饨

在春秋末期的越国有一位美丽绝伦的浣纱女，她的名字叫西施。传说有一次西施在河边浣纱时，她美丽的容颜映入水中，连河里的鱼儿都被她那惊艳的美貌所倾倒，竟然忘记了游动而沉到河底。

有一年，吴王夫差率兵攻破了越国，他不仅俘虏了越王勾践，还将越国的珍器重宝悉数带回吴

国，西施也被抓进吴王的禁苑之中。

西施虽然被强迫留在吴王身边，可她日日夜夜思念着自己的故国。平时她对夫差曲意逢迎，私下却打算帮助越王击败吴国。

有一年冬至，吴国宫中摆开盛宴，文武百官都来入席。谁料，面对着丰盛的菜肴，吃惯了山珍海味的吴王却一点儿胃

民俗小知识

小小的馄饨在中国各地备受欢迎，在不同的地方还有不同的"小名"，比如说湖北人会将馄饨称为"包面"；江西人将馄饨称为"清汤"；四川有一道著名的小吃叫"红油抄手"，这抄手就是馄饨；广东则将馄饨称为 "云吞"。

口也没有，他将筷子随手一掷，感叹道："每天都吃这些东西，真是没劲透了。"

听说吴王不思美食，一心想要获取吴王信任，好解救越国于危难的西施想到了一条妙计。只见她和好了面团，擀出一片片雪白的面皮，在里头包好肉馅，一枚枚精致的三角形面点很快便铺展在桌上。一旁的水咕噜噜地冒着热气，西施趁水正在沸腾，把这些面点放进水里煮熟，再盛入碗里，撒上葱花，随后恭敬地将这碗美食捧到吴王面前。

吴王远远地就闻到那食物的芳香，凑近一闻更是觉得香味迷人。他拿起勺浅尝了一口，觉得滋味甚是鲜美，很快一整碗食物就见底了。大快朵颐之后，他捋着胡须，兴致盎然地问西施道："这是什么东西？味道胜过山珍海味百倍。"西施见吴王高兴，自己脸上也堆起了盈盈的微笑，可心底里却冷嘲道："好一个昏君！平日只知道美食美女，吃吃喝喝混混沌沌地活着……"于是随口答道:"这种面食叫馄饨。"

吴王当了真,于是时不时便会让西施给他包馄饨吃,一碗小小的面食,竟帮助西施俘获了吴王的心。从此,西施包馄饨的故事便口耳相传了下来。

生生不息的民俗

传承千年的馄饨不仅可以暖胃,还可以暖心。今天,馄饨依然是深受人们喜爱的美食。特别是在早上,一碗香喷喷的馄饨,带给劳动人民简单而暖心的享受。

莹白暄软——馒头

民俗解读

　　馒头是中国传统面食，也是中国北方地区的主要面食。馒头的制作方法比较简单，是把面粉发酵之后蒸制而成的，松软可口，营养丰富。馒头放凉之后会变硬，需要加热才会变软。但是也可以将变硬的馒头炸、炒或者烤后吃，味道也不错。

民俗故事馆

诸葛亮造馒头

　　三国时期，蜀相诸葛亮征讨南蛮之地，他巧用攻心之计对南蛮首领孟获采取"七擒七纵"的办法，最终使得孟获衷心称臣。就在南方已定，诸葛丞相准备班师回朝时，一场意外却拦住了蜀军的去路。

　　原来，大军正准备横渡泸江之时，江上忽然烟雾弥漫，狂风大作。面对这汹涌的江水，若是贸然前行必定会伤亡惨重。诸葛亮心下

觉得事有蹊跷，便找孟获询问详情，从孟获口中得知，原来此处江水之中有一位猖神兴风作浪，经常害得旅人舟沉人亡。凡是需要经过泸江的旅人，都需要往江中投入 49 颗人头、一只白羊和一只黑牛，这样猖神才会使风浪平息，保证行人顺利渡江。

诸葛亮紧皱眉头，轻轻摇了摇头，他说："如今边患已定，正是天下太平之时，怎能无缘无故杀人祭神呢？"他轻摇羽扇，

民俗小知识

馒头在不同地区叫法不同，如"馍""馍馍""大馍""蒸馍""面头""窝头""炊饼""干粮"等。馒头一般制作成外表平整的半圆形，根据添加的不同辅料，还可以做出花色馒头；每逢节日时还可在馒头顶部点上红印子，以表示喜庆。

只想了片刻便计上心头。

"去准备一些白面和牛羊肉来。"

诸葛亮吩咐从军的厨师将牛羊肉馅包进白面团中，最后塑成人头的模样来替代真的人头。就这样，诸葛亮将 49 颗面塑的人头与宰杀好的黑牛、白羊供在案头。等到三更时候，趁着月色朦胧之时，诸葛亮命人将这些祭品统统推到江中。次日一早，烟开雾散，江水静如明镜。

蜀军见状无不欢呼雀跃，他们不仅平安地渡过了泸江，并且没有伤害一条无辜的人命。为了纪念此事，人们将这种食物取名为"馒头"。

生生不息的民俗

馒头不光可以吃，还是一些地区重要的文化载体。杭州湍口镇有举办馒头节的习俗，举办这种节日是为了缅怀先祖、招福纳吉，久而久之，当地的馒头节也成了一个旅游热点，每年都有大批游客循着馒头香纷至沓来。

孝顺之味——寿桃

民俗解读

寿桃是我国一种历史悠久的面点，是在为老人祝寿时食用的。寿桃是用面粉塑成桃子的模样蒸制而成的，外面用红色或绿色的颜料装点，看起来鲜艳、喜庆。寿桃内部一般有馅，如豆沙馅、蜜枣馅等。

民俗故事馆

仙桃贺寿

战国时，齐国有个心怀大志的年轻人，名叫孙膑。他背井离乡，到云梦山拜鬼谷子为师，学习兵法。他苦研兵法十二年，其间一次回家探望都没有。

这一天，孙膑学累了，在院子里休息，正巧看到树上有一个鸟窝，一只刚刚学会独立捕食的乌鸦正在喂养一只年老的乌鸦。孙膑看着看着，眼泪不自觉地流了出来。他擦干眼泪，

找到鬼谷子说："老师，乌鸦尚有反哺之情，我十几年跟随您学习，不曾在母亲膝下尽孝，如今母亲大寿在即，希望老师准我下山为母亲祝寿。"鬼谷子点点头，说："你有这样的孝心，为师当然不会阻拦。我送你一样东西，就当是送给你母亲的寿礼吧。"说完，鬼谷子来到院中，从桃树上摘下一颗红艳艳的桃子，递给了孙膑。

孙膑心里有些疑惑：一颗桃子当寿礼，是不是太寒酸了点儿？但是他转念一想，老师一向被视为神仙一样的人物，这么做肯定有深意。于是，孙膑带着桃子在母亲大寿当日赶回了家。母亲非常意外，母子二人相拥而泣。孙膑看着母亲鬓边的白发和眼角的皱纹，内心十分愧疚。晚饭后，晚辈们送上精心准备的寿礼，而孙膑仅从包裹里掏出一个桃子。众人都觉得孙膑的礼物太过寒酸，母亲却接过桃子咬了一口，笑容满面地说："这桃子真甜，莫不是从王母娘娘的蟠桃树上摘下来的？"话

民俗小知识

一般来说，以五十岁或六十岁为界，生日可改称为"寿辰"或"寿诞"，庆祝仪式叫作"做寿"或"祝寿"。根据不同地区的风俗习惯，过寿的年龄和形式也不尽相同。从传统来看，逢十的整寿被称为大寿。但民间有"做九不做十"的说法，也就是六十岁的寿辰要五十九岁时做。因为"十"与"死"发音相近，犯忌讳；而"九"与"久"相近，比较吉利。

音未落，神奇的一幕出现了：母亲的白发逐渐变得乌黑，眼角的皱纹也逐渐消失了。众人看到这个场景都惊讶不已。

孙膑送母亲寿桃令母亲容光焕发的故事流传开来。此后，人们纷纷效仿孙膑以寿桃作为寿礼，长此以往便成了一种祝寿的习俗。

生生不息的民俗

迄今为止，中国已有超过三千年之久的桃树栽培历史，中国是当之无愧的"桃树的故乡"。千百年来，桃这种植物频繁出现在传统典籍里，这些典籍涵盖了文学、科学、哲学、艺术、医学等多个领域。时至今日，中国的桃文化仍不断发展，相信悠久的桃文化还会在未来结出更丰硕的果实。

西安风味——羊肉泡馍

民俗解读

　　西安有一道极具地方特色的小吃——羊肉泡馍。羊肉泡馍的吃法很是独特，食客们需要将麦香浓郁的厚实白馍饼亲自掰成碎碎的小丁，然后泡到肉香四溢的羊肉汤中连汤带馍一起吃。

民俗故事馆

赵匡胤的故事

　　传说，宋太祖赵匡胤在还没登基做皇上的时候，日子过得十分艰难。有一天，他流落到长安的街头，身上只剩下两块馍馍。因为放的时间久了，馍馍变得又干又硬，根本无法下咽。

　　正在他为难的时候，正巧看见附近有一家羊肉铺正炖着羊肉汤。赵匡胤想了想："也许可以拿汤把馍馍泡软了再吃。"于是他犹豫

着来到店主面前，请求店主能够施舍自己一碗羊肉汤喝。

　　店主也是个善良热情的人，他见赵匡胤的样子着实可怜，就给他盛了一大碗羊肉汤。赵匡胤接过羊肉汤，对店主千恩万谢，随后蹲到墙脚把碗小心地放到地上。他掏出馍馍，用指甲掰得碎碎的，然后泡到了热汤里。过一会儿，浸满汤汁的馍馍片果然变得软烂，他马上大口大口地吃起了这碗羊肉泡馍，吃得汗流浃背，一时间饥饿和寒冷都消失不见了。这碗羊肉泡馍给他带来了继续奋斗的勇气与力量。

　　转眼间，十年过去了，这时的赵匡胤已经是大宋王朝的君主了。成为皇帝的赵匡胤每日都能尝到山珍海味，可是不知为何，他渐渐地失去了对美食的热情。某一天，他突然回忆起当初蹲在墙脚用羊汤泡馍的情景，一时间非常想再次品尝当年的味道。于是他吩咐御厨按照他的描述，再做一道羊肉汤出来。

民俗小知识

　　中国古代的贵族们认为，牛羊肉是十分高级的美食，其中羊肉的味道更为鲜美，而现在人们常吃的猪肉并不是当时主要的日常食用肉类。

手艺高超的御厨信心满满地呈上了一碗羊肉汤，可皇帝只尝了一口便放下了勺子。就这样，御厨用不同的方法一连做了十几次，可是赵匡胤总是觉得味道不似当年那般美味，因此龙颜不悦，御厨也很是失落。

这一年，赵匡胤带领手下官员巡幸长安，令他惊讶的是，当年的那家羊肉铺依旧在原来的地方经营着，店主也是当年的店主，只是两鬓已经斑白了。店主看见当朝皇帝光临自己的店铺，惊讶得手忙脚乱。赵匡胤温柔地安抚着他，并请他再做一份羊汤和馍馍来吃。

店家并不懂得做馍，家里此时也没有馍馍，于是他赶忙叫来妻子让她帮忙烙了几张饼。由于时间匆忙，他的妻子用死面烙了几张饼出来，看起来并不太熟。店家担心皇帝看不过眼，便将饼掰得碎碎的，浇上羊汤又继续煮了会儿，上面又盖上几片羊肉薄片，再精心调配了一些佐料，随后端给了赵匡胤。

赵匡胤先是一闻，那羊肉的浓香仿佛把他拉回了当年那个街头，当时的感受顷刻之间涌遍全身。他很快就把一整碗羊肉泡馍吃完了。吃光了羊肉泡馍，赵匡胤抹了一把额头上的热汗，随即吩咐身边官员奖励了店主成堆的白银。

很快，皇上吃羊肉泡馍这件事便在长安城中流传开来，人们纷纷前来，想体验一下皇帝品尝过的滋味。店家抓住了这次千载难逢的机会，让妻子专门烙一些死面的不太熟的饼子，再配上自己的羊肉汤。没想到，大家对这样的搭配也是一致好评，就这样，羊肉泡馍流传至今。

生生不息的民俗

羊肉泡馍是一道西安的特色小吃，并且它的美名没有局限在西安当地，全国乃至全世界都有钟情于这种美食的人。曾经有一位来中国求学的土耳其小伙，就跟他的中国岳父学起了做羊肉泡馍，并且做得十分地道。一碗羊肉泡馍成了沟通两种文明的桥梁，中国美食的力量着实不容小觑。

"秀色可餐"——东坡肉

民俗解读

作为一道苏杭名菜,东坡肉已经有近千年的历史,据传此菜为北宋文学家苏轼所创,因苏轼号"东坡居士"故得名"东坡肉"。这道菜的原料为精选的猪五花肉,再以绍兴酒代替清水注入密封砂锅中,以文火焖烧而成。此菜色泽红润,汁浓味足,烂而不碎,肥而不腻,是宴请宾客的绝佳选择。

民俗故事馆

东坡与东坡肉

北宋大文学家苏东坡一生仕途不顺,在他被贬去黄州做官时,发生过这样一件趣事。

传说在他去民间考察时,碰见一对农村夫妇抱着幼子急匆匆地赶路。苏东坡观察他们的神情,断定是小孩生了什么急病,便拦下那对夫妇并请求他们让自己为患儿诊治。那对夫妇见苏东坡谈吐不俗,便答应了他的请求。在苏东坡的一番急救之下，那原本昏迷的孩子逐渐苏醒过来。受到了苏东坡帮助的夫妇热情地邀请他来家中做客。

这户人家并不富裕，但为了招待恩人，农夫还是到集市上买了一块五花肉回来，可他也不清楚苏东坡的口味，就拎着肉准备问一问他。恰巧当时苏东坡正全神贯注于自己的诗文创作，反复吟诵着："禾——草——珍——珠——透心香"。

刚刚进门的农夫听见他这样说，以为是某种做菜的方法，于是自己琢磨着："先生这是想把肉和蒸稻草一起蒸煮，煮得烂烂的，才能透心香吧！'和草蒸煮透心香'，嗯！先生就是

民俗小知识

苏轼是我国古代与美食渊源最深的文学家，许多著名的菜肴都与他有关，甚至直接以他的名字来命名。除了东坡肉，还有东坡肘子、东坡鱼、东坡豆腐、东坡羹、东坡饼等。这些菜未必全是苏轼发明的，以他的名字命名，体现出人们对这位大文豪的喜爱。

不凡，连吃个饭都这么特别。"

农夫把肉拎给自己的老婆，又把苏东坡的话和自己对这句话的理解告诉了她，吩咐她找来稻草把猪肉捆好，整个儿地放到锅里，用大火焖煮，直到皮肉酥烂再出锅。

午饭时，农夫热情地把煮好的肉端上了饭桌。苏东坡见眼前这么一大块猪肉，还用一把稻草捆犯人似的捆着，心里觉得好奇，琢磨这到底是什么吃法。他举起筷子，夹也不是，插也不是，一时竟不知从何下筷。

农夫见状便小心地询问："难道我们做的和您说的不一样？不符合您的口味？"

苏东坡被农夫给问迷糊了，连忙向他询问缘由。农夫便将原委说明。

听完农夫的解释，苏东坡开怀大笑，却未挑明是农夫理解错了，将错就错地将稻草解开，同农夫一家高高兴兴地享用起这道菜来。意外的是，猪肉的肉香掺杂着缕缕稻草的清香，竟然十分鲜美可口。吃过饭，农夫和他的妻子就要外出务农了，苏东坡心想："主人如此淳朴可爱，我也不便过于打扰，只是当面拜别，他们怕是不肯让我走……"

思来想去，苏东坡写了张字条："主人盛情难却，东坡不辞而别。"又将五两纹银压在字条上，随后便离去了。

那对夫妻回来时，看到桌上的银两及字条，大吃一惊。原来这几日住在他家的竟是苏东坡先生啊！这件事很快便在乡亲间传开了，大家不禁赞叹东坡先生的博学与仁爱，并尝试着按照农夫的方法，把肉用稻草扎起来煮，味道果然可口，乡亲们便将这道菜取名为"东坡肉"。

生生不息的民俗

东坡肉是中国的传统名菜，历经千年依旧活跃在中国百姓的餐桌上，同时也在各种国际性的宴会上频频露面，如开国大典晚宴上的六道热菜中就有东坡肉的身影。在一些国际性的美食比赛中，东坡肉也屡屡获奖。

年味美食——饺子

民俗解读

北方人过春节，没有饺子就没有那股年味儿，在冬至等节日，饺子也是不可或缺的美食。饺子是我国传统面食，有着悠久的历史。饺子的做法是把肉、蔬菜等剁碎并调制成馅，再把面粉制作成一个个圆圆的饺子皮，把适量的馅放到饺子皮上，捏合在一起之后煮制而成。饺子味道鲜美、营养丰富，深受人们的喜爱。

民俗故事馆

张仲景发明"娇耳"

传说，饺子是我国东汉名医张仲景发明的。张仲景是南阳人，曾在长沙为官。辞官回乡后，他开始一心给乡亲们治病。

一年冬天，天气特别寒冷，张仲景看到百姓们衣不蔽体，很多人的耳朵又红又肿，有的还烂掉了。他决心帮助乡亲们找到治疗耳朵冻伤的药。

饺子是历史悠久的面食，但一开始并没有和春节"绑定"在一起。春节吃饺子的习俗出现较晚，不过不会晚于明朝。人们认为，大年三十的午夜子时（相当于今天的晚上十一点到第二天凌晨一点之间）是旧年和新年相交的时间，这个时候吃与"交子"（新年与旧年相交在子时的简称）谐音的饺子，是一个非常吉祥的仪式。

张仲景根据自己的经验，又翻阅了很多医书，研究出了"祛寒娇耳汤"。他让自己的弟子把冻伤的百姓们聚集起来，在院子前的空地上搭起大棚，架上大锅，开始煮"祛寒娇耳汤"。这种药用羊肉、辣椒和一些草药熬成。接着，弟子们盛出一碗碗汤分给病人喝。汤喝完后，张仲景又让弟子们将肉和药物捞出来，用面皮包起来做成耳朵的形状，取名娇耳，煮好之后分给病人们吃。大家喝了汤、吃了"娇耳"后，全身发热，冻伤

康复得也快了。

此后，张仲景每天给大家发放"祛寒娇耳汤"和"娇耳"，一直持续到大年三十。到了初一，一些百姓也开始模仿张仲景的做法在家做"娇耳"吃。到后来，吃"娇耳"的习俗越传越远，"娇耳"也被改称为饺子，一直流传到今天。而在冬至吃饺子保护耳朵的习俗无疑也是受到这个故事的影响。

生生不息的民俗

饺子历史悠久，其生命力到今天依然非常强劲。不仅在春节、冬至等节日，人们平常也会包饺子，饺子几乎成了日常的主食。同时，饺子的馅料也越来越丰富，可以满足不同喜好的人的口味。

甜蜜松软——萨其马

民俗解读

萨其马是一种甜味糕点，有着悠久的历史。萨其马的制作方法一般是先把白面做成面条，加上冰糖和奶油后炸熟，晾凉后切成方块制成。为了使口感更好，可以在和面时加入牛奶或鸡蛋，或者炸熟后在表面加上芝麻、葡萄干、坚果等。萨其马酥松绵软、香甜可口、携带方便，深受人们喜爱。

民俗故事馆

"杀骑马"和"萨其马"

传说在清朝时，有一个姓萨的将军被派到广州任职。萨将军酷爱骑马打猎，每次出去都要纵马捕猎一整天，傍晚回到家时已经饥肠辘辘了，一进门就找厨师要点心吃。如果厨师一连几天拿出的点心是重样的，或者点心不好吃，就会遭到一顿斥责，不是待不下去自己离开，就是被萨将军赶出去。

一年，一个擅长做点心的厨师进入将军府。这一天，萨将军又出去打猎，吩咐厨师在自己回来前准备好点心。厨师提前将面粉和蛋液备好，准备制作一道精美的点心。没想到，这天萨将军骑着马跑了半天没碰到猎物，失望之下提前回府了，一进门就嚷嚷着要点心吃。厨师原来准备做的点心已经来不及做了，他知道自己也免不了挨一顿骂了，甚至还会被赶出去。于是他在心里怒骂："真想杀了那个骑马的！"一边骂，一边想了一个快速做出点心的方法：他随手将蛋液倒进面里，和好面后切成面条，加上糖放油里炸，捞出来后倒入食盒中压平，再切成方块，就端了出去。

萨将军看着厨师端来的方形点心，抓起一块问道："这个点心叫什么？"厨师害怕自己也被赶出府，不小心将心里念叨

民 俗 小 知 识

事实上，萨其马的起源跟故事里的广州萨将军并没有什么关系，那只不过是人们根据这个奇怪的名字编出来的故事。其实，"萨其马"是满语的音译，原意是"糖缠绕着的食物"，原本是满族祭祀时用的祭品，后来随着清军入关进入北京，随后又传播到全国各地。

的话说出来了："杀骑马。"萨将军还以为他说的是"萨骑马"，也就是自己骑着马去打猎的意思，对这个名字还挺满意。于是，他随手将"萨骑马"塞进了嘴里。没想到，那点心香甜酥软，可口极了。一向口味刁钻的萨将军对这种点心赞不绝口，赏给厨师一笔钱，此后还常常让他做"萨骑马"给自己吃。厨师从此成了将军府的红人，再也不担心被赶出去了。"萨骑马"传到民间后，又有了"萨其马"这个名字，成了广受欢迎的点心。

生生不息的民俗

今天，萨其马已经不再被视为传统的祭品，而是成了一种日常零食。萨其马高糖高油，过量食用不利于身体健康。偶尔吃几个萨其马解馋，或在外出时带上几个萨其马临时充饥，都是不错的选择。

劲道爽口——煎饼卷大葱

民俗解读

　　煎饼卷大葱是一种具有北方特色的面食，是用杂粮面粉摊成又薄又大的煎饼，涂上甜面酱或豆瓣酱，接着将葱白（也可以是卷切成丝的大葱或黄瓜等）卷进去。煎饼卷大葱口感丰富，制作简便，很受人们的喜爱。

民俗故事馆

状元和煎饼

　　在山东沂蒙地区，有一个财主姓黄。黄财主只有一个女儿，人们都叫她黄妹子，是黄财主和前妻所生。前妻死后，黄财主又娶了一个妻子，这个新妻子是一个贪财又有心机的女人，一进门就将家中大权牢牢掌握在自己手里了。对于黄妹子，她是怎么看都不顺眼。

　　黄妹子聪明伶俐，长得又漂亮，黄财主两口子都想把她嫁给当官的，再不济也得嫁给财主家的儿子。但是黄妹子只喜欢和自己一起长大的穷书生梁马，对于父亲和继母的话她完全不放在心上。继母一心想打消她的念头，琢磨来琢磨去，想出

了一个坏主意。

当时，梁马正在寒窗苦读，准备进京赶考。但是他家里太穷了，不仅常常吃不饱穿不暖，到晚上还没有钱点灯苦读。于是，继母就对黄妹子说："我觉得梁马这小伙子肯定有出息，想帮助他读书。咱家西院有一间空房子，你让他搬进来住吧，到了晚上灯油管够！他要是考中了，咱们也能跟着沾光呢。"

民俗小知识

我国是大葱的原产地，大葱最初是在两千多年前从西北引种到中原的，很快成为广受欢迎的蔬菜。大葱富含蛋白质、胡萝卜素，还有苹果酸、磷酸糖、维生素、铁、钙、镁等，具有一定的药用价值。

黄妹子听她说得合情合理，没有怀疑，欢天喜地地去叫梁马了。梁马一听，喜出望外，很快带上自己简单的行李，搬进了黄家西院。

继母满脸堆笑地对梁马说："你还需要什么东西吗？"梁马说："我只要纸和笔就行了。"继母听后就大声对家里的仆人说："听到了吗？梁公子什么都不需要，只给他纸和笔就行了。谁要是给他送别的东西打扰他读书，我可不客气！"

梁马在书房读书，到了傍晚，感觉肚子非常饿，就问仆人要吃的。仆人早就领会了女主人的意思，蛮横地表示除了纸笔，什么都不会给他。梁马想要出门回自己家拿些吃的，仆人直接将门拴了起来。梁马无奈，饿着肚子读书到深夜，直到凌晨才小睡了一会儿。

第二天，黄妹子听到这个消息，才知道歹毒的继母想要饿死梁马。她知道家里仆人都听继母的,自己来硬的没用,于是眼珠一转,想出了一个好主意。她找到了家里唯一对自己言听计从的仆人——自己的奶妈,请奶妈到厨房悄悄帮自己一个忙。没过多大一会儿,黄妹子就拿着几张"白纸"来到书房门前,对仆人说自己是来送纸的。仆人接过来没细看,就递进了门内。饥肠辘辘的梁马接过那几张纸,却闻到了一股香味,仔细一看,那根本不是纸,而是几张薄薄的煎饼。他立刻吃了起来,填饱肚子后又开始读书。

到了中午,黄妹子又来送"纸",里面还夹着几根白色的"笔"。原来,黄妹子怕梁马干吃煎饼太噎,就在里面夹了几根葱白。就这样,一连几天,黄妹子准时一天送三次"纸笔"。继母过来看时,发现梁马不仅没饿死,精神头反而更旺了。黄妹子趁机对她宣称梁马是魁星下凡,继母一害怕,就不再为难梁马了。

后来,梁马进京赶考,高中状元,回来和黄妹子成了亲。虽然他当了大官,但还是常常吃煎饼卷大葱。后来,沂蒙地区家家户户都开始吃起了煎饼卷大葱。

生生不息的民俗

煎饼卷大葱之所以成为风靡一时的美食,也受过去生活条件较差的影响。今天,人们可选择的食物越来越多、越来越丰富,煎饼卷大葱也就渐渐失去了主导地位。但是,很多地区的人还是时常将这种方便、可口的美食端上餐桌。

生活习俗

"掌握命运"——抓周

民俗解读

　　抓周的习俗源远流长，最早可追溯到魏晋南北朝时期。通常当新生儿满周岁时，家中大人便会准备各种各样的小物件，并将它们放在小孩面前，任小孩自由抓取。人们会根据小孩抓到的物品来预测小孩的前途。

民俗故事馆

孙权选太子

　　相传，抓周的这个民俗活动与孙权有关。当时天下三分，魏、蜀、吴三国呈鼎立之势，打得难解难分。

　　吴国的孙权刚称帝不久，太子孙登便因病过世了。太子之位若是悬置过久则必定会危及江山社稷的稳定，于是孙权准备在余下的几个儿子里挑选出一个适合的人授予太子之位。可是左思右想，孙权始终拿不准主意，就询问群臣道："我的这几个儿子虽各有长处，却也各有所短，我究竟应该将太子之位传给谁呢？"

　　大臣们各抒己见，但始终没有推举出一个大家都信服的人选。就在此时，一位名叫景养的臣子站了出来，对孙权说："陛下的皇子们个个都堪称人中龙凤，皇上难以抉择也是合乎情理的。依微臣看来，若想吴国基业稳固，则选拔太子不仅需要衡量皇子的人品和能力，还需观察皇孙的天赋。臣有一法，可检验皇孙们是否聪慧……"

民 俗 小 知 识

　　抓周的各种物件有着不同的寓意，常见的物件及与其相应的寓意为：

1. 书：学富五车，适合做学者。
2. 笔墨文具：才华横溢，适合做作家、画家。
3. 印章：官运亨通，适合从政。
4. 算盘、计算器：善于理财，适合做商人、会计师。
5. 钱币：有财运，将来会很富有。
6. 食物：有福气，将来不愁吃穿。
7. 稻草：勤劳踏实，适合从事农事活动。
8. 刀剑：勇敢无畏，适合做军官、警察。

　　孙权听了景养的办法，觉得在理，便同意了。他按照计划选了一个良辰吉日，吩咐皇子皇孙们入朝觐见。皇子皇孙们刚入宫，景养便端来一只巨大的覆有绒布的盘子。景养将盘子搁在地上并对皇子们说："请皇孙们来微臣这里拣一样自己喜欢的东西走吧。"

　　说完，景养便将绒布揭开，盘子里摆放着各式各样的小玩意儿，有书籍、匕首、珠宝、简册、绶带等物。

　　这些皇孙不知其中缘故，一见盘中有如此多的物件，便纷纷上前抓取自己感兴趣的东西；有的皇孙拿到了宝石，有的选取了一本古籍，有的在匕首和珠宝间犯难……众皇孙之中，只有孙和的儿子孙皓将简册和绶带牢牢地抓在手中，怎么哄也不肯松开。

　　孙权见状，认为孙皓年纪虽小但天赋异禀，准备将太子之位传给孙和，希望将来孙皓能继承他父亲的皇位。其他皇子只觉得孙权的这个决定实在是太过儿戏了，他们心中不服气可嘴上又无话可说。于是心怀怨恨的皇子们各自勾结大臣，妄图扩大势力以篡夺太子之位。

　　孙权见自己的子孙明争暗斗，心中颇为苦恼，但君子一言驷马难追，他也没有更好的解决办法。在多年的宫廷角斗当中，孙和失势，他的太子之位被孙亮所取代，可如此依旧有别的皇子暗中不服。孙权过世以后，孙亮又被孙休赶下了皇位。孙休过世之后，究竟谁来继承大统一时之间也没有定论。最终还是孙皓成了新一任的皇帝。

待孙皓登基之时，吴国老臣们回想起当年孙皓抓周的情景，不禁感叹景养当时荒唐的主意竟如此灵验。后来，抓周便传入民间，成了一个家家都可以举办的民俗活动。

生生不息的民俗

抓周的习俗源远流长，并且在许多文学作品里都有提到，古典小说《红楼梦》里就有宝玉抓周时抓到胭脂的情节。在全球化日益深远的今天，许多外国人也会举行抓周仪式，看来这古老的习俗在海外也有广阔的发展空间呢！

憨态可掬——布老虎

民俗解读

陕西民间的汉族家庭有一种育儿风俗：每当小孩子满月的时候，舅舅家便会送来一只用黄布缝制的老虎，在进门时还需将老虎的尾巴揪断并丢到大门外。送布老虎是希望小孩子长大以后能像老虎一样健康有力；折断尾巴是希望小孩子在成长过程中少灾少难。

民俗故事馆

布老虎的传说

在很久以前，有一对恩爱的小夫妻，丈夫下地干活，妻子织布做饭，日子虽然不富裕，但也算得上安乐。遗憾的是，两个人结婚好几年了也没有孩子。妻子看着邻居活泼可爱的孩子，总是哀叹："我们要是也有一个虎头虎脑的孩子多好啊！"为此，她常常到山神庙里去祈祷。一天，夫妻俩同时梦到山神给他们送来了一个孩子，不久妻子就怀孕了。

十个月后，他们的儿子终于出生了，果然长得虎头虎脑。夫妻俩满心欢喜，对儿子照顾得无微不至。

孩子出生的第二十九天，夫妻俩又梦到山神，山神说明天会有自己的使者来到他们身边。夫妻俩惊醒后发现，一场大雪席卷而来，雪片宛若鹅毛，刹那间天寒地冻。孩子在这时突然发起高烧，浑身滚烫、抽搐。夫妻俩给孩子穿上厚厚的棉衣，抱起他出去找郎中，但是他们刚走到山神庙边，就发现大雪封山，前面完全没有路了。夫妻俩急得像热锅上的蚂蚁，只得悲恸欲绝地在山神庙前哭泣。

正当夫妻俩感觉走投无路之时，突然从树林中蹿出一头巨大的老虎。奇怪的是，老虎并没有伤害他们，而是俯下身子，好像是示意他们骑到自己背上。夫妻俩想起夜间的梦，难道老

民俗小知识

婴儿出生一个月后，亲朋好友会聚在一起为孩子祈福。古人认为婴儿存活一个月是渡过了一个难关，家长为了庆祝孩子渡过这个难关，并祝愿新生儿健康成长，通常会举行各种仪式并馈赠各种礼物。

虎就是山神的使者？
丈夫知道回家去只能
眼睁睁看着孩子夭折，
不如试一试。于是他
抱紧孩子，跨到了老
虎背上。老虎缓缓起
身，迅速向前跑去。它对山路非常熟悉，翻越了一个个人类难
以跨越的深沟、高坡，始终跑得又快又稳，很快把两人送到了
山脚下的镇子边。老虎放下这对父子，冲他们点了一下头，转
身跑回了山里。丈夫走了没多远，就到了郎中家里，孩子由于
送医及时而得救了

　　后来，夫妻俩到山神庙中千恩万谢。为了感谢山神的使
者老虎，妻子就缝制了一个布老虎，让它伴随在大难不死的儿
子身边。此后，送孩子布老虎的习俗逐渐传播到各地，并流传
至今。

生生不息的民俗

　　如今布老虎已不只是一种给小孩子过满月时送的礼物了，
它成了一种人们喜闻乐见的装饰品，甚至成了一种艺术品。
中国一些高校举办过相关的研修班，来自全国各地的布老虎
技艺传承人通过这个研修班提高了自身的技艺与创作理念。
相信布老虎的制作技艺、美学水准都能在未来更上一层楼。

双喜临门——囍

民俗解读

双喜字，是将两个"喜"字连成一体的喜庆图案，多数是用红纸（或金箔纸）剪出来的，也有在红纸上书写出来的，在婚礼上往往到处都贴着双喜字，看起来非常喜庆。双喜字寓意双方欢喜，贴双喜字是祈愿双喜临门、事业爱情双丰收。

民俗故事馆

王安石与双喜字

王安石饱读诗书，一心想要考取功名，成就一番事业。进京赶考途中，他路过一个叫作马家庄的地方，正巧遇上马员外为自己的女儿招亲，宣称：若哪位男子能够对出马员外所出对联的下联，马员外就将女儿嫁与他。

王安石一向对对联感兴趣，就行至马府门外，一句上联赫然

挂在门的一侧："走马灯，灯走马，灯熄马停步。"王安石对这句上联连连发出赞叹，苦思冥想了好一阵子，也没想出下联。无奈考试在即，王安石只好恋恋不舍地赶路了。路上他一直惦记着这句上联，但直到京城，也没想出合适的下联。王安石想着自己看书无数，竟被一句上联难住，心里十分不快。

　　好在王安石初试发挥得不错，顺利进入面试，面试当天，考官用飞虎旗出了一句上联："飞虎旗，旗飞虎，旗卷虎藏身。"

民俗小知识

　　中国传统的婚礼有铺床这一项习俗，在床上要放上红枣、花生、桂圆、莲子，每样取其中一字，便寓意着"早生贵子"，表达了人们希望子孙延续、团圆吉祥的愿望。

王安石听后十分惊讶，考官出的上联竟能与马家庄的招亲联对上，于是脱口而出："走马灯，灯走马，灯熄马停步。"

考官对王安石的下联赞赏有加，其他考生也钦佩于王安石的才思敏捷。考试结束后，王安石等不及放榜，就日夜兼程地赶到马员外家。他看到下联处仍旧空空如也，便翻身下马，提笔写下了考题联："飞虎旗，旗飞虎，旗卷虎藏身。"下人连忙通报马员外，马员外看到下联后很是赞许这位青年，便将其请进家里喝茶。谈话间，马员外感到这位青年虽然穿着朴素，但相貌堂堂、谈吐优雅，将来必大有作为，便将女儿嫁给了他。

王安石和马家小姐大婚当日，马府张灯结彩，锣鼓喧天。此时一位官差来到府中询问王安石的状况，马员外很是疑惑，暗想：莫不是这新女婿在外惹了什么官司？此时官差高声说道："我是来报喜的，王安石金榜题名，考中了进士！"

马员外喜出望外，连忙叫人把这个喜讯告诉了王安石。大婚当日，金榜题名，王安石一时兴起，便在大门的对联横批

上写下两个并排的"喜"字，以表达双喜临门之意。

众人看后都赞叹绝妙，此后，再有人家里办喜事，便会贴上双喜字，寓意着好事成双。

生生不息的民俗

作为一种具有中华传统文化特色的吉祥图案，"囍"字承载着喜庆、吉祥的美好寓意，至今仍保存着持久的生命力。深受民众喜爱的"囍"文化早已不单单活跃在婚庆领域，2008 年北京奥运会的奥运村便是按照"囍"字的结构布局设计的，同时设计师们还将"囍"运用到奥运首饰的设计当中。另外，许多中国的民族品牌也深受"囍"这个文化符号的启发和影响。

喜上枝头——喜鹊

民俗解读

喜鹊是民间传说中象征吉祥的鸟儿，它的形象常常被制作成剪纸，或作为瓷器的花纹。人们在制作有关喜鹊的花纹时，总是将喜鹊和梅花联系在一起：喜鹊站在梅树梢上，就叫"喜上眉（梅）梢"，又叫"喜鹊登枝"或者"喜鹊登梅"；如果两只喜鹊在梅树上对鸣，则称为"喜相逢"。

民俗故事馆

灵鹊盗冬梅

传说很久以前，大地上还没有植物，到处都光秃秃的，看起来荒凉极了。于是，玉皇大帝派一位神明来到人间，播撒了很多草种，不久大地就变成绿油油的一片了。王母娘娘听说后，就派天上的神鸟灵鹊作为使者，到人间看看大地是否足够美丽了。灵鹊来到人间，发现光有草，没有花，看起来还是单调得很。于是它回到天上，把这个情况告诉了王母娘娘。王母娘娘当即叫来百花仙子，命她给大

民 俗 小 知 识

　　中国民间认为喜鹊是一种吉祥之鸟，这种认知深深影响着民间艺术。以剪纸艺术为例，剪纸作品常有梧桐与喜鹊的搭配，意为"同（桐）喜"；也有豹子与喜鹊的组合，意为"报（豹）喜"；还会将喜鹊与梅、竹并列，以表达"竹梅双喜"之意。

地撒下一些花种子。

　　百花仙子动身前，向王母娘娘请示自己该带什么花种子下去。王母娘娘思前想后，总也不舍得让她把冬梅种子带到人间。原来，王母娘娘最喜欢冬梅，想让冬梅只在天上生长。于是，她对百花仙子说："除了冬梅种子，你想带什么花种子下去都可以。"百花仙子奉命而去。此后，人间在春、夏、秋三季都

有各种各样的花儿争奇斗艳，但
是到了冬天大地还是荒凉一
片，一朵花儿都没有。

　　过了很久，灵鹊又到
人间来玩，当时正是冬天，
它看到人间光秃秃的，一点
儿都不好看，于是返回天庭，在百
花仙子那里偷了一粒冬梅的种子，并将它送到了人间。不久以
后，人间的冬天也有美丽的冬梅来点缀了。

　　但是，灵鹊做这件事是很难瞒过王母娘娘的，于是王母
娘娘派人把灵鹊关了起来，准备治它的罪。天上的另一只神鸟
三足鸟是灵鹊的好朋友，它偷偷将灵鹊放了出来，让灵鹊逃到
人间，别再回天庭了。灵鹊来到人
间，看到自己当年播种下的冬梅正

在盛开，高兴极了，在树上跳来跳去，叽叽喳喳叫个不停。

人们看着这黑白相间的鸟儿停在红艳艳的梅花上，觉得格外美丽、喜庆，于是给这种鸟儿取名"喜鹊"，并创作出"喜鹊登枝"的吉祥图案。

生生不息的民俗

中国人民银行曾经发行过一组吉祥文化金银纪念币，这组纪念币中就有"喜上眉梢"的主题。"喜上眉梢"纪念币的设计，取材于传统吉祥画，设计者通过对喜鹊、梅花等元素的使用，反映出人们对吉祥文化的创造和应用。这组纪念币展现了中国人在一定时期内的思想文化，对传统文化的继承和发扬起到了积极作用。

福到万家——倒福

民俗解读

每逢新春佳节，家家户户都会在大门、屋门、墙壁、门楣以及衣柜等处贴"福"字，而且很多人会把"福"字倒着贴，寓意"福"到（倒）了。"福"字多用红纸剪成，或者用毛笔在红纸上书写而成。贴"福"字的习俗寄托了人们对幸福生活的向往。

民俗故事馆

马皇后的故事

朱元璋生性多疑，有一回他轻信了谗言，认为有人要篡夺他的皇位，于是他决定先下手为强，准备秘密除掉有嫌疑的人。他派人偷偷在那些人的家门上贴上"福"字，并命令侍卫当晚巡逻时，一旦看见哪户人家门上贴了"福"字，就进去将他一家老小全部杀光，以绝后患。

马皇后偶然间得知此事，熟悉丈夫脾气秉性的她便秘密派人调查此事，得知那些人果然是被人陷害的时候，宅心仁厚的她不忍这些无辜的人枉死，也不愿丈夫留下骂名，于是决定阻止这场杀戮的发生。

马皇后知道皇上是个劝不动的主，所以当面阻止他的办法行不通，思量再三，一条妙计涌上心头。

马皇后叫来人手，命令他们即刻出宫，通知城中的每一户百姓，让他们在自己家门上贴上"福"字。接到通知的百姓们甚是不解其意，但念在马皇后平日里十分优待他们，她吩咐的事情大家也没什么好推辞的，于是也纷纷照做了。

只见这日，全城百姓都在家门上贴上了"福"字，一个

在三千多年前的甲骨文中就出现了"福"字。今天的"福"字是一个会意字，其中"礻"代表神祇，"口"代表饮食，"田"代表田地，体现出古代百姓对温饱生活的祈求。

个"福"字就像一个个门神，保佑着一家的安危。但事有不巧，有一户人家不认得字，他们拿着"福"字横看竖看，也不知哪边在上，哪边在下。他们商议了一番，按一种比较顺眼的方式去贴，结果偏偏把"福"字给贴倒了。

到了夜里，侍卫们准时出发，结果惊讶地发现每家每户门上都贴了"福"字。难道皇上要把全城的百姓都灭了族？侍卫们心下犯起了嘀咕，无奈之下，只得放弃行动草草回宫。

回到宫里，皇上问起此事，侍卫们便将所见一五一十地禀告给皇上。朱元璋听了以后勃然大怒："怎么可能家家户户都贴了'福'字？"

众侍卫都被吓得噤若寒蝉，只有一个勇者上前回复道："事情千

真万确，每家每户门上都有'福'字，只是有一家门上的字是倒着贴的，不清楚是何用意。"

朱元璋十分恼火，便派侍卫出宫将那户把"福"贴倒了的人家灭掉。就在侍卫们领命准备退出大殿时，马皇后及时赶到劝止了侍卫。

马皇后温柔地劝说道："皇上，依我看不仅不应该杀掉这户把'福'贴倒了的人家，还应该好好地赏赐他们才是哩。"

朱元璋不解，反问道："皇后这是什么意思？"

马皇后笑了笑说："依我看，这户人家是故意将'福'倒着贴的。皇上您想啊，把'福'倒过来，那不就是'福到了'的意思嘛！这户人家是知道皇上您今晚要派人巡街，保护百姓的安全，他们是想表达，有这么一位仁爱的皇帝庇佑百姓，那

可不就是福到万家吗！”

听了皇后的这番话，朱元璋气也消了，也意识到了自己决策的失误。他哈哈大笑着对侍卫们说："皇后说得在理，我也不打算和这户人家计较了，至于其他人也都饶过他们一次吧。"

马皇后凭借自己的才智，拯救了许多无辜人的性命，因此以后每逢新春佳节，人们就会在自家门上贴上倒"福"，一是为了纪念善良的马皇后，二是为了给家人讨个好彩头。

生生不息的民俗

　　随着中国的综合国力越来越强，中国传统文化在世界范围引起了更多的关注。时至今日，农历春节早已不仅是中国人自己的传统节日了，它也是全世界共同欢庆的重要节日。作为春节标志性的元素，"倒福"也飞入世界各国的家家户户。春节这天，许多国际友人会在自家张贴倒"福"，并且不少人还会将自己的作品"晒"到社交媒体上。

守护安康——长命锁

民俗解读

在中国许多地方都有馈赠长命锁的习俗。长命锁也称"长命缕"，多采用金饰或银饰，制成圆形或椭圆形，并在上面刻上"长命百岁""平安富贵"等字样，以红色丝带穿在锁上，表示锁住孩子的命，保佑孩子无灾无病，健康成长。

民俗故事馆

十二岁开锁的故事

相传，古代有一个大家族非常富有，但人丁单薄，祖上几代单传，还大多是老来得子。到了第四代的时候，家里唯一的儿子娶了媳妇，却迟迟没有孩子，家中长辈因此着急万分。有一次，媳妇回到娘家，向母亲诉说此事，母亲决定带着女儿到观音庙求子。

她的母亲平日里十分善良，经常帮助邻居，而且总是到寺院清扫，

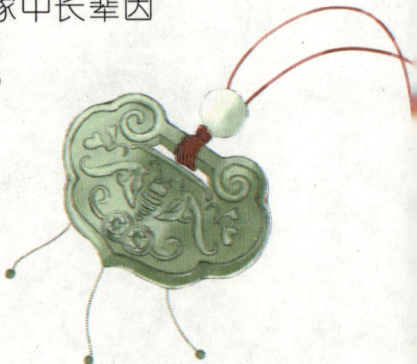

观音娘娘的佛像也时常受到她的照拂。母女二人到了观音庙，跪在观音娘娘的佛像前祈求。观音娘娘听到了她们的祈求，当天夜里就托梦给那位母亲，并赐给她一把金锁，说道："念你心地仁厚，我便送你女儿一个儿子。孩子出生后，务必将这金锁戴在孩子身上，十二年后方可开锁取下，此后这孩子将一生平安无忧！"

果然不久后，女儿就生下了一个健康可爱的儿子，她的母亲按照观音娘娘的嘱咐，给孩子戴上了金锁。后来，等孩子长到十二岁时，这家人又按照观音娘娘的嘱咐，把金锁打开，取了下来。之后，这个孩子也就健康快乐地长大了。

后来，这件事渐渐流传开来，人们都给自家新生的孩子戴上金锁，并写上各种各样的吉祥话，这个习俗一直传到了今天。

民俗小知识

我国四大古典名著之一的《红楼梦》中，薛宝钗就戴着一把金锁，上写"不离不弃，芳龄永继"八字，与贾宝玉佩戴的通灵宝玉是一对（通灵宝玉上写的是"莫失莫忘，仙寿恒昌"），后人称"金玉良缘"。

长命锁的故事

话说清朝乾隆年间，有一个很有本事的清官，名叫刘统勋。刘统勋为了国事失去了两个儿子，太后就把他的三儿子刘墉收为义子。刘墉聪明过人，就是背有点儿驼，所以落了个"刘罗锅"的外号。

刘罗锅性格刚强正直，犯了案的人只要落在他手里，谁说情也无用。后宫冷娘娘的兄弟仗着姐姐得到皇帝宠幸就仗势欺人，还犯下了人命案子。满朝官员都不敢审这个案子，刘罗锅不吃这一套，把这个无恶不作的国舅给斩了。这一下捅了马蜂窝了，冷娘娘在皇帝面前大哭大闹，让他杀了刘罗锅给弟弟报仇。乾隆也气恼刘罗锅不给自己面子，就下令抓捕刘罗锅。

这时候刘罗锅正躲在自己的干妈老太后宫中呢。听说自己的亲儿子要杀自己的干儿子，老太后气坏了，急忙叫来宫中的工匠，让他在一个黄金锁的正面刻上"长命百岁，福寿双全"八个大字，背面刻着"大清没有绑刘墉的绳，没有斩刘墉的刀"，还刻上了太后的御印，让刘罗锅戴到脖子上。

刘罗锅戴着太后赏赐的长命锁，大摇大摆地走出了太后的寝宫。宫外准备抓刘罗锅的人不敢轻举妄动，赶忙去报告皇帝。乾隆无奈，只得作罢，冷娘娘也不敢再闹了。这件事传到民间，人们都给自己的孩子戴上写着各种各样的吉祥话的长命锁，这个习俗一直传到了今天。

生生不息的民俗

2015年，辛亥革命纪念馆与佛山市博物馆联合举办了"生命的情结——长命锁民俗文化展"，这次展览包括"长命锁的历史渊源和民俗内涵""长命锁的装饰题材""长命锁的材质造型""长命锁的制造工艺""长命锁演变的其他形式"五个部分。通过这场展览，我们能够感受到长命锁这个物件源远流长的历史及其经久不衰的生命力，还有中华民族骨子里对生命的珍视。

欢腾跳跃——舞狮

民俗解读

　　舞狮，旧时称太平乐，是中国的一项民间艺术。每逢佳节或庆典，民间便会组织舞狮活动来助兴。舞狮需要两个人合作完成，一个人舞狮头，另一个舞狮尾。通常狮头和狮尾是用竹、木、布等材料做成的。在富有节律的锣鼓声下，两名舞狮艺人通力合作，做出各种高难度的动作，极具观赏价值。

民俗故事馆

"复活"的狮子

　　东汉章帝时期，一个叫大月氏的小国，给汉朝进贡了一头金毛雄狮，这头猛兽头大如筛，眼大如铜铃，浑身金毛，不断发出低吼，看起来十分凶猛。大月氏的使者对汉章帝说："这雄狮是我们国家的百兽之王，假若您的国家能够驯服它，我们便永远归顺于汉朝。如果没有人能够驯服它，我们便井水不犯河水，

　　从此我国将不再进贡。"

　　送走使者后，汉章帝召集大臣们前来商讨驯服雄狮一事，并贴出告示招募能人。没几天，就有一位勇士毛遂自荐，这人原是驯猴子的，以为那狮子与猴子差别不大，等到笼子前一看，便被怒吼的雄狮吓得差点儿尿了裤子。汉章帝听闻后，十分生气，便派人把那人杀了。

　　两天后，又来了一位自称能驯服雄狮的人，这人精干利落，说话条理清晰，汉章帝就让他前去一试。那狮子看有人来便立

民 俗 小 知 识

　　舞狮有南北之分。北狮的造型与真狮子更为相似，狮头较为简单，狮身带有金黄色长毛。北狮一般是雌雄两头狮子一起表演，由装扮成武士的主人在前方带领，有时还会加上一对小北狮。北狮的动作更为灵活、轻盈，类似于杂耍。南狮又称醒狮，多由彩布条制作而成，更为华丽、威猛。南狮在表演过程中，舞狮者要以各种招式来表现南派武功，表演风格更为阳刚、霸气。

即冲向笼边怒吼，但这人双手一抬，发出了比雄狮还大的吼声，狮子被吓得退后两步。汉章帝非常高兴，便封这人为"引狮"。不过这人也是一个纸老虎，只有武力，没有计谋，在一次驯狮过程中竟被咬断了一条胳膊，汉章帝只好让他回家养伤了。

几个月后，汉章帝又招募到一个驯狮人，这人身材魁梧，也懂得利用计谋，他连着几天不投喂狮子，狮子饿得有气无力，这时他打开笼子故意逗弄狮子，谁想那狮子上来便将他咬死了。笼旁边的武士看到雄狮咬人，且难以控制，就乱棍打死了狮子。

马上就是第二年开春时节，大月氏按约定要来看驯狮，但狮子被打死了，这时有一武士献了一个让狮子"复活"的计策。各国使节觐见当日，汉章帝命引狮人带着被驯服的"狮子"上大殿来。引狮人手拿一个绣球，逗引着"狮子"时而跳跃，时而翻身，让做什么就做什么，"狮子"听话极了。各国使节见状，交口称赞，大月氏也从此自愿称臣，年年进贡。

后来，汉章帝问武士如何使狮子复活，那武士连忙叩头并解释道："小人剥去狮子的皮，让两个兄弟披上，并让他们模仿了很多狮子的动作。"汉章帝听后哈哈大笑，并赏了这名武士一个官位。这件事情传到民间，老百姓认为舞狮为汉人争了光，就决定效仿这种形式，开始在过节时进行舞狮表演。

生生不息的民俗

舞狮表演源自中国，后来又传入日本与韩国，这项艺术在异国他乡形成了极具地方特色的表演形式。韩国曾经举办过一场艺术节，当时邀请了中、日、韩三国的舞狮队伍同台献艺，三个队伍各领风骚地展示出本国风情。看来，世界许多国家对舞狮艺术都颇为迷恋，相信在未来，中国的舞狮文化会继续发扬光大！

民间信仰

财神驾到——赵公明

民俗解读

　　我国民间传说中，财神有许多位，其中就包括著名的神话人物赵公明。赵公明原本是道教的四大护法元帅（马灵耀、赵公明、温琼、关羽）之一，也是五瘟使者（春瘟张元伯、夏瘟刘元达、秋瘟赵公明、冬瘟钟仁贵、总管中瘟史文业）之一。在民间，赵公明被视为掌管人间一切财富的财神。

民俗故事馆

赵公明的传说

　　相传赵公明是秦朝人，尽管后世将其供奉为掌管天下财富的财神，但据说在其年幼时，家里的生活十分拮据，正因如此，他深刻明白穷人的苦楚。他在一家木材商那里干活，为人勤奋又诚信，因此无论是工友还是老板都十分喜欢他。

　　后来，赵公明攒下了一笔钱，这笔钱为他主动创业提供了可能。他眼光锐利，胆识过人，为人诚信，因此他家的生意越做越大，越做越红火，很快便成为一方富豪，积累下了万贯家财。

变成了富人的赵公明不改本色，他待人处事仍十分热情豪爽，也常常仗义疏财。有一次，他的朋友想做一笔大买卖，但苦于囊中羞涩，于是找到赵公明并向他借了一百金。一百金可不是一个小数字，但赵公明见朋友有事相求便想都没想直接把钱借给了他。

遗憾的是，这个朋友出师不利，生意不仅经营不顺，甚至连借来的本金也悉数赔光了。眼看还钱的日子一天一天近了，他心中愈发忐忑不安，但最终他还是决定直面问题。

这一日，他怀着不安的心上门拜访了赵公明，赵公明见他的装扮依旧寒酸，心下也有了一二了解。那朋友惭愧地说：

民俗小知识

在我国古代神魔小说《封神演义》中，赵公明是通天教主的门徒。他由于受到商朝太师闻仲的邀请，下山去与西周军队为敌。他武艺高强、法宝众多，多次打败周军，后来被陆压道人和姜子牙暗算而死。姜子牙封神时，赵公明被封为"金龙如意正一龙虎玄坛真君"。

"赵兄，实在对不住你，本来答应好了的，要是赚了钱就把一百金还给你。可现在……怕是一时半会儿还不上了，你看看我家有什么可抵押的，你就过来搬走吧。等我赚了钱再赎回来，也是一样的。不知道可不可以？"

朋友说完，小心翼翼地瞧了赵公明一眼，只见赵公明爽朗地回答说："不妨事，那就请吧。"他说完便站起身，朋友也就将其引回了家中。赵公明在朋友家里来来回回走了一圈，朋友则搓着手立在门口。忽然，赵公明停下了脚步，他定住身子直往桌子上一指，说："这小玩意儿不错，我想用它来抵我一百金的债。"

朋友心里也奇怪，自家究竟有什么宝物可值一百金。他顺着赵公明手指的方向看去，只见桌子上散着两根木筷子。一双筷子竟然值一百金？后来这个故事被周围的人津津乐道，大家都知道这是赵公明心眼好，对朋友豪爽。

赵公明不仅用钱财周济贫困的百姓，还会资助国家，甚至还入伍打过仗，在战场上也十分骁勇。赵公明凭借勤劳致富，又理财有方，事业越做越大，却还心系穷苦百姓，人们敬佩他的品德和才能，便慢慢地将赵公明视为财神。

生生不息的民俗

作为一位文化名人，赵公明至今仍是人们的研究对象。传说陕西西安的周至县就是赵公明的故乡，该地会定期举行赵公明财神祭拜大会。届时，来自海内外的赵氏宗亲都将欢聚一堂，共同参与这场文化盛事。

长寿女神——麻姑

民俗解读

　　麻姑是我国传说中著名的女仙，她外表年轻貌美，但是实际年龄非常大，因而成为长寿的象征。"麻姑献寿"是民间绘画的重要题材，画中麻姑带着象征长寿的仙酒、仙桃、仙鹿等前往瑶池赴蟠桃会，寓意着吉祥、长寿。

民俗故事馆

麻姑献寿

　　东汉年间，有一个名叫蔡经的人一心求仙学道。他离家十多年后的一天突然归来，说七月七有神仙来访。到了七月七那天，空中仙乐飘飘，有神仙乘坐由五彩飞龙拉着的羽车到了蔡经家，这位神仙名叫王远。王远派遣使者去请麻姑来蔡经家赴宴。不久，麻姑也来了。蔡经一看，麻姑是一个十八九岁的美貌女子，

衣服也光鲜亮丽，不是人间的布料。

麻姑和王远寒暄了一番，就各自拿出所带的仙果、麒麟肉脯等吃了起来。麻姑说："上次和您见面以后，我已经三次见到沧海变为桑田了。前几天我去蓬莱山，看到海水又浅了，大概又要变成陆地了吧。"王远说："难怪圣人说，在海里行走也会扬起灰尘。"蔡经听了之后大为惊诧，他想象不出麻姑

民俗小知识

传说每当七月十五麻姑节到来时，天上总会下起霏霏小雨，因此人们也将这一日称作"雨节"。假若麻姑节这一日没有下雨，部分地区还有朝空中泼水的习俗，当地人称其为"淋麻姑"，这个习俗一直绵延至今。

和王远到底有多大年纪了。

蔡经看到麻姑的手像鸟爪一样纤细，于是他想："这样的手，给我的背挠挠痒一定很舒服。"没想到，王远立刻知道了他的想法，说："麻姑是神仙，你竟然想用她的手给自己挠背！"于是，他立刻命令随从用鞭子打了蔡经一顿，可是谁也没看到行刑的人。宴会完毕后，王远和麻姑都回天上去了，蔡经不久后也修炼成仙了。

生生不息的民俗

江西省抚州市南城县会定期举办以麻姑为主题的文化节活动，这种活动不仅可以让悠久的麻姑文化走向全国，还吸引了不少国际上的关注。

姻缘之神——月老

月老，又被称为"月下老人"，是中国民间信仰中主管婚姻的喜神。人们认为，他是天上的一位神仙，尘世里的男男女女，就算相隔天涯海角，只要被他那神奇的红线绑在一起，就一定能在茫茫人海中相遇并喜结连理。

民俗故事馆

韦固与月老

唐朝有个名叫韦固的人，平时很喜欢周游，这日他来到了宋城，谁料就在这里，他遇到了一件奇事。

这一日晚上，韦固闲来无事在大街上闲逛，忽然见到一位须发尽白的老人正坐在一棵树下。借着皎洁月色，韦固看他仙风道骨、气度不凡，正翻看着一本又厚又大的书，边上还有一只大口袋。韦固不由得好奇起来，便凑近询问："老人家，请问您看的是什么书呀？"

老人头也没抬，回答说："这是一本记载着天下男女姻缘的书。"

　　韦固自诩博闻强识，读过的书不在少数，可他从未听说过有什么记载姻缘的书，于是他又问老人："那您的这只大口袋里装的又是些什么呀？"

　　老人回答说："这里面是满满当当的红线，无论天南地北的男女，只要我把红线系在他们的脚上，他们就一定会结为夫妻。"

　　韦固听老人说的这些话，觉得非常有趣，他隐约觉得这位老人绝非常人，心中不免生出几分敬畏之心。于是他继续问："那请问我未来的妻子现在在哪里呢？"

　　老人这时才抬起头，他仔细瞅了瞅韦固的模样，随即答道："菜市场的北面有位卖菜的老妇人，帮她卖菜的小女孩儿便是你未来的妻子。"

韦固听完便兴冲冲地赶到菜市场的北面，果然见到一位老妇正在沿街卖菜，在她身边也果真跟着一个小姑娘。韦固定睛一看，心中难免失望。原来那女孩生得黑黑瘦瘦，模样很是难看。韦固怒从心头起，想着："这样的女孩子怎可是我未来的妻子呢！"于是他恶向胆边生，趁老妇短暂离开，抽出腰间佩剑便准备刺杀那个女孩。只见他朝女孩眉心一刺，女孩又惊又疼便哇哇地哭了起来，韦固不忍心再动手，就仓皇地溜走了。

转眼十四年过去了，这时韦固也已经觅得佳偶，此女乃刺史的女儿。待到洞房花烛之夜，韦固掀开盖头一看，只见姑娘长得十分标致，真真是个美人坯子。

韦固心下暗暗庆幸，那新娘见到了韦固英俊的模样，也

民 俗 小 知 识

关于月老的事迹早在唐代便有记载，清朝的沈复也在《浮生六记》中对月老做出这样的描绘："一手挽红丝，一手携杖悬婚姻簿，童颜鹤发，奔驰于非烟非雾中。"

羞涩地垂下了头。这一垂头不要紧，挡在新娘额前的垂坠顺势一斜，一道伤疤映入韦固的眼帘。韦固心下觉得熟悉，便连忙询问新娘这伤疤的来历。新娘回答说："我本是刺史的养女，十四年前，那时我还跟在祖母身边帮她卖菜。不承想有一晚一个歹徒无缘无故朝我眉心刺了一剑，万幸没伤及性命。"

韦固听此描述，不禁瞪大了眼睛，一时竟无话可说。思来想去，他才将十四年前的缘故说给新娘听。新娘得知以后也觉得十分神奇，但她还是选择原谅了韦固。韦固这才明白，那月下老人所言非虚，因此他也更加看重眼前的这份姻缘。

后来，月下老人的故事一传十十传百，人们渐渐相信，世上果真有一个掌管人间姻缘的月下老人。

生生不息的民俗

月老的传说发兴于唐代李复言的《续玄怪录·定婚店》，此后这一形象多见于杂剧与小说之中，并逐渐家喻户晓。时至今日，我们仍能在影视剧、小说或是现实活动中看到有关月老的描述。

海上女神——妈祖

民俗解读

妈祖是中国东南沿海地区的人民信仰的海神，民间又尊称其为天后、天妃。妈祖信仰兴起于潮汕地区，随着当地居民的不断迁移，妈祖信仰在内陆地区以及东南亚地区传播开来，20世纪80年代，联合国授予妈祖"和平女神"的称号，她也是中国首个信俗类世界遗产。

民俗故事馆

妈祖娘娘的传说

妈祖在羽化前的本名叫林默，因为她在降生以后直至满月，从没有哭闹过，所以她的父亲在给她取名的时候就单用了一个"默"字。

小婴儿不哭不闹就已经十分奇异了，更奇异的是早在林默降生之时，便有异象发生。林默的母亲王氏是当地有名的善人，在她即将临盆的时候，忽然有一道红光从西北方向射下，伴随而来的还有一阵阵怡人的芳香以及若隐若现的、好似雷鸣的响动。那红光忽地照到王氏鼓鼓的肚皮上，肚子里的胎儿像是感知到了什么似的也跟着动了一下，随即一个可爱的小婴儿被顺利生产出来。

不止如此，日后她又展露出诸多非凡异能。在林默十六岁那年秋天，她的哥哥和父亲出海打鱼，出发之时风平浪静、天气晴朗，可当渔船航行到海中央时就突然狂风大作、风浪骤起。远在深闺的林默似有所感，她焦急地望向大海，泪水不知不觉地模糊了视线。林默赶紧找到母亲，对她哭诉："父亲已经得救了，可是哥哥却去世了。"

不久之后，风浪渐渐平息，很快噩耗便从海上传来：林默的父亲得救了而哥哥失踪了。安顿好父亲以后，林默便随同母亲一起到海上寻找哥哥的遗体。随船帮忙的乡亲们偶然间发现，在一片惊涛骇浪之中有一团聚集在一起的鱼虾，这景象前所未见，一时间恐惧的氛围在人群间弥漫开来。林默这时站出来安慰大伙儿说："你们不要怕，这是龙王派人来迎接我的，大概哥哥的遗体就在这儿了。"

果然，片刻之后海浪平息下来，哥哥的遗体缓缓地从水

民 俗 小 知 识

　　妈祖身边还有千里眼和顺风耳两位将军。传说在宋太平兴国七年（982 年）时，湄洲岛西北方的桃花山有"千里眼"和"顺风耳"两个精怪，它们身材高大，模样凶恶，声如洪钟，来去如风；当地人对它们惊恐万分。林默得知此事后便前去降伏了这两个精怪，命他们伴随在自己左右。

下浮了上来。乡亲们七手八脚地把他打捞上船运到岸上安葬。这时人们才意识到林默的神奇，于是凡是要出海的人，都会事先请教林默，让她预测一下此行的吉凶，据说每次都十分灵验。除此之外，林默还精通医术。每当有渔民因暴风骤雨而受伤染病，她都会施以援手，挽救病人的性命。

　　在林默二十八岁那年，就在快到重阳节的时候，她突然向家人告别，感谢父母的养育之恩。她辞别父母之后只身前往湄屿峰，就此消失不见了。有人说，林默消失时湄屿峰的最高处有一道白光飞向浩瀚的苍穹，人们都认为那是林默羽化成仙时留下的神迹。

传说，林默位列仙班以后，仍时时挂念着海边的百姓，只要有人在海上遇难，林默便会显灵解救受难的人，所以人们尊敬地称呼她为"妈祖娘娘"。为了纪念妈祖，人们为她兴建了许多庙宇，每逢妈祖圣诞之时，人们就会前来诚心祭拜，希望妈祖娘娘能够保佑他们出海后平安归来。

生生不息的民俗

从南宋至明清，先后共有 14 位皇帝对妈祖进行过册封，妈祖的地位与影响力也随着一次次册封逐渐提高。如今，深受妈祖文化影响的人遍布全球，真可谓是"有华人处有妈祖"，相信妈祖那博爱、勇敢的精神也会代代传承和发扬光大。

东方灶神——灶王爷

民俗解读

　　民间传说，腊月二十三（有的地方是腊月二十四），灶王爷要上天汇报一家人这一年的行善、作恶的情况，由玉帝判断来年的吉凶祸福。所以百姓们就在这一天过起了祭灶节，为了"讨好"灶王爷，还在祭灶节这一天把甜蜜的麦芽糖献给灶王爷，希望他多说好话。祭灶节的晚上，人们会把灶王爷的神像恭敬地烧掉，俗称"送灶"，到了大年三十这天还会买新的神像贴上。

民俗故事馆

灶王爷爷和灶王奶奶的故事

　　相传玉皇大帝女儿众多，而排行最小的女儿最善良贤惠，她十分关注人间的事务，对人们的苦难感同身受，时不时地便会偷偷接济人间的穷苦百姓。她常常溜到人间，与凡人接触，时间久了，她竟暗暗喜欢上了一位人间的少年。

　　这个少年家境贫寒，靠给别人做

饭为生。厨房烟熏火烧，他总是把自己弄得灰头土脸的，再加上没有好衣服穿，看上去并不起眼。即便身处这样的环境中，他的情操却如莲花般出淤泥而不染，因此玉皇大帝的小女儿非常欣赏他的品格。

但是世上哪有不透风的墙，当玉皇大帝得知自己宠爱的小女儿竟然喜欢上人间一个又脏又穷的小伙子时，盛怒之下，

民俗小知识

灶王的传说明显与火焰崇拜有着密不可分的关系。远古的先民首次发现了火，火不仅可以照明取暖、赶走野兽，还能够烤熟食物以降低食物中毒的风险。至此，人们开始了对火焰的崇拜，那些发现火焰、管理火焰的专业人员也随之受到了人们的崇敬，灶神崇拜便由此兴起。

就想把小女儿赶出天庭。王母娘娘得知后忙向玉皇大帝求情说："这个少年虽然落魄，但秉性纯良，可见我们的女儿并没有看错人。咱们如今不正好缺一个可以明察人间善恶的神仙吗，依我看，这个小伙子就很适合，不如干脆就封他做灶神吧。这样咱们将女儿嫁给他，也不算太过委屈。"

玉皇大帝也舍不得自己的小女儿，又觉得王母的这番话着实在理，便封了这个小伙子为灶神，同时赏赐他两个袋子，一个袋子装恶事，一个袋子装善事；另外，又将小女儿许配给他。自此，人间百姓便将这个人称作"灶王爷爷"，把他的夫人称为"灶王奶奶"。

灶王奶奶依旧挂念着贫苦的百姓，因此每每返回天庭探亲时，总会将天庭中的珍宝带回人间，分发给有需要的百姓。玉皇大帝见小女儿拿走了许多天庭的宝贝，心里很是郁闷，于是下令说："以后每年腊月二十三，你们才能回天庭复命，其他时候就安安分分地待在人间，管理人间的厨房吧。"

　　从此以后，每当腊月二十三这日，灶王爷爷和灶王奶奶便会回到天庭述职，向玉皇大帝报告人间的善恶，然后大年三十那天，他们又会重返人间，继续观察人间的善恶。为了让灶王爷爷和灶王奶奶能在玉帝面前多美言几句，人们在腊月二十三祭祀灶王的时候，会呈上一些又甜又黏牙的糖果，希望两位神仙享用完糖果以后，嘴巴也变得甜一些，能多为自己美言几句。

生生不息的民俗

　　灶王爷文化源远流长，如今还出现了灶君文化博物馆。灶君文化博物馆的建立是让传统的灶神文化活起来的重要尝试，也是保护民俗文化、传承民俗文化的重要举措。

庇佑一方——土地公

民俗解读

　　土地公是一种级别低微的神仙，传说他掌管一方土地，并居住在地下，依靠人间香火供奉而存续。在许多文艺作品和民间故事中，土地公的庙宇并不美轮美奂，现身时的排场也并不阔气，正因如此他在百姓的心中是最"亲民"的存在。他能够接受许多人祈福、避祸的愿望，因此在过去，凡是人群聚居的地方都会有祭祀土地公的建筑。

民俗故事馆

土地公的小小庙宇

　　有一回，玉皇大帝想去人间游赏一番，便坐着龙辇在一众神仙的簇拥下开始了人间之游。他们会在夜间显圣，一旦公鸡打鸣便要返回天庭，以防人间百姓窥到神迹。这天，玉皇大帝照旧坐在辇上俯视着大地，可始终觉得今晚所见并无半分可赏之处，就在他准备败兴而归时，忽见远处有一片钟灵毓秀的川峦，山的最高处建有一座禅院，院里耸立着一座美轮美奂的九层宝塔。

　　玉皇大帝觉得那宝塔很是精美，于是下令前往禅院游赏。

天官得知命令后很是为难，他恭敬地上前进言："禀告玉帝，还有半个时辰天就要亮了，眼看着公鸡即将打鸣，众仙就要归位了……"

玉皇大帝此时兴致正浓，哪里听得进天官的劝谏，随意地说："那你去传我的旨意，令当地的土地公让公鸡迟两个时辰再打鸣。"

天官又说："土地公向来把百姓的事当成自己的事，让他推迟公鸡打鸣的时辰，怕是行不通呢。"

玉皇大帝很是不耐烦，他一下子站起身指着天官说："少说废话，你尽管去传我的旨意，难道他小小土地公还敢抗旨不成！"天官见状，不敢多言，便匆匆把玉帝的话传给土地公。

民俗小知识

土地神原本是古时候君主非常敬重的社神，管理着天下所有的土地，和稷神（谷神）并称社稷，代指国家和朝廷。古代天子常常要祭祀社稷，百姓们也会在丰收的时候祭祀社神，举办各种热闹非凡的活动。随着时代的发展，土地神的管辖范围逐渐缩小，成了现在的样子。

土地公领了圣旨也很为难，他琢磨着："若是违背了玉皇大帝的圣旨，那可是欺君之罪。可是百姓们天天朝我祭拜，祈求四季分明、五谷丰登，我又哪能为了玉帝而弃万民不顾呢？"

左右为难之际，土地公瞥见了窗外的田野。月光照耀之下，田里的禾苗长得葱葱茏茏，十分可爱。他心想："如今正是农忙的时候，百姓们每天都会等鸡鸣起床劳作，若是让公鸡晚两个时辰打鸣，可就要耽误百姓的生活了。农耕大事，岂可儿戏！"最终，土地公决定违抗圣旨，让公鸡按时打鸣。

另一边，在群仙的簇拥下，玉皇大帝从容地来到了禅院内。他绕着宝塔左看看、又瞧瞧，心中难掩欢喜之情。他想："此物只应天上有，立在这里岂不是暴殄天物。"于是他吩咐巨灵神将这座宝塔搬到天庭上去，以便他不时赏玩。

巨灵神领命，正准备大展拳脚时，几声鸡叫忽地传来。

在此起彼伏的鸡鸣声中，和尚们晨起的躁动之声渐渐传来。

众神仙见状便手忙脚乱地收拾起行装，玉皇大帝怒不可遏地大喊道："土地老儿何在！"

土地公应声现身并向玉皇大帝叩首，胆战心惊地对玉帝说："微臣自知有罪，愿听候陛下发落。"玉皇大帝气得满面通红，指着土地公说："大胆土地公，竟敢违抗圣旨，我要罚你永世不得登临天庭，你就在乡间待到地老天荒吧！"说完，玉帝便拂袖而去，当然，那座九层宝塔他也没有来得及搬走。

后来，老百姓知道了土地公的选择和遭遇。自此以后，百姓对土地公更是敬爱有加，人们都感动于他的仁爱，于是几乎每个村庄都有一处土地公公的小小庙宇。尽管那些庙宇狭小简陋，但是香火却十分鼎盛。

生生不息的民俗

国以民为本，民以食为天，因此能够繁衍粮食六畜的土地被人们给予崇高的尊敬，而由此衍生出的土地神信仰也就成了民间分布最为广泛的一种信仰。我国台湾地区至今仍保留着隆重的"夜弄土地公"活动，人们通过对土地公投放鞭炮、为土地公更换新衣的方式来表达对土地的尊敬与热爱。

镇宅圣君——钟馗

民俗解读

钟馗在民间素有"鬼王"之称，百姓们相信他能够斩妖除鬼，保佑家宅安宁。因此，很多家庭都会贴钟馗像，画上的钟馗一般都身材魁梧、面目狰狞，身穿红袍或其他华丽服饰，脚踩、手抓小鬼，寓意着消除邪祟、带来安宁。

民俗故事馆

钟馗捉鬼

据说，唐明皇李隆基有一次在外出游玩时得了疟疾，发热不退，迷迷糊糊之中梦到有一只小鬼追着他跑。唐明皇醒来后，便对身边的侍从说："这寝宫有鬼，赶快为朕换个寝室！"侍从听后，连忙为唐明皇收拾出另外一间寝室。可唐明皇依然睡不安稳，梦里那个小鬼还是不停地打扰他，这让他的身体每况愈下，大臣们因此十分焦急，找了道士来，也不见成效。

　　这天晚上，那个小鬼又出现在唐明皇的睡梦里，那小鬼拿着唐明皇的笛子，不停地吹奏出难听的音调，就在唐明皇忍无可忍时，一个大鬼突然出现，只见他一把抓住小鬼，塞进了自己的口袋里。唐明皇惊慌地问道："你又是什么妖怪？"大鬼礼貌地向唐明皇施了礼，回答道："我不是妖怪，我叫钟馗，我能保护陛下不受鬼怪的侵害！"

　　钟馗说完便消失不见了。唐明皇早晨醒来，发现自己身上轻松了许多，几天后，一切病症都痊愈了。后来，唐明皇把

民俗小知识

　　我国民间管理群鬼的神明不少。天师钟馗因为为唐明皇抓鬼而闻名于民间；冥神神荼、郁垒是各路魑魅魍魉的看门人；八部鬼帅赵公明既是正财神，又任五方瘟神一职。

自己梦里钟馗的模样描绘出来，命画圣吴道子画成了画像，并下令端午节时贴上钟馗的画像来驱魔赶邪。那画像上的钟馗面目狰狞，但老百姓听说钟馗为唐明皇梦中驱鬼的故事，便在端午节时挂起钟馗的画像，祈求他保佑全家平安。此后，钟馗捉鬼的说法一直广为流传，钟馗也因此深受老百姓的爱戴。

生生不息的民俗

钟馗是驱邪斩鬼的神明，朱砂有镇宅辟邪的作用，因此历代画家会将二者结合起来制作朱砂钟馗画像，以取相得益彰的妙用。朱砂钟馗画这门艺术在新的时代逐渐与严谨的学术活动交织在一起，这样的交流既可以给艺术创作指明方向，同时又增强了艺术本身的生命力。

欢声如潮——泼水节

民俗解读

泼水节也被称为"浴佛节",又被称为"楞贺尚罕",是中国西南地区、泰语民族地区乃至东南亚地区的传统节日。泼水节通常会在每年的四月中旬举行,届时还会有一些极具民族风情的歌舞表演,当然,这也是一次绝佳的商贸交流机会。

民俗故事馆

婻宗布智除魔鬼

很久很久以前,西双版纳出现了一个可怕的魔鬼,它长着三只眼,脑袋特别大,有着一头黄色的长发。这个魔鬼特别贪婪,看到东西就抢走,看到漂亮的姑娘就抢回去当自己的妻子。大家想了各种各样的方法攻打这个魔鬼,但是魔鬼刀枪不入、水火不侵,人们完全伤害不到它。

魔鬼给人们带来了深重的苦难,原本欢乐的家园变得哀声阵阵。魔鬼出没越来越频繁,已经有六个姑娘被魔鬼抢走了。这时,美丽的婻宗布决心消灭魔鬼。于是,她向富有神奇力量

的金孔雀求教。金孔雀给了她一根神奇的金羽毛，这根羽毛变成了一身美丽的衣裳，这件衣裳有着神奇的魔力——能让人的美丽加倍。嫡宗布穿上这身衣裳，一个人来到了魔鬼住的山洞。

魔鬼看到仙女一般的嫡宗布，被深深地吸引住了，提出让她当自己的第七个妻子。嫡宗布说："我愿意嫁给你，永远做你的妻子。但是，我不能和你一样长生不死，我们还是很快就要分开的。"说完装出一副悲伤的样子。魔鬼说尽好话安慰她，她却越来越伤心，最后，魔

鬼只得说："你别伤心了。我也不能够长生不死，如果有人用我的头发勒住我的脖子，我就会死。"婻宗布得知这个秘密后，立刻笑逐颜开，看起来更加美丽了。她一边跳舞，一边劝魔鬼喝酒。不一会儿，魔鬼就酩酊大醉，躺在地上睡着了。婻宗布见状，迅速拔了魔鬼的一根黄发，勒住了昏昏睡去的魔鬼，它

民俗小知识

泼水节的由来与南传佛教息息相关，按照佛教的说法，泼水节是纪念释迦牟尼诞生的节日。相传，释迦牟尼诞生之时发生了"龙喷香雨浴佛身"的事件，因此每到这一天佛教徒都会举办法会，并以香水淋沐佛像，同时还会诵念经文、相互泼水祝福，希望借此洗涤自身的罪孽、祈求平安顺遂。

的头立刻被切了下来。

　　嫡宗布立刻找到那六位姑娘，准备回到村庄，让大家来取回自己的财物。没想到，魔鬼的头突然滚动了起来，滚到哪里，哪里就会燃起熊熊大火。眼看着魔鬼的头就要滚向村子，嫡宗布奋不顾身地抱住了头颅，不让它再滚。六位姑娘急忙找来水往嫡宗布身上泼，想扑灭火势。最终，魔鬼的头不再喷火了，七个姑娘各自回到了村子，西双版纳又恢复了宁静。

　　此后，人们为了纪念勇敢的嫡宗布和泼水的姑娘们，就开始互相泼水祝福，后来就形成了泼水节。

生生不息的民俗

　　一提到泼水节，人们便会联想到西南地区茂密的雨林以及温热的气候，但是随着文化交流的日益密切，"南节北移"的情况已不再是一件稀奇的事情。远在祖国东北边城的吉林梅河口市就举办过泼水节活动。从西南到东北，气候在变、植被在变、民族在变，不变的是人们对欢乐的向往与追求。

洗走病痛——沐浴节

民俗解读

　　藏族的沐浴节，藏语称"嘎玛日吉"，是一个拥有八百多年历史的悠久的民族节日，通常会在藏历七月初六到十二举行。届时，拉萨、日喀则、山南等地的藏民都会参与到历时七天的节日活动中。

民俗故事馆

宇妥·元丹贡布的故事

　　相传在很久以前，雪域高原上有一位医术了得的医生，他的名字叫宇妥·元丹贡布。相传，这位医生有一双回春妙手，无论什么疑难杂症，只要经过他的手便能药到病除。因此，深受其恩惠的高原牧民都十分敬重他。

　　藏王赤松德赞听闻了宇妥·元丹贡布的事迹，便邀请他入宫做御医，并只许

他给自己以及后宫的妃嫔们看病。这个要求让宅心仁厚的宇妥·元丹贡布很是不满，但区区一介草民又怎么能违逆藏王的威严呢？他也只得入宫履职了。

入宫以后，宇妥·元丹贡布始终挂念着高原上的穷苦牧民，便趁着出宫采药的机会，偷偷跑去给牧民们治病。有一年，一场瘟疫肆虐雪域高原，不少牧民染病且生命垂危。宇妥·元丹贡布趁着采药的机会来到高原上，为感染瘟疫的病人们治病。

民俗小知识

按照佛教的说法，青藏高原的水拥有以卜八种好处：其一为甘，其二为凉，其三为软，其四为轻，其五为清，其六为不臭，其七为饮不伤喉咙，其八为喝不伤腹。

他奋不顾身爬上了陡峭的雪山，又凭借顽强的毅力穿过了茫茫的密林，历尽千难万险终于采到了治疗瘟疫的草药。

他将草药精心熬制，随后亲自送到每一位患者的家里。吃过他的药的牧民，身体很快便痊愈了，人们纷纷夸赞他是神医，可以起死回生。可是，他却积劳成疾，不久便离开了人世。

宇妥·元丹贡布去世后不久，又一场瘟疫暴发了，无助的牧民们十分怀念过世的神医。有一天晚上，一个被瘟疫折磨得生命垂危的妇人恍惚间梦见一个人，他自称是宇妥·元丹贡布，并告诉她："等到明晚，东南方向的天空出现一颗明亮的星星的时候，请你到吉曲河里洗一个澡。洗过澡，你的病就能好了。”

妇女相信了梦中人的话，等到第二天晚上东南天空出现一颗明星之时，她便请人搀扶她去吉曲河里沐浴。沐浴过后，她果然觉得身体舒服了许多，上岸时也不需要别人的搀扶了，很快，她就痊愈了。

一个被病魔折磨得枯黄干瘦的妇女，一下子变成了精力旺盛的健康人，这件奇事很快便在牧民之中流传开了。人们都说，这一定是宇妥·元丹贡布的在天之灵仍挂念着牧民们，于是其他牧民也纷纷去河里洗澡，果然每个人在洗过澡后，身体很快便恢复了健康，瘟疫也就此消除了。

于是人们传说，天上的那颗明亮的星星就是宇妥·元丹贡布变成的，他在天上借着星光将河水变成了药水，好继续为牧民治病。从此以后，到河里沐浴治病的传统流传下来。

生生不息的民俗

在神秘的藏区，沐浴节时到河里沐浴可能是最热闹的习俗之一。基于当地的信仰，无论男女老幼都会准时主动地参与这场活动，这个习俗一直绵延至今。如今，每逢沐浴节时，拉萨河岸总会冒出一顶顶帐篷，每个人都会外出游玩，共同享受节日的美好气氛。

照亮天地——火把节

民俗解读

　　火把节是彝族、白族、纳西族、基诺族、拉祜族等民族的盛大节日，不同民族和地区举办的时间和节日活动都有所不同。我们以彝族火把节为例。彝族火把节在每年的农历六月二十四，到了这一天，村寨里的人们会点起火把，寓意驱邪除恶，祈祷吉祥幸福。人们还会高举着火把来到田间地头，挥舞着火把引来蛾子，然后扑灭害虫。巡游之后，人们就将燃烧的火把插在田间地头和村前开阔的地方，男女青年围着火把跳起热闹欢快的左脚舞，寨子里的老人围坐在火塘边，打开自酿的酒，彼此敬酒祝贺吉祥。这一天，出嫁的女儿也被接回娘家，一家人杀猪宰羊，团聚在一起。火把节也为青年男女创造了选择配偶的好机会。过节的时候，村里的年轻人欢聚于山间田野，在篝火旁相互弹唱，尽情歌舞，选择心仪的对象谈情说爱。

民俗故事馆

美人诺娜与勇士阿查

　　相传在很久以前，彝寨里有一位善良美丽的姑娘，她名叫"诺娜"，诺娜与寨中英俊勇敢的小伙儿"阿查"坠入了爱河。就在大家以为他们两个将要携手共老的时候，山官头人"魔哈"听闻了诺娜的美貌，就想纳她为妾。

一日，魔哈来到了彝寨里强抢诺娜，这时英勇的阿查及时赶到打败了阴狠的魔哈。魔哈受此大辱，怀恨在心，归营后施展妖术，诅咒阿查坠入深渊；那边魔哈在远方施术，这边阿查果然就觉得天旋地转，在他看来眼前明明是一块平地，可一脚踏上去却踩了个空，他惊叫着坠入了悬崖。

阿查坠崖以后，魔哈火速率兵攻打彝寨。战火之中，魔哈四处寻找着诺娜美丽的身影。诺娜心知魔哈这疯狂的举动是为了得到自己，于是为了免遭侮辱，只身跑到了阿查遇难的地

民 俗 小 知 识

有学者认为，火把节的起源与火焰崇拜有关，其目的是用火焰驱赶害虫以保护庄稼苗壮成长。火把节期间，人们会在寨中竖起巨大的火把，同时各家各户门口也会立起小火把。

方。然而一个弱女子哪能跑得过魔哈的雄兵呢？她很快便被魔哈追上了。

身后是魔哈率领的穷凶极恶的军团，眼前是指向苍穹的悬崖绝壁。诺娜用尽最后的力气爬到了红山悬崖。

魔哈以为美人已唾手可得，便放声大笑着说："这下你跑不掉了吧，乖乖跟我回家吧！"

诺娜艰难地爬到了悬崖边缘，她回头对魔哈的轻薄报以冷笑，随即纵身从悬崖边翻落下去。在魔哈懊悔的呼唤声中，美丽的诺娜消失在了红山悬崖上，但她的身影永远地显映在悬崖上，后人称其为"白人崖"。

谁知，此前跌落深渊的阿查并没有因此丧命，他被其他寨子里的村民救了回来，等到他养好了伤病回到爱人的家时，看见家中一片狼藉，诺娜的家人都倒在地上没了呼吸。

阿查安葬好诺娜的家人，便着急地寻找诺娜的行踪。他找遍了崇山峻岭，终于看见了诺娜留在红崖上的白色身影。望着那熟悉的身影，阿查悲痛欲绝，只想跟着她一起离开人世。幸存的乡亲们连忙劝阻他的殉情行为，并同他商量复仇的计策。

农历六月二十四这天，阿查率领着三村五寨的乡亲们，高举起上千个火把冲向了魔哈的寨中。他们点燃了魔哈的寝宫，烧死了罪恶的魔哈，为彝寨枉死的村民和诺娜报了血海深

仇。为了纪念这个日子，以后每年的农历六月二十四，彝族村寨都会燃起明亮的火把，熊熊的火光照亮夜空，烧死周遭的害虫，驱散一切邪恶的事物。人们祈祷吉祥幸福永存彝寨，同辈之间还会互敬火把，以祝福对方一生清洁平安。这便是火把节的由来。

生生不息的民俗

曾经，彝族的先民们用火把传递吉庆；如今，古老的火把节更像是一张明晃晃的文化名片，吸引着国内外大量的游客慕名前来。在火把节期间，彝族百姓不仅仅是文化的展示者，同时也在源源不断地吸收着各地的文化营养。

侗寨风情——赶社节

民俗解读

　　赶社节是侗族的特色传统节日，它在每年立春过后的第五个戊日举行。节日期间湘、桂、黔三省接边区，十里八乡的寨民们会以捞社、对歌等方式走亲串友，联络情感；青年们则会趁此良机以节为媒，踏青约会，以河歌传情，因此赶社节又称"河歌节"。赶社节就像是侗族的"情人节"一样，许多男女都在此时定下了终身大事，因此这个节日也是侗族青年们最喜爱的民族节日之一。

民俗故事馆

木阿点龙的故事

　　传说在很久很久以前，龙额侗寨有一位厨艺了得的厨师，人们都叫他木阿点龙。有一回皇帝南巡途经此处，听说有这么一位做菜的好手，便吩咐他入宫担任御厨一职。

　　有一次皇上过寿，在宫中大摆筵席，宴请宾客。觥筹交错之际，皇上询问群臣："世

上最美味的东西是什么？"大臣们各有各的偏好，有说是猪肝马肺的，有说是山珍海味的；还有的人比较会溜须拍马，他们观察皇上吃了什么便说什么东西最美味。

木阿点龙正巧也在席间，心直口快的他直接回答说："世上只有盐是最好吃的。"皇上听了，便命人取了一碗盐过来亲自品尝。盐的咸味令他皱起了眉头，一股怒火猛地在心头燃烧起来。原来，皇上以为这是木阿点龙故意让他在群臣面前出丑，于是皇帝在盛怒之下命令官兵将木阿点龙推出去斩首。

与木阿点龙一起工作的御厨们被这情景吓坏了，因此当他们在准备晚宴时，不敢给任何一份菜肴放哪怕一粒盐巴。由

民俗小知识

赶社节时，当地民众会有吃社饭的习俗。社饭原是用来祭祀土地神的饭，如今已经演变成一种极具地方民族特色的饮食习俗。社饭原料丰富、做法简单，只需将处理好的野生香蒿（当地人称其为社菜）与腊肉丁、豆干丁、野葱、大蒜苗、糯米、黏米等混合蒸熟便可以享用了。

于没有盐的调味，所有的菜都变得淡而无味，大臣们都不愿意动筷，皇上吃了一口也觉得很难吃，于是大声斥问做菜的御厨们："你们做的菜为何没有味道！"御厨们战战兢兢地回答："早些时候，木阿点龙因为说盐最好吃而被砍掉了头，所以晚宴时小的们一点儿盐也不敢放，害怕这么做也会丢掉性命……"

皇上听了这番话便立马醒悟过来，意识到自己犯了错。他十分后悔自己妄杀了木阿点龙，于是赦免了他的罪，并追封他为神厨，又吩咐人将其厚葬。同时皇上规定这一天为木阿点

龙的祭祀之日，并下旨让木阿点龙家乡的一位姚姓长者专门负责祭祀之事。

从此以后，在木阿点龙生活过的龙额侗寨，当地人尊称木阿点龙为"社神"，并将他遇难的日子称为"社日"。每逢社日，当地人便会举行三日之久的活动，并以"吃社""赶社"等形式加以纪念。

生生不息的民俗

贵州黎平县每年都会举办河歌艺术节。这个活动不仅吸引了十里八寨的群众，还获得海内外游客的青睐。在这个活动上，各族儿女欢聚一堂，大家踏春约会，歌唱河歌。这个古老的侗族传统节日让当地的乡村旅游业焕发了生机。

献上祝福——献哈达

民俗解读

哈达是蒙古族和藏族使用的一种礼仪性丝织品，也是蒙古族、藏族民众社交活动中必不可少的重要物品。哈达多为长条状丝巾或纱巾，会客时当地人为客人献上哈达，以表示对其的敬意和祝贺。通常，哈达为白色，但也有五彩哈达，后者往往用于宗教祭祀。

民俗故事馆

藏族老奶奶的故事

民间传说，哈达的发明人是一位普通的藏族老奶奶。

相传有一年，莲花生大师来到雪域高原传法，弘法大会结束之后，深受佛法滋养的百姓大为感动，于是纷纷解下自己随身携带的珍贵物品布施给莲花生大师，希望能够为他的弘法大业助上一臂之力。

人群中，有一位远道而来的老奶奶在听完莲花生大师的讲法后也很是感动，她见众人纷纷给大师布施，于是也想要参与进来。可是，她仔细打量了一下自己，身上除了一件遮体的长袍再无他物，她实在是拿不出什么像样的东西来布施给大师。

思来想去，她觉得自己系在腰间的褴褛长带似乎还有些用处。于是她来到河边，解下长带，用清澈的湖水仔细洗去带子上的脏污，经过清风晾干以后，老奶奶怀着无比虔诚的心，将长带端给了莲花生大师。

大师久久凝视着老人手上洁白的长带，随后微笑着看向老人清澈的眼眸，娓娓说："老奶奶，我从这干净透亮的长带里看到了您对佛法虔诚的内心。佛陀最需要的就是您的那颗净无瑕垢的善心哪！"

在场众人听了大师的一番话，恍然大悟。是啊，佛所求

民俗小知识

献哈达是藏族、蒙古族民众的一种普遍礼节，不同的哈达有不同的寓意，人们认为白色代表着纯洁、吉祥，因此哈达常为白色。此外还有五色哈达，颜色分别为蓝、白、黄、绿、红。蓝色象征着天空，白色代表着白云，绿色指的是江水，红色代表着护法神，黄色代表着大地。佛教认为五彩哈达是菩萨的服装。

索的不就是普天之下的众人能够脱离世俗的污染，保有纯洁的善心吗？慈悲的佛不计较财富地位，既关照富人也关照穷人，如普照着天下一切众生的日月一般。

老奶奶献上的长带就是后世哈达的原型，成为藏族儿女表达对佛的虔诚、对人的尊敬的一件信物。哈达广泛地在世间传播，久而久之，人们便将哈达尊称为"菩萨的佛光"，哈达上的祥云代表着幸福、吉祥，百姓们会在各种重要场合互赠哈达，以祝愿彼此幸福安康。

仙女的飘带

传说中，草原上有一个蓝色民族，这个民族善良勇敢、自强不息。他们以游牧为生，从不打扰周遭的其他民族，因此人们可以相处和睦。但旱灾却是这个蓝色民族无力应对的威胁。

天庭里有一位仙女，她一直关注并守护着这个蓝色民族。仙女身披一条修长的飘带，每当旱灾降临时，她便会剪下一缕飘带投向人间，飘带在人间化为清澈的河水，使蓝色民族免受干旱的困扰。

日升月落，秋去春来，仙女的飘带越剪越短，眼看着就要剪没了。若是仙女失去了飘带，那她就再也没法帮助人类了。

但这个仙女打定了主意，誓要与蓝色民族共同进退。于是她凭借着最后一段飘带降临草原。

她下凡的同时，刚好有一位叫阿忠的牧民在放牧，两个人一见钟情。仙女将飘带丢到地上，地面上瞬间出现了一条清澈的河流。仙女对阿忠说："此后我愿与你白头偕老，不愿再返回天庭了。"

阿忠将仙女带回家中拜见母亲，母亲见这个女子貌若天仙，很是高兴，于是便欢喜地为他们二人张罗婚事。成亲当日，阿忠家来了许多客人，在众人的祝福中，阿忠和仙女完成了婚礼。就在两人准备携手步入洞房时，阿忠的母亲叫住了他们。

只见母亲手捧着一段飘带，阿忠和仙女都不知道母亲这是想干什么。原来，母亲在洗衣服时听见了河神的谈话，从河神口中她才知道，原来自己儿子娶回家中的女子并非凡人，而是守护草原的仙女。她苦思良久，觉得若是草原失去了仙女的庇佑，将会导致很多人面临不幸。自己儿子的婚姻固然重要，可是蓝色民族也不能失去仙女的庇佑。若是没有飘带，仙女就无法重返天庭，于是，老妇人夜以继日地偷偷赶工，终于为仙女织出了一条飘带。

母亲含着眼泪讲事情的原委给儿子听，阿忠也听得心潮翻涌。他心想："是啊。仙女不只属于自己，而是属于整个民族。"于是他接过飘带，端到了仙女的面前。

仙女看着丈夫手上晶莹洁白的飘带，上面落着阿忠的两滴热泪。阿忠垂着头，身体哽咽得微微颤抖，原来他也并不舍得与仙女分别。仙女又望了望在场的百姓，他们有的不忍心看离别的场景所以背过了头，有的脸上泪痕尚未来得及擦拭。这么淳朴善良的民族，她又怎么忍心与之分别呢！

于是仙女接过飘带，并顺势抛向空中。霎时间，飘带化为无数丰沛的河流，分布在草原各处。仙女拉起阿忠的手，为他抹去了脸上的泪，她说："草原不会再干旱了，我也不必回到天上守护你们了。"

传说，仙女和阿忠从未分开，两个人携手共老，度过了百年光阴。后来，人们将仙女的飘带称作"哈达"，并将其作为一种代表诚意、寄托祝愿、表达敬意的礼节传承下来。

生生不息的民俗

哈达的应用范围十分广泛，除了献给宾客，每逢节日庆典、婚丧嫁娶、朝圣祭拜都可以献上哈达；有的地方甚至还会给建筑、器物等献上哈达。此外，哈达也不仅仅是一件用于馈赠的礼品，还是一个极具生命力的文化符号，人们能在许多文艺作品中看到它的存在。

琴声哀婉——奏马头琴

民俗解读

马头琴，蒙语称其为"潮儿"，是蒙古族特有的一种民间乐器。马头琴是有两根琴弦的拉弦乐器，其特有的梯形琴身可以使奏出的声音更为圆润婉转，其标志性的马头状琴柄使观众很容易将其与其他民族乐器区别开来，它也因此而得名。

民俗故事馆

马头琴的故事

传说，马头琴是古代一个名叫苏和的牧童发明的。苏和自幼失去父母，与奶奶相依为命，靠养几十只羊过日子。苏和每天出去放羊，晚上才回来。一天，苏和抱着一只毛茸茸的小东西回到蒙古包，原来是一匹刚出生不久的小马驹。奶奶问他马驹哪来的，苏和笑嘻嘻地说："在回来的路上捡到的，它的妈妈不知道跑到哪里去了，我怕天黑后它被狼吃掉，就把它抱回来啦。"

马驹在苏和的精心照料下慢慢长大了，成了一匹高大强健、英姿飒爽的大白马。这一年春天，草原上传来一个好消息，王爷要举行一场盛大的赛马会，以便为女儿选一个勇敢的骑手做丈夫。王爷还下令草原上所有的骑手都要参加，特别是年轻的骑手们，都要骑着自己最好的马来。谁要是不参加赛马会，就会被治罪。

王爷的话一传出，草原上的骑手们立即行动起来了。苏和也听到了这个消息，便牵着白马出发了，决心在比赛中得到第一名。赛马会热闹非凡，许多强悍的骑手扬起手中的皮鞭，

民俗小知识

元朝时，马头琴曾是草原帝国宫廷内广为流传的主奏乐器，但其在 20 世纪 40 年代时曾濒临失传。值得庆幸的是，马头琴艺术被传承了下来，并引起了国家层面的高度重视。2006 年 5 月 20 日，蒙古族马头琴音乐作品经国务院批准列入第一批国家级非物质文化遗产名录；2009 年 4 月，蒙古族马头琴经国务院批准列入第一批国家级非物质文化遗产名录。

催动自己的马飞奔向前。苏和与他的白马也在这个行列之中。白马神骏非凡，一开始就跑在队列的最前面，并遥遥领先地通过终点，顺利取得了第一名。

这时，看台上的王爷下令让骑白马的苏和到台上来。没想到，王爷得知苏和既不是贵族公子，也不是牧主的儿子，只是草原上一个普普通通的穷牧民，立刻变了卦。他只字不提招亲的事，并无理地对苏和说："是你夺得了第一名，很不错，你是个很棒的小伙子。这样吧，我给你三个大元宝，把你的马给我留下，你赶快回你的蒙古包去吧！"

苏和一听，非常生气，王爷分明是不信守诺言，还要夺别人的马，便说："我是来赛马的，不是来卖马的。我不要你的元宝。"

"你一个穷牧民竟敢反抗我吗？来人啊，把这个穷小子给我狠狠地教训一顿。"王爷话音还未落地，那帮穷凶极恶的打手已经挥起了皮鞭，狠狠地抽打在苏和的身上。苏和被打得遍体鳞伤，不一会儿便昏死过去。王爷仍然没有解恨，又命人

把苏和从看台上扔了下去。王爷夺走了白马，威风凛凛地回王府去了。

乡亲们把苏和救回了家。几天后的一个晚上，苏和还没有入睡，忽然听见门响了。于是他问了一声："外面是谁呀？"没有人回答，但门还是咣当咣当直响。奶奶开门一看，不禁惊叫了起来："啊，是白马。"苏和听到奶奶的惊叫声马上跑了出来，他一看，果然是白马，但它身上已中了七八支箭。苏和咬紧牙齿，将白马身上的箭一一拔了出来，涂上药。可白马还是由于伤势过重，第二天就死去了。

原来，王爷得到这匹出类拔萃的白马之后，想骑上去显摆一下，没想到却被白马一个蹶子给掀了下来。白马在王爷脸上狠狠地踢了一脚，随即飞奔逃走。王爷牙齿都被踢掉了，嘴里流血，含糊不清地命人放箭，白马连中数箭，还是跑回了家，死在了主人面前。

白马的死令苏和非常伤心。一天夜里，他梦到白马来到自己身边，并开口说道："主人，你如果想让我不离开你，就用我的尾巴和骨做一把琴吧。"第二天，苏和用白马的腿骨做琴柱，用尾毛做琴弦，制成了一把琴，命名为"马头琴"，永远带在身边，他后来还成了草原上著名的歌手。牧民们也学着他的样子，做成了木制的马头琴，这种琴流传至今。

生生不息的民俗

　　传承百年的马头琴艺术在新的时代依旧深受专业人士、普通观众的喜爱，并且多次在具有国际性质的音乐比赛上得到全方位的展现，这也促进了这项艺术的国际化发展。

喜庆热闹——龙船节

民俗解读

汉族在农历五月的端午节有赛龙舟的传统习俗，而远在贵州山林河谷的苗族同胞们也有在农历五月龙船节划龙船的习惯。龙船节的苗语为"咋瓮"（划龙船的意思），又名"娄瓮"（吃龙肉的意思）。端午节只持续一天，龙船节则是一个可以持续四天的节日。每年的农历五月二十四至二十七，清水江和龙头江上都会因为龙船节而热闹非凡。

民俗故事馆

恶龙的传说

相传在很久以前，在苗族聚居地附近的一条江边，住着一个名字叫"保"的渔民，他膝下只有一个儿子，叫"九保"。

这一日，保带着九保下水捕鱼，就在他撒网的时候，突然狂风大起、雨点乱坠，一条恶龙拨开江水从水底跃出，它用利爪一把将九保抓住拖回了龙洞。保又惊又怒，他毫不犹豫地跟着恶龙跳入水中并潜伏在龙洞等待救出儿子的机会。可遗憾的是，他的儿子最终被那恶龙吃了。

　　保伤心极了，趁恶龙熟睡的时候，他悄悄在龙洞放了一把火。一时间，龙洞里浓烟滚滚，连恶龙也失去了方向，它就这样被烧死在了龙洞之中。谁知那浓烟竟然弥漫到了天上，最后把整个天空都给遮蔽住了，一时间昏天黑地，什么也看不真切。

　　就这样过了九日，一天，一个妇女带着孩子来江边洗衣服，调皮的孩子在一旁拿着母亲捶衣服的棒子在水中比画着，同时嘴里还发出一些"咚咚多，咚咚多"的声音。就在此时，乌云忽然散去，被烧死的恶龙的尸体从水底浮了上来。

　　苗族各个寨子的人得知此事后纷纷赶到江边，他们每个人都得到了一些龙肉。传说，最初发现并分得龙头的是胜秉寨的人，龙尾则被施洞寨得了去，杨家寨的人来得最晚，只分到了些龙的肠子。

　　死去的恶龙托梦给苗寨的这些人，让他们用杉木仿造它的身躯建造龙船，并在附近的清水江、小江河一带模拟它的动作划上几天龙船，这样自己便会保佑这个地方风调雨顺、五谷丰登。

苗寨的人们将信将疑地做了几只龙船，又按照恶龙托梦所说的在附近的清水江里划了几次，果然有甘霖普降，因此大家就相信了恶龙的说法。不仅如此，其他寨子里的人也纷纷效仿他们的行为，渐渐地，苗族人的生活越发富足起来。

民俗小知识

苗族的龙船由杉木制成，龙首雕刻精美，龙角之上通常会写一些吉祥话，两只龙角之间会拉上一根细绳，绳上挂着小红旗；角后有四根一米来长的鸡毛作为装饰，看上去威风凛凛。船尾又名"凤尾"，它翘出水面，并插有香草。苗族龙船由母船和两侧的子船组成，母船前后共六舱，中间四舱装载着馈赠亲友和水手的礼物；两侧的子船为水手划桨之处。有别于汉族坐着划桨，苗族龙船的水手是站立着划桨的。

但是无组织地划龙船也会对生活造成一定的困扰，基于这个问题，苗族各个寨子商量后决定，把划龙船的日子规定在农历五月进行，这个习俗也就此流传下来。

生生不息的民俗

随着生活水平的不断提高，人们的文化需求也越发高涨，传统的节日庆典已经无法满足人们日益增长的精神需要了，于是充满民族风味的活动逐渐在人们的生活中流行。近些年，深圳就借着端午节的契机筹办起苗族的龙船节活动来，游客们身临其境地感受着苗疆文化的豪迈，这对文化的交融与传播十分有益。

写给孩子的
中国传统文化

十二生肖故事

张欣怡◎主编

北京工艺美术出版社

图书在版编目（CIP）数据

写给孩子的中国传统文化．十二生肖故事 / 张欣怡
主编．-- 北京：北京工艺美术出版社，2023.4
ISBN 978-7-5140-2577-4

Ⅰ．①写… Ⅱ．①张… Ⅲ．①中华文化–儿童读物②
十二生肖–儿童读物 Ⅳ．① K203-49 ② K892.21-49

中国国家版本馆 CIP 数据核字 (2023) 第 008052 号

出 版 人：陈高潮　　策 划 人：杨 宇　　装帧设计：郑金霞
责任编辑：赵震环　　责任印制：王 卓

法律顾问：北京恒理律师事务所　丁 玲　张馨瑜

写给孩子的中国传统文化　十二生肖故事
XIE GEI HAIZI DE ZHONGGUO CHUANTONG WENHUA SHIER SHENGXIAO GUSHI

张欣怡　主编

出 版	北京工艺美术出版社	
发 行	北京美联京工图书有限公司	
地 址	北京市西城区北三环中路6号　京版大厦B座702室	
邮 编	100120	
电 话	(010) 58572763（总编室）	
	(010) 58572878（编辑室）	
	(010) 64280045（发 行）	
传 真	(010) 64280045/58572763	
网 址	www.gmcbs.cn	
经 销	全国新华书店	
印 刷	天津海德伟业印务有限公司	
开 本	700 毫米×1000 毫米　1/16	
印 张	8	
字 数	43千字	
版 次	2023年4月第1版	
印 次	2023年4月第1次印刷	
印 数	1~20000	
书 号	ISBN 978-7-5140-2577-4	
定 价	199.00元（全五册）	

二十四节气、传统节日、传统民俗、十二生肖等是中国传统文化的重要组成部分，是祖先留给我们的宝贵遗产，它们凝聚着祖先农耕文明的智慧结晶，其中蕴含着古人对自然、天地、人文和人生的思考。因此，传承和弘扬中国传统文化，可以说意义重大。

孩子是中国腾飞的希望，只有他们真正了解并发自内心地热爱灿烂的中国传统文化，并结合时代需求不断创新，才能让中国传统文化长盛不衰，真正地"活"在今天。

为了让孩子从小就受到中国传统文化的熏陶，真正了解中国传统文化，我们精心编写了《写给孩子的中国传统文化》丛书。书中内容丰富，关于节气特点、节气风俗、节日传统、节日饮食、民俗来历、生肖传说、美德故事等应有尽有；为了拉近孩子与中国传统文化的距离，我们采取了讲故事的方式，将知识与故事融

为一体，降低阅读门槛，让孩子易于理解阅读；书中的插图色彩明丽，清新自然，活泼有趣，可以给孩子带来极大的美学享受；栏目丰富，可以让孩子从多个角度了解中国传统文化；版式活泼，符合孩子的阅读习惯，可以提高孩子的阅读兴趣。相信通过阅读本套丛书，孩子一定可以清楚地了解中国传统文化的传承和演变，感受古人探索自然的智慧，体会中国传统文化的恒久魅力和时代风采。

优秀的中国传统文化是中华民族的符号，展现了中国人特有的文化内涵和精神风貌，让我们一起携手，努力将其发扬光大吧！

目录

目录

子鼠

聪明机智

生肖解读

鼠位于十二生肖的第一位，对应的地支为子，它们灵巧而又敏捷，聪明而又神秘。在民间，老鼠有"子"和"财"的寓意，象征着生生不息和福气财运；老鼠的繁殖能力很强，象征着儿孙满堂、多子多福；古时老鼠被称为"仓神"，老百姓家里有老鼠，就证明家里有余粮，所以老鼠也象征着财力丰厚。

生肖特点

技艺超群

老鼠的嗅觉非常灵敏，对人类的气味十分敏感，所以能远远地避开人类。老鼠还有着超强的记忆力，能清楚地记住身边的环境，如果身边的环境有所变化，它们就会立即警觉起来；如果在一个地方受到过伤害，它们就会长时间回避此地。

另外，老鼠还能够从很高的地方安全降落到地面。除此之外，老鼠还有潜水的技能，在浅水区域，老鼠能潜行很长的距离。

爱啃东西

老鼠的一个主要特征是爱啃东西，这是为什么呢？原来，老鼠的门牙长得特别快，如果不经常磨牙，门牙就会越来越长，门牙太长的话吃起东西来就会非常费劲，所以老鼠需要通过啃咬一些东西将门牙磨短一些，这样就能好好地吃东西了。老鼠的这一特征让人们非常头疼，因为老鼠的门牙长得实在太快了，尽管老鼠已经吃得很饱了，但它们还必须啃咬各种坚硬的东西来磨牙。这样一来，人们的家具和书籍就遭殃了，经常被它们啃得破破烂烂的，成了它们磨牙的牺牲品。

生肖习俗

送老鼠出嫁

在我国民间，很多地方都有"送老鼠出嫁"的习俗，且各地的风俗习惯大有不同。比如在上海，正月十六这天晚上，当地人会炒芝麻糖，这是为老鼠成亲准备的喜糖；在山西平遥，人们会在正月初十这天将做好的面饼放在墙根处，为"老鼠出嫁"送上贺礼。

蒸瞎老鼠

青海地区有在每年农历正月十四"蒸瞎老鼠"的习俗。在这一天，当地人会用面捏成十二只没有眼睛的"老鼠"，然后用蒸笼蒸熟，等到元宵节时把它们摆上供桌，以祈求老鼠勿食庄稼，保佑粮食丰收。

祭仓神

在我国民间，一些地区有祭拜仓神的习俗，"仓神"又叫"大耗星君"，就是我们所说的老鼠。祭拜仓神的这天称为填仓节，又称天仓节。天仓节分为小天仓和老天仓两个节日。小天仓指的是农历正月二十这天，老天仓在农历正月二十五这天。节日期间，家家户户在夜晚点起蜡烛，并准备吃食用来祭拜仓神，俗称"点遍灯，烧遍香，家家粮食填满仓"，以求得到仓神的关照，让家里的粮食米面填满粮仓。

生肖纪年

纪年：鼠年

鼠年对应的年份有：1972 年，1984年，1996 年，2008 年，2020 年等。

纪月：鼠月

鼠月又称"子月"，对应的月份为

农历十一月，这时正处于大雪至小寒阶段。此时，阳气蠢蠢欲动，万物开始萌生，而"子"字上部像头，中间像手臂，下边像还在发育中的老鼠的尾巴，因此将农历十一月和子鼠联系在一起。

纪时：子时

鼠对应的时辰为子时，即夜晚 11 时到次日凌晨 1 时这段时间。此时，人和动物都处于熟睡阶段，而老鼠作为夜间活动的动物，会趁夜深人静的时候出来活动。

生肖故事

鼠入选十二生肖的故事

相传很久以前，人们没有年份这个概念，生活很不方便。为此，玉皇大帝想出了一个主意，他决定从所有的动物中选十二种动物作为代表，排入十二生肖，用来记录年份。为了公平起见，玉皇大帝宣布所有的动物都可以在他生日正月初九这天来南天门报到，其中最先赶到的十二种动物会被列入十二生

谚语荟萃

猫咬猫，老鼠笑。

小暑大暑，灌死老鼠。

爱叫的猫捉不到老鼠，好吹的人办不成大事。

肖的排位之中。

　　动物们接到了玉皇大帝的命令，都跃跃欲试，想要在十二生肖中占有一席之地，老鼠也不例外。这时，老鼠的邻居猫来到了老鼠家，说自己爱睡懒觉，起得晚，让老鼠出发时记得叫它一声，大家一起去。老鼠满口答应，可一转脸就把这件事抛到九霄云外了。

　　正月初九这天天还没亮，老鼠就趁着绝大部分动物们都在熟睡，悄悄地出发了。为了争第一，老鼠铆足劲儿地跑了起来。可是，还没跑出去多久，老鼠就遇到了一条宽阔的河流。这下老鼠犯了愁，它没有把握能游过这么宽的河。正在犯难之时，老牛气喘吁吁地赶了过来。老鼠一看到老牛，立刻计上心头。它笑嘻嘻地对老牛说："牛大哥，你来得正好，我正等你呢！咱们两个搭伴去吧，路上我给你唱歌，你驮着我，咱俩不会太寂寞，还能有个照应，你说好不好？"憨厚的老牛听了，觉得老鼠说得挺有道理，就答应了。

　　就这样，老鼠轻松地跳到了老牛的背上，在老牛的帮助下，老鼠顺利渡过了河。老鼠舒舒服服地躺在牛背上，对着老牛又是唱歌，又是加油鼓劲，把老牛哄得"哞哞哞"直叫，跑起来更卖力了。很快，老鼠和老牛就到了南天门。老鼠见已经到了报到的地方，没等老牛反应过来，嗖的一下就从老牛的背上蹿到了老牛的前面，成功拿到了第一的排位。

老牛一看，这才知道上了当，又气又恼，可又没办法，只能屈居第二了。

过了没多久，虎、兔、龙、蛇、马、羊、猴、鸡、狗、猪也陆续到达了南天门。玉皇大帝按它们报到的顺序依次授予了排位。此后，十二生肖的顺序就这样确定下来，人们也开始用十二生肖记录年份。

正月初十这天，睡了一整天的猫终于醒来了。它慢慢悠悠地出了门，看到路上一个动物也没有，还窃喜自己出来得早。可走着走着，猫就听说十二生肖都选完了，老鼠成了十二生肖之首。听了这个消息，猫气得鼻子都要歪了，它认为自己没被选上完全是因为老鼠没叫自己。从此以后，猫对老鼠恨之入骨，只要一看到老鼠就会猛扑过去。

猫头鹰抓到的臭老鼠

战国时期，庄子和惠施是非常要好的朋友，他们两个经常在一起探讨问题。

惠施才华横溢，得到了魏王的赏识，不久便成了位高权重的魏国宰相。庄子知道好朋友被魏王赏识，很替他高兴，便想去拜访他，向他道喜。庄子要来拜访惠施的消息被一个喜欢搬弄是非的小人知道了，他到惠施家里，对惠施说："大人，您现在是我们魏国的宰相，位高权重，庄子这次来肯定是有目的的，说不定是想谋夺您的相位，所以您一定要提防着他，不要被他哄骗了。"惠施听到这话非常认同，对他说："你说得很有道理，我会提防着点儿的。"随后惠施就派许多士兵在魏国各地搜捕庄子，但是他们找了整整三天三夜，都没有发现庄子的踪迹。第四天清晨，庄子满面笑容地来到了惠施家里。庄子见到惠施就说："老朋友啊，你知道鹓雏吗？"

惠施满脸疑惑，问："那是什么？"

庄子说："那是南方一种非常珍贵的鸟，它从南海出发，飞向北海。飞行途中，它只在梧桐树上休息，只吃竹子结的果实，只喝甘甜的泉水。有一次，鹓雏在飞行的过程中，看到猫头鹰抓到了一只腐烂的老鼠尸体。猫头鹰看到鹓雏后就朝它大叫了一声，因为猫头鹰以为鹓雏要抢它刚抓到的腐鼠。"

庄子说完这则故事以后，感慨地对惠施说："好朋友，你不会用魏国宰相的权力朝我吼叫吧？"
惠施听了庄子的话，感到非常惭愧，
赶紧起身对庄子作揖，说："好朋友啊，
我真是一个狭隘的人，竟然以小人之
心，度君子之腹，真对不起！今天就
让我用美食美酒来向你道歉吧！"

生肖成语

首鼠两端

　　相传，在汉武帝当政时期，他的舅舅田蚡在朝中担任丞相，
权倾朝野。有一年，田蚡娶妻，在家中大摆筵席，很多同僚前
来祝贺，窦婴和灌夫也在其中。宴席上，灌夫向田蚡敬酒，可
是田蚡根本看不起灌夫，直接拒绝了他。灌夫非常生气，可又
不好对田蚡发作，便拿程不识出气，当着众人的面把他大骂了
一顿。

　　田蚡见灌夫如此无礼，便上前指责了他两句。没想到，
灌夫非但不听，还说了一些更难听的话。田蚡平日里就看鲁莽
的灌夫不顺眼，这次看他这样让自己下不来台，便将他扣押起
来，准备事后处置。旁边的人都劝灌夫向田蚡道个歉了事，可
是灌夫根本不听。田蚡一气之下将灌夫全家关进了大牢，准备
将灌家人全部处死。

　　窦婴和灌夫向来交好，他不忍心看着灌夫一家被杀，于是上书汉武帝，希望汉武帝能出面阻止，对灌夫一家从轻发落。朝会上，汉武帝命窦婴和田蚡讲明此事，可是二人各执一词，发生了激烈的争辩，最后也没争出什么结果。汉武帝便问各位大臣有什么看法。这时，御史大夫韩安国站出来说道："窦婴说灌夫是酒后失言之过，不应该被判重罪，这话不假。而丞相说灌夫平日胡作非为，扰乱朝纲，这话也没错。究竟如何定夺，还请陛下指示！"

　　群臣对此也议论纷纷，可依然没有定论。田蚡在坐车离开皇宫的路上遇到了韩安国，便叫他上车同行。路上，田蚡忍不住埋怨韩安国道："刚才在朝堂上你应该和我一起对付窦婴，可你怎么'首鼠两端'呢？"意思是说韩安国像老鼠一样爬出洞时左顾右盼、一进一退，摇摆不定。

趣味知识库

　　我们都知道，科学家在做实验时经常用小白鼠当试验品，为什么要选择小白鼠呢？这是因为科学研究发现，小白鼠与人类的基因排列顺序基本相同，同源性非常高。所以，可别小看小白鼠，它们可是人类社会科学发展的"大功臣"。

丑牛

任劳任怨

生肖解读

　　牛位于十二生肖的第二位，对应的地支为丑，它们勤劳勇敢、吃苦耐劳。在古代，牛是主要的劳动工具和运输工具，为人类耕田犁地、拉车拉磨，所以牛象征着无私奉献的精神。一些地区还将牛看作神明来崇拜。

生肖特点

任劳任怨

　　牛庞大的身躯和尖尖的犄角总给人一种凶狠的感觉，然而事实上，牛是人类的好朋友，为我们的生活增添了许多便利。在人类眼中，牛总是任劳任怨的，不管什么样的脏活、苦活、累活，牛都会尽全力完成，比如帮农民耕田犁地、拉车、拉磨等。

身强力壮

牛体格强壮，力气非常大。形容一个人很强壮时，人们就会拿他和牛来对比，称他"壮如牛犊"；形容一个人力气很大时，常说他"力大如牛"。

脾气倔强

牛其实有一个小缺点，那就是脾气比较倔强。在耕田的时候，如果不是主人拉绳子驱使它，牛是不会下地干活的，即使其他人大声呵斥、强拉硬拽、挥鞭抽打也没有用。牛的性格就是这样直来直去，又倔又硬。正是因为牛有这样的性格特点，所以人们形容一个人脾气倔时，就会说他是"牛脾气"；如果一个人打定了主意，怎么也听不进别人的劝说时，就说他"八头牛都拉不回来"。

谚语荟萃

初生牛犊不怕虎。
牛不知角弯，马不知脸长。
牛无力拉横耙，人无理说横话。
牛有千斤力，不能一时逼。

🐂 生肖习俗

🌀 牛王菩萨

众所周知，我国是古代农耕文明的发源地之一，在几千年的时间里，牛为人们发展农业提供了巨大的帮助，与人们的生活息息相关。这样一来，人们对牛产生了一种崇拜之情。在龙坦文化（该文化既有中华文化的共性，也有地域文化的个性）中，人们将牛奉为菩萨，牛王菩萨到过的地方都会风调雨顺，国泰民安，所以当地人会举行各种祭拜牛的活动。

🌀 鞭春牛

鞭春牛又称鞭土牛，古时候，人们担心牛休息一冬天后会变得懒惰，所以会在立春当天鞭打牛，以此来提醒牛该耕作

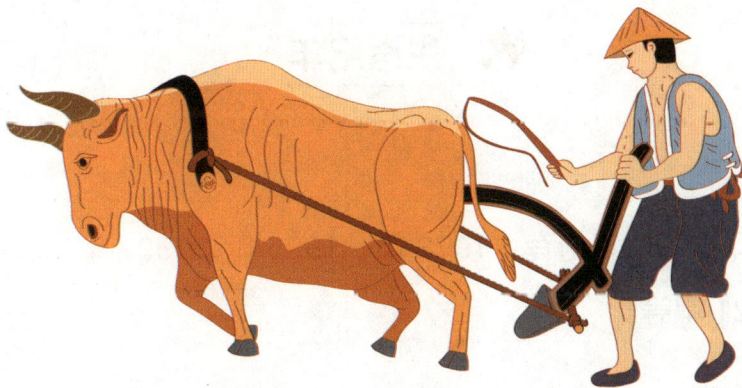

了。不过，人们鞭打的牛不是真的牛，而是用泥土做成的泥牛。在立春当天，人们会一边鞭打泥牛，一边唱着祈求丰收的歌。鞭春牛在唐、宋两代最为盛行，尤其是宋仁宗颁布《土牛经》后，鞭春牛的风俗传入民间，渐渐成为我国民俗文化的重要内容。

金华斗牛

西班牙斗牛的节目众人皆知，其实我国作为农耕大国，也有斗牛的风俗。每年的春秋之际，我国浙江省金华市一带的人都会在农闲时展开别开生面的斗牛比赛。这天，参加战斗的牛披红挂彩，在鞭炮和锣鼓声中，斗牛开始。两牛四目相对，奋力相斗，周围人山人海，观众不断地呐喊助威，场面十分热闹。

生肖纪年

纪年：牛年

牛年对应的年份有：1973 年，1985 年，1997 年，2009 年，2021 年等。

纪月：牛月

牛月又称"丑月"，对应的月份为农历十二月，为农历一年中最后一个月，此时正处于小寒至立春阶段。"丑"通"纽"，和"牛"谐音，此时，万物处于似动未动时期，相互纽结，委身于下，伺机萌发。

纪时：丑时

牛对应的时辰为丑时，即凌晨 1 时到 3 时这个时段。此时正是牛反刍的时候，牛反复咀嚼和吞咽食物，能更好地将胃里的食物消化吸收。

生肖故事

牛入选十二生肖的故事

相传，牛以前是玉帝殿前的信差，负责在天庭和人间传递消息，每天往返于天上和人间，很是忙碌。牛虽然对工作兢兢业业，但就是有粗心的毛病，经常误传消息，搞得天庭和人间一团糟。

有一次，一个农夫托牛给玉帝捎个口信，请求玉帝给人间播撒一些草籽，因为人间实在是太荒凉了。牛将农夫的请求告诉了玉帝。玉帝觉得农夫的请求也算合理，于是就问殿下的神仙们谁愿意去人间播撒草籽。

大家都觉得这是个苦差事，所以谁都没应声。这时牛站了出来，自告奋勇地说："玉帝，这事本来就是农夫托我告诉您的，我愿意带着草籽撒向人间。"

玉帝不放心地说："你虽然热心，但做起事来总是粗心大意的，恐怕不妥。"

牛拍着胸脯说："玉帝请放心，如果办不好这件差事，我甘愿受罚！"

玉帝看牛这样坚持，也不好多说什么，最终还是同意牛去人间播撒草籽。临走时，玉帝嘱咐牛在人间要走三步撒一把草籽。

牛为了不将玉帝的嘱咐忘记，就一直在嘴里念叨着"走三步撒一把草籽"这句话。谁知牛走到南天门时不小心摔了一跤，脑袋晕乎乎的，竟然记不清玉帝说的是"走三步撒一把草籽"还是"走一步撒三把草籽"了。牛又不好意思再去问玉帝，思来想去，觉得应该是"走

一步撒三把草籽"。于是，牛自作主张地在人间走一步撒三把草籽，结果大把的草籽撒向了大地，第二年大地上长满了野草，把本来是庄稼的田地都侵占了。因为野草太多，农民每日忙着拔草，连庄稼都没工夫播种了。

农夫无奈，又托灶王爷告诉玉帝，人间的野草太多了，庄稼都无法生长了。玉帝知道后，很是疑惑，心想：按照我的方法播撒草籽是没有问题的，人间怎么会有这么多野草呢？后来经查实才知道是牛记错了播撒的方法，这才导致人间遍地都是野草。玉帝非常生气，就召牛来责问。牛这才将事情原原本本地说了出来。

玉帝罚牛和牛的子孙世世代代都只准吃草来帮助农民除草干活儿。可玉帝觉得这样的惩罚还不够重，又愤恨地朝着牛的屁股踢了一脚，牛一个筋斗从天上摔到人间。因为牛跌落人间时嘴巴先着地，结果摔掉了一排大门牙，直到今天，它的那排上牙还没有长出来呢。

牛自知理亏，为人类干活儿也非常卖力，任劳任怨，为农民做了许多好事，获得了人们的一致好评。后来，玉帝选生肖的消息传到了人间，人们纷纷向玉帝推荐牛为十二生肖

的第一位，但最后被投机取巧的老鼠抢了第一，因此牛排在了十二生肖的第二位。

一头牛带来的启示

战国时期，为了争夺霸权，各诸侯国之间经常发动战争，各国百姓的生活困苦不堪。

齐国的国君齐宣王是一个非常有野心的人，他整日想着如何称霸天下。一天，齐宣王看见一个仆人牵着一头牛从厅前走过去，便问道："你牵着这头牛要去做什么？"

仆人说："大王，这头牛是用来祭祀的。"

齐宣王再次问："祭祀的牛一般都是怎样处理的呢？"

仆人回答："先将牛宰杀，把血收集起来，然后将血涂在铜钟上。"听了仆人的话，齐宣王眉头一皱，说："实在是太残忍了，牛一定很害怕吧，你看它一直在发抖呢。牛是无辜的，怎么能这样对待它呢？赶快把它放了吧。"

仆人立马说："我国祭祀的礼仪就是将动物的血涂在铜钟上，以后该怎么办呢？"

齐宣王思考片刻后说："朝廷礼仪不可随意废弃，你找一只羊代替牛，把羊的血涂在铜钟上吧。"听到齐宣王的话，仆人就将牛放了，找了一只羊来祭祀。

齐宣王用羊代替牛祭祀的事情传到了孟子的耳中，给孟子带来了启示，孟子决定利用这件事劝谏齐宣王。孟子来到齐宣王面前，对他说："大王，您不忍心牛被杀害，让仆人将它放生，这是您仁爱的表现。但是，您只看到牛很可怜，却没有想到羊的可怜，而处在战乱中的百姓也是很可怜的。如果您能将这种爱护动物的行为用到百姓身上，就一定会得到百姓的尊重和爱戴，那么您称霸天下的愿望就指日可待呀！"

🦊 生肖成语

对牛弹琴

东汉末年，有个名叫牟融的学者，对佛经很有研究。他经常用《论语》《尚书》等儒家经典来为儒家弟子阐释佛义。儒家弟子对他的这种做法很不理解。有弟子专门就这件事向牟融询问。牟融解释说："我知道你们都熟悉儒家经典，而对佛经是陌生的。如果我引用佛经来给你们阐释佛义，你们就会很难听懂。"

接着，牟融讲了"对牛弹琴"的故事：古代有一位大音

乐家叫公明仪，他对音乐有很高的造诣。一天，他看到一头牛，便心血来潮，对着牛弹奏了一曲高深的《清角之操》，可是那头牛只顾着低头吃草，根本不理会琴声。于是，公明仪又弹了一曲通俗的乐曲，那乐曲好像小牛的叫声。这时，那头牛便竖起耳朵，专心地听公明仪弹琴。（"对牛弹琴"这一成语常用来比喻对不懂道理的人讲道理，对外行人说内行话。现在也用来讥笑说话的人不看对象。）

　　牟融讲完故事，接着对儒家弟子说道："我用儒家经典来阐释佛义，也正是这个道理。"儒家弟子听了，恍然大悟。

趣味知识库

　　在西班牙斗牛节目中，斗牛人的手里总是拿着一块红色的布，牛看到红布后就会奋力撞击，你知道这是为什么吗？因为牛的眼睛里只有黑和白两种颜色，当有人拿着红色的布在牛的眼前晃动时，牛就感觉自己受到了"侮辱"，所以会发起攻击。其实，牛不止会攻击拿红色布的人，看到拿蓝色、紫色等颜色的布的人也会发起攻击。

寅虎

凶猛勇敢

　　虎位于十二生肖的第三位，对应的地支为寅，它们凶猛彪悍、强壮高大。"虎"与"福""富"的发音相似，所以虎象征着富贵吉祥；除此之外，虎还被人们当作驱难辟邪之物。在民间，老虎还多以虎神的形象出现。道教将四象和五行、五色相结合，形成了"东青龙，西白虎，南朱雀，北玄武"之说，其中的白虎便是白虎神，是道教的四大守护神之一。

生肖特点

机智勇猛

　　老虎拥有高超的捕猎技术，被称为"森林之王"。老虎捕猎时不会贸然行动，而是先埋伏在一个隐秘的地方，悄悄地观察猎物，仔细判断攻击猎物的难易程度，如猎物是否有帮手、是否伤残、是否带病等。观察完这些情况后，老虎会慢慢地靠

近猎物，然后以迅猛之势一口咬住猎物的脖子，直到它断气为止。如果猎物过于强悍，或双方势均力敌，老虎就会和猎物先周旋一段时间，做出攻击的态势，待猎物气力耗尽时，再发起致命一击。如此看来，我们不得不感叹老虎的机智勇猛。

超强的领地意识

国与国之间有着分明的国界线，老虎之间也有各自专属的领地，那它们是怎么划分领地的呢？主要有三种方法，一是在地上打滚，沾满虎毛的地方就是自己的领地；二是在树上抓满痕迹，带有痕迹的地方就是自己的领地；三是将尿液喷洒在树干上或灌木丛中，以此来标注自己的领地。老虎的领地意识很强，如果有谁不慎侵入了老虎的领地，轻则受到老虎吼声的严厉震慑，重则连命都要保不住了。

谚 语 荟 萃

二虎相斗，必有一伤。
老虎要吃天，瞎子要点灯。
要学武松打虎，不学东郭怜狼。

🐾 生肖习俗

🌀 张贴、悬挂虎图

我国很多地区的人都认为老虎威猛，能吃鬼，所以老虎就成了当地人心中的"保护神"。人们会将与老虎相关的年画贴在后门上，称为"守门虎"。除此之外，人们还会在中堂悬挂虎图，虎姿、虎态不同，寓意也就不同：如果悬挂

上山虎，姿态为饱食而归，并装饰松枝和明月，则寓意心想事成、平安无事；如果悬挂下山虎，姿态为饿虎扑食，并装饰雪景山石，则具有镇宅辟邪的作用。

🌀 挂老虎馍

挂老虎馍是流行于陕西渭南一带的结婚风俗，老虎馍就是做成老虎模样的馒头。迎接新娘前，男方的舅舅家要蒸一对老虎馍，新娘一到，就把系好的老虎馍挂

在她的脖子上，待进门后由新郎、新娘分食。公老虎馍额上印着一个"王"字，母老虎馍额上印着一对飞鸟。"老虎"脖子前还各印着一只小老虎，寓意着新人永结同心、早生贵子。

送老虎枕头

在民间，老虎被看作神兽，再加上它威武、庄严的外表和镇宅辟邪的寓意，因此人们依据老虎的模样，制作了大量艺术品和装饰品。山西一些地方有这样的风俗，就是在孩子过生日时，舅舅要送外甥一个或一对老虎枕头，寓意孩子健康成长。

跳老虎

跳老虎是彝族的一个传统习俗。按照规矩，正月十五那天，虎队的成员们全身都画满老虎斑纹，由手持嘣咚鼓的"垛西"长者领队，挨家挨户去跳舞；夜间，燃起火堆，摆上酒席，虎队绕寨而行，彻夜狂欢，以襄庆贺。

🐯 生肖纪年

☁ 纪年：虎年

虎年对应的年份有：1974年，1986年，1998年，2010年，2022年等。

☁ 纪月：虎月

虎月又称"寅月"，对应的月份为农历一月，即正月，此时正处于立春至惊蛰阶段。此时，万物开始复苏，一切都富有生机。

☁ 纪时：寅时

虎对应的时辰为寅时，即凌晨3时到5时这段时间。此时，昼伏夜出的老虎开始出来觅食，而且异常凶猛，如果身处密林之中，就会在这个时间段听到老虎的吼声。

🐯 生肖故事

虎入选十二生肖的故事

相传，老虎在森林中本来是一种很不起眼的动物，而那时猫却很受大家推崇，因为它是出了名的捕猎能手。老虎听说猫很有本事，便前去拜猫为师，让猫教它本领。猫见老虎很诚恳，便将自己的平生所学全部传授给了老虎。老虎学会十八般武艺后，在森林中几乎无兽能敌，名气也逐渐大了起来。

后来，玉帝也听说了老虎的威名，有意要考验考验它，看看老虎是不是像动物们说的那样厉害。恰逢狮子、野猪和狗熊在人间作乱，于是玉帝便想派老虎去镇压它们。

玉帝命人叫来老虎，对它说："听说你本事很大，你愿不愿意将那些为害人间的野兽教训一番？"

老虎听了，心里十分得意，心想：连玉帝都听说了我的威名，看来我的本领真不小啊！这次也正是我施展本领的好机会，当然不能错过了。不过，老虎不想这样白白付出，它请求玉帝说："我非常愿意替您分担忧虑，只不过有一个小小的请求，不知道陛下能不能答应。"

　　玉帝听了，也来了兴致，连忙说："你有什么请求，尽管说。"

　　老虎不紧不慢地说："请求陛下在我每立下一功时，都在我的头上画上一笔。"玉帝听了，暗道老虎真有心机，生怕自己的功劳被埋没。不过这样也好，赢了大家皆大欢喜，输了老虎也是自讨没趣。于是，玉帝答应了老虎的请求，老虎也欣然领命而去。

　　老虎来到人间，并没有急着找狮子、野猪和狗熊挑战，而是先制订了一个简单的作战计划。老虎首先单独约出了狮子挑战，狮子看起来张牙舞爪、凶猛无比，结果没有了野猪和狗熊的协助，被老虎又扑又咬，没几下就被打败了。野猪和狗熊见狮子被打败了，也丧失了斗志，开始各自逃命。老虎怎肯放过它们，很快，野猪和狗熊也被老虎收拾得服服帖帖。玉帝一看老虎一下立了三大功，非常高兴，大笔一挥，在老虎的额头上画了三大横。

　　后来，东海龟怪骚扰人间，玉帝又派老虎前去镇压，不出所料，老虎再一次凯旋。玉帝这次没有在老虎额头上画横，而是别出心裁地添了一竖，这样三横一竖组成了一个"王"字。原来，玉帝有意要封老虎为"百兽之王"啊！从此，老虎威名显赫，掌管起人间所有的动物。

没过多久，玉帝开始选十二生肖，老虎因为有功在先，便顺理成章地被选入十二生肖之中。

药王孙思邈和老虎

唐朝时期有一位叫孙思邈的医学家，他医术高超、医德高尚，后世尊称他为"药王"。

相传，药王孙思邈有一只独特的坐骑——老虎。一般人们都让马或驴当自己的坐骑，孙思邈为什么会选择老虎当自己的坐骑呢？

据说，有一次，孙思邈独自到深山中采药，采了满满一筐草药后，他心满意足地准备回家。谁料想，孙思邈在回家途中碰到了一只横在路上的大老虎，他害怕极了，不知该怎么办才好。他正想办法逃脱时，忽然听到了老虎发出的呻吟声。孙思邈仔细一看，发现老虎有气无力地趴在路上，老虎望向孙思邈的眼神仿佛在向他"求救"。

孙思邈感觉老虎对自己并无恶意，于是小心翼翼地走到老虎面前，经过一番检查，他发现老虎的咽喉中卡了一块硬骨头，咽也咽不下去，吐也吐不出来。正是因为这样，老虎被折磨得痛苦不堪，只能张大嘴巴趴在路上。怀有慈悲之心的孙思邈不忍心老虎受苦，决定救老虎。他正要把手伸进老虎嘴里拔出骨头时，转念一想："要想将骨头从老虎的咽喉中拔出来，就要将整个胳膊伸进老虎嘴里，如果拔骨头时老虎疼痛难忍，一不小心咬紧牙关，那我岂不是会失去一只胳膊，以后还怎么救死扶伤呢？"想到这里，孙思邈又缩回了胳膊。

趴在地上的老虎似乎看出了孙思邈的心思，眼中充满了泪水。看到老虎的模样，孙思邈更加着急了，他不停地踱步，想找出一个既能解救老虎又能保住自己胳膊的方法。孙思邈正左右为难时，无意中看到了药篓上拴着的铜环。他灵机一动，立即将铜环取下，用铜环撑开老虎的嘴，这样一来，孙思邈就不用担心拔骨头的时候，老虎会咬掉自己的胳膊。经过一番努力，孙思邈取出了老虎咽喉中的骨头，还为它涂上了一些治伤的药。老虎得救后向孙思邈点了点头，便大步跑向深山之中。

从那以后，孙思邈上山采药时，那只老虎总会跟在孙思邈的左右，好像在保护他一样。当地百姓见孙思邈和老虎相处融洽，便认为这只老虎就是孙思邈的坐骑。

生肖成语

与虎谋皮

有一个人想用狐皮做一件华丽的大衣，想来想去决定到森林里去找狐狸们商量商量。他兴冲冲地找到一群狐狸，然后满怀希望地对它们说："亲爱的狐狸们，我正准备做一件华丽的狐皮大衣，特地来请你们帮忙，希望你们能把自己身上的皮剥下来送给我，我将对你们感激不尽！"

狐狸们听了他的话，个个吓得掉头就跑，转眼工夫，便消失得无影无踪了。那个人很无奈，只好扫兴地回去了。又过了几天，那个人想祭拜祖宗，可是缺少羊肉。他来到羊群中，说："亲爱的羊啊，我想祭拜祖先，可是又没有羊肉，我知道你们都是热心肠，请你们行行好，把自己身上的肉送给我吧！"那些羊听了他的话，吓得全部逃走了。

这就是"与狐谋皮"的来历。随着时间的推移，"与狐谋皮"渐渐地演变成"与虎谋皮"。比喻所商量的事跟对方（多指坏人）利害冲突，绝对办不到。

趣味知识库

大家肯定听说过老虎"占山为王"这句话，那你知道老虎占的是哪座"山"吗？其实这座山不是指特定的山，而是指老虎经常出没的地方，如树林、草丛等区域。

卯兔

温顺可爱

　　兔位于十二生肖的第四位，对应的地支为卯，它们温顺可爱、聪明好动。古人发现月亮上的阴影像一只兔子，便认为月亮中住着兔子，所以兔象征月亮；传说玉兔是嫦娥的宠物，在月宫里负责捣可以制成长生不老药丸的草药，因此兔子也成了长寿的象征。

生肖特点

外貌可爱

　　"小白兔，白又白，两只耳朵竖起来，爱吃萝卜爱吃菜，蹦蹦跳跳真可爱。"大家唱过这首儿歌吗？雪白的毛发，长长的耳朵，蹦蹦跳跳的身姿，说的就是小兔子，它们可爱的外貌深受人们的喜欢。

🌀 性格温顺

看到兔子时，我们总会忍不住摸一摸，这种亲近感是由它们温顺的性格决定的。兔子乖巧可爱、性格温顺，正是因为这样的性格特点，所以兔子深受人们喜爱。

🌀 机敏警觉

中国有句古话叫"狡兔三窟"，意思是狡猾的兔子有三个窝，比喻有多个藏身的地方，现在多用来比喻为了防身避祸，预先做多手准备。从这句古话中可知，兔子的警惕性很高，善于保护自己。兔子的大长耳朵便可以很好地帮助它发现敌人，兔子行动非常敏捷，也可以助它脱困。

🐰 生肖习俗

🌀 祭拜"兔儿爷"

"兔儿爷"是北京地区流行的用泥制成的兔首人身雕像。

谚 语 荟 萃

兔子靠腿狼靠牙，各有各的谋生法。
赶两只兔子，一只都捉不着。
兔子跳起来好打，山鹰飞起来好打。

以前，每到中秋，北京人就会将"兔儿爷""供"起来，希望它为自己和家人带来福气和平安。随着祭拜"兔儿爷"习俗的流传，有些地方还祭拜起了"兔儿奶奶"。

随着时代的发展，祭拜"兔儿爷"的习俗逐渐被弱化，但"兔儿爷"的形象却广为流传，并被做成了各种工艺品，如坐虎"兔儿爷"，寓意事业有成；坐葫芦"兔儿爷"，寓意福禄双全。这些"兔儿爷"形态各异，色彩艳丽，摆在一起十分好看。

挂兔头、点兔灯

我国古代汉族有挂兔头、点兔灯的习俗。每年农历正月初一，人们用面捏成兔头，再用竹筒盛上雪水，把它们与年幡、面具一同挂在门额上。

到了正月十五，各地的人都会挂上

漂亮的花灯，其中兔子形状的花灯深受人们喜爱。有些地方还用豆面捏灯，俗称面灯，兔子是十二生肖之一，捏成兔形的面灯自然也是少不了的。到了正月十五的晚上，全家一起点燃面灯。这两个习俗都有驱邪禳灾、祈求吉祥的寓意。

🌀 小孩儿穿兔儿鞋

我国古代汉族有给小孩儿穿兔儿鞋的习俗，流行于全国许多地区。每年中秋节，1岁以上、5岁以下的小孩儿都要穿兔儿鞋，寓意着小孩儿腿脚利落，像兔子一样敏捷。

生肖纪年

🌀 纪年：兔年

兔年对应的年份有：1975年，1987年，1999年，2011年，2023年等。

🌀 纪月：兔月

兔月又称"卯月"，对应的月份为农历二月，即春季的第二个月，此时正处于惊蛰至清明阶段。这一时期，各种植物开始从泥土中钻出来，迎着阳光茁壮成长，到处都是充满生机的景象。

纪时：卯时

兔对应的时辰为卯时，即早晨5时到7时这段时间。此时，太阳刚刚出来，月亮还没有隐去，在似亮非亮之时，兔子从洞里钻出来，寻找带露水的青草美美地享用早餐。

生肖故事

兔入选十二生肖的故事

相传，兔子和牛以前是很好的邻居，它们一个聪明伶俐，一个踏实勤劳，相处得十分融洽。听说玉皇大帝要选十二生肖，兔子和牛都摩拳擦掌，想要试一试。

牛知道兔子善于奔跑，便去向兔子请教跑得快的秘诀。牛来到兔子的住处，笑嘻嘻地对兔子说："兔老弟，都说你是长跑健将，你能不能看在我们多年邻居的分儿上，教教我怎么才能跑得快些啊？"兔子听了，高傲地仰起头，很不屑地对牛说："牛大哥，不是我打击你，就你这大体格，就算把我累死，我也教不会你啊！要想跑得快，首先你的后腿要比前腿长，而且身体要轻便，可这两样你都不具备。我看你还是省省心，老老实实走路去吧！"兔子一边说还一边拍着牛的身体。

　　憨厚的牛听了兔子的话，心头好像被泼了一盆冷水，闷闷不乐地回了家。可是，牛思来想去，觉得不能就这样放弃，它心想："就算没有兔子那样的腿和身体又怎样！我有的是力气，有的是韧劲！只要我勤加练习，兴许会有奇迹发生呢！"于是，牛开始夜以继日地练习长跑，不论刮风下雨从不间断，最终练就了四只铁蹄。

　　转眼间就到了玉帝选生肖的日子。这天，牛与兔子本来相约在鸡第二遍打鸣时一起出发。可是，兔子为了能拿第一，在鸡刚叫头遍时，便早早地出发了。兔子不愧是长跑健将，不一会儿就把其他动物远远地甩到了身后。兔子跑了一段时间后有些困倦，再回头一看，一个动物也没有，心想：这次十二生肖的第一名非我莫属了！我今天起得这么早，跑得又这么快，就算现在睡个回笼觉再接着跑也来得及。于是，兔子懒洋洋地靠在树旁呼呼大睡起来。

　　兔子正在酣睡时，突然被一阵急促的脚步声惊醒，定睛一看，原来是牛赶了过来。牛对兔子说："兔老弟，你怎么在这儿？快点跑吧，不然来不及了！"可兔子不以为意，眼睛半睁半闭地说道："不着急，你先跑吧，我再睡一会儿就去追你。"牛无奈，只好继续往前跑。

不知道又过了多久，兔子终于睡醒了，睁眼一看，老虎就在前面不远处。兔子这下着急了，从草丛里一下子蹦起来，撒腿就跑，可紧赶慢赶，还是落在了老虎的后面。牛凭着坚韧的毅力和平时练就的铁蹄，一鼓作气跑到了南天门，排在了生肖榜的第二位，而兔子却排在了牛和老虎的后面。兔子想起之前对牛说过的话，觉得脸上无光，回家后，就把家搬到了土洞中。直到现在，野兔依然住在土洞中。

月宫里的玉兔

传说，月亮上住着一只洁白如玉的兔子，人们叫它"玉兔"，它的任务就是拿着玉杵捣能够制成长生不老药丸的草药。那么，玉兔为什么会住在月宫，又为什么会负责制作长生不老药呢？

传说很久以前，天上的三个神仙化身为乞丐在人间游历。一天，三个乞丐来到了森林中，他们走了很远的路，又累又饿，正当他们无处觅食时，一只狐狸叼着野鸡从他们面前跑过。他们眼前一亮，立刻喊道："好心的狐狸啊，请你等一等。"

狐狸听到喊声后，慢悠悠地停下了脚步，问："你们三个乞丐，喊我有什么事情吗？"

三个乞丐央求道："好心肠的狐狸，我们三个已经很长时间没有吃饭了，现在饿得前胸贴后背，你能把这只野鸡分给我们一些吗？"

狐狸对这三个乞丐上下打量了一番，心想：我好不容易找到的食物，凭什么与你们三个臭烘烘的乞丐分享啊。狐狸一边这样想着，一边抓紧了手中的野鸡，假笑着说："我也很长时间没有吃东西了，现在都要饿昏了，这只野鸡又小又瘦，我自己都不够吃，怎么能分给你们呢？"说完，狐狸就叼着野鸡跑得无影无踪了。

看着狐狸远去的身影，三个乞丐无奈地摇了摇头，只好继续往前走。走了一段路，他们看到一只猴子正坐在树上吃桃子，猴子的怀里还抱着好几个大桃子。三个乞丐咽了咽口水，仰起头问："小猴子，我们好几天没吃东西了，你能分给我们一个桃子吗？"

猴子嫌弃地说："快走远点儿，你们三个臭烘烘的乞丐不要把我的桃子熏臭了。"说完，猴子抱着桃子一蹦一跳地走开了，半个桃子也没留下。

乞丐们看着远去的猴子，再次无奈地摇了摇头。此时，一只小兔子跳到三个乞丐的身边，轻轻地说："老人家，我这里有好吃的，咱们先把火烧起来，然后将食物烤一烤。"三个乞丐一听这话高兴极了，他们先谢过小兔子，然后就一起捡柴、烧火。眼看着火越烧越旺，三个乞丐见小兔子还没有去拿食物，就看着小兔子说："小兔子，火已经烧起来了，请拿出食物吧。"

兔子说："老人家，我家里早就没有能吃的东西了，我们能遇见也是缘分，你们就把我吃掉吧。"说完，小兔子跳到了火中。三个乞丐被小兔子这种舍己为人的精神深深打动了。

三个乞丐游历结束后，恢复了神仙的身份，将这件事情告诉了玉帝。玉帝也非常感动，便将兔子复活了，并让它长生不老，还让它在月宫中捣药，制作长生不老药。

🐰 生肖成语

守株待兔

春秋时期，宋国有个农夫，原本他每天勤勤恳恳地下地干活儿，日出而作，日落而息，一年四季，从不偷懒。后来有一天，这个农夫正在田里辛苦劳作，突然从草丛里蹿出一只野兔。这只野兔跑得又急又快，一不小心便撞到了一截儿树桩子上，撞断了脖子，当场咽了气。一旁的农夫看到后，放下手头的活儿，赶过去一把抓起了这只已死的兔子，然后开心地收拾农具回家了。晚餐时，农夫煮了香喷喷的兔子肉，他想："要是每天都能碰上这么好的事，我不就不必这么辛苦地干活儿了！"

从此以后，这个农夫耕地时总是心不在焉，时不时地瞅

着旁边树桩有没有撞死的兔子，许多天过去了，兔子没有等到，田地里反而长满了杂草，一天比一天荒芜。后来，这个故事演变成了一个成语——守株待兔。比喻不主动努力，而存万一的侥幸心理，希望得到意外的收获。也比喻死守狭隘的经验，不知变通。

趣味知识库

　　每次看到兔子，我们总会被兔子长长的耳朵所吸引，那么兔子长长的耳朵有什么作用呢？一是兔子长长的耳朵中有许多血管，可以感受到耳朵周围空气的流动，调节体内温度；二是能听到微弱的声音，并准确辨别声音的方向和距离，当有敌人靠近它们时，它们能及时逃跑，保证自身安全。

辰龙

神通广大

龙在十二生肖中排第五位，对应的地支为辰，是十二生肖中唯一的虚构动物，它气宇轩昂、神圣威严，能呼风唤雨，会腾云驾雾。自古以来，我们就称自己是"龙的传人"，所以龙是中华民族的象征；古代皇帝穿的衣服被称作龙袍，坐的椅子被称作龙椅，身体被称作龙体……所以龙还象征着皇权；另外，龙还象征着才华横溢、超然出众的人，比如诸葛亮在出山前被称为"卧龙先生"，东汉名臣蔡邕在飞黄腾达之前常醉卧街头，人们称他为"醉龙"，家长们在盼望孩子有出息时常会说"望子成龙"，这些例子都说明龙象征着超凡的才华。

生肖特点

外形奇特

龙的外形非常奇特，集合了鹿、蛇、鱼、鹰、虎等多种动物的特征。《本草纲目·翼》中称龙为鳞虫之长，其形有九似："头似驼，角似鹿，眼似兔，耳似牛，项似蛇，腹似蜃，鳞似鲤，爪似鹰，掌似虎。"除此之外，书中引用其他著作，对龙鳞、龙音、龙须等特征也有细致的描绘，如龙有九九八十一片鳞，声音像铜盘一样清脆，嘴的旁边有胡须，下巴处有明珠，喉下有逆鳞，等等。关于龙的形象，每个朝代有不同的说法，但毫无疑问，龙是一种威严、灵性十足的神兽。

神通广大

说起龙的本领，真可谓神通广大。许慎的《说文解字》中说："龙，鳞虫之长，能幽能明，能细能巨，能长能短，春分而登天，秋分而潜渊。"从中可以看出龙具有高超的本领。早在大禹治水之时，就有一种带翅膀的龙，以尾划地，辅助大禹疏导洪水。在《三国演义》中，罗贯中详细地描述了龙的本领，说龙变幻莫测，可以吞云吐雾、上天入海。

谚语荟萃

龙归沧海，虎入深山。
一笔画不成龙，一锹挖不出井。
八月十五晴，正月十五看龙灯。
龙生九种，九种各别。
龙行一步，草木皆春。

随着社会的发展，人们逐渐将龙神化，奉其为水神、虹神，龙也因此有了呼风唤雨、驱邪避灾的本领。北宋大文豪苏轼当年在徐州做太守时，正逢当地大旱，他就曾带领百姓向龙王祈雨。在民间，很多地方也修有龙王庙，以祭拜龙王，祈福纳祥。

生肖习俗

祭龙王

在民间，一些地区的人们会在农历三月初三这天祭拜小白龙，称为"三月三，祭龙王"。这天，当地人会举行以"祭龙祈福"为主题的庙会。其实，"祭龙祈福"的活动在三月初二夜里十二点就已经开始了，持续三月初三一整天，当地百姓会祈祷风调雨顺、五谷丰登。

赛龙舟

端午节有一个重要活动——赛龙舟。赛龙舟在南方非常盛行，为什么会有这个习俗呢？这和楚国大臣屈原有关。当时，屈原因倡导富国强兵、联齐抗秦而遭到流放。后来，秦国攻破楚国都城，屈原因此投汨罗江而死，楚国百姓十分哀痛，纷纷去江边凭吊。人们为了避免鱼把屈原的身体吃掉，就划龙舟来驱散江中的鱼。这样一来，端午节赛龙舟的习俗就流传了下来。

剪龙头

中国很多地区有二月二剪龙头的习俗，认为"二月二，剃龙头，一年都有精神头"。相传，二月二这天是龙母抬头看女儿的时候，为图个吉利，人们会在这天理发，以求一年都有好运。有些地方还会在这天吃龙须面、龙鳞饼和腰糕，并且忌讳使用针线，怕误伤了龙眼。

晒龙袍

农历六月初六是我国传统节日天贶节，节日这天百姓会将衣服拿出来晾晒，这个节日是怎么兴起的呢？大家肯定都听过唐代高僧玄奘去西天取经的故事，据说，玄奘从西天取得真经返回大唐的途中，经文被水浸湿。玄奘只好将所有的经文摊开晒干，他晒经文的这天正好

是农历六月初六。后来，这件事传到了百姓耳中，人们认为农历六月初六这天是一个吉利的日子。在皇宫里，太监、宫女会把皇帝的龙袍拿出来晒一晒。传到民间后，百姓纷纷效仿，家家户户都在农历六月初六这天晒书籍、衣服等。从此以后，"六月六，晒龙袍"的习俗流传开来。

🌀 舞龙灯

在湖北省孝感市，人们有在元宵节舞龙灯的习俗，孝感市杨店镇还被誉为"龙灯之乡"。当地人使用的龙灯多是亲手制作而成的，因其制作工艺复杂，人们在腊月初就开始制作龙灯了。龙灯做好后，人们会在元宵节前举行隆重的龙灯开光仪式，然后挥舞着龙灯走街串巷，开展游灯、拜灯等一系列节日活动，祈求吉祥如意。最后，在正月十五的晚上，人们会聚在一起，将龙灯烧毁，俗称灿灯、送龙灯升天，此时镇内人声鼎沸，锣鼓声响成一片，热闹非凡。

🐲 生肖纪年

☁ 纪年：龙年

龙年对应的年份有：1976 年，1988 年，2000 年，2012 年，2024 年等。

☁ 纪月：龙月

龙月又称"辰月"，对应的月份是农历三月，此时正处于清明至立夏阶段。"辰"意为"震"，此时正处于阳气升腾时期，大气多云雾，春雷也开始发动，正是龙神出没的时候。

☁ 纪时：辰时

龙对应的时辰为辰时，即上午 7 时到 9 时这段时间。这个时辰天刚亮，空中充满雾气。龙具有腾云驾雾的本领，此时也是神龙吞云吐雾的好时候，因此人们将龙与辰时联系在一起。

🐲 生肖故事

龙入选十二生肖的故事

传说，远古时期，龙生活在陆地上，那时候的龙还没有角，不过龙的本领很大，不仅能在天上飞，还能在水里游。龙自视甚高，对威风八面的虎很是不屑，一直想要取代虎的地位，成为新的百兽之王。

得到玉帝要选十二生肖的消息后，龙和虎都打算参加评选，并且在玉帝面前证明自己才是最有资格做百兽之王的。临行前，龙找来自己的小弟蜈蚣商量："我怎么才能比老虎更威风呢？"蜈蚣出主意说："大哥，公鸡有一对漂亮的角，你不妨先借来一用。"

　　龙觉得蜈蚣说得很有道理，便去找公鸡借角。龙和蜈蚣来到公鸡的家，将借角的事一五一十地说了出来。公鸡听了，心想：我和你们又不是很熟，万一借了我的角不还怎么办？再说，我自己还要参加生肖评选呢！没了角，玉帝不选我怎么办？对，坚决不借！公鸡打定主意，死活不肯将自己漂亮的角借给龙。

　　蜈蚣看出了公鸡的心事，赶忙上前说道："公鸡老弟，我来做担保，如果龙大哥不还你的角，你就一口把我吃掉，这还不成吗？"

　　龙也发誓："如果我用完不还你的角，那么我一回陆地就死掉。"公鸡看它们很有诚意，也实在禁不住它们的软磨硬泡，最终还是把角借给了龙。

　　龙戴上角后，神气活现地上了天庭。龙和虎在天庭各自将自己的看家本领拿了出来：龙在天庭施展腾云驾雾之术；虎张开大嘴，大吼一声，震得整个天庭都颤动起来。玉帝一看龙和虎都相当威风，实在难分高卜，便根据它们的特长让虎做了陆地的百兽之王，让龙做了海洋的水族之王，并恩准它们都上生肖榜。

　　龙、虎回去后大肆庆祝。就在一群动物推杯换盏时，公鸡高昂着头上门来讨要自己的角。公鸡本不想声张，就偷偷地对龙说："龙大哥，如今你也功成名就、风光无限了，是不是该把角还给我了？"没想到，龙根本不理会公鸡的话，照样跟动物们大吃大喝。公鸡恼羞成怒，当着所有动物的面，将龙借角的事说了出来。可是，龙自从得了公鸡的角，便欢喜得不得了，再也不愿把角还给公鸡。为了不还角，龙便一头扎进水中，再也不回陆地上了。

公鸡无比气愤，脸都气红了，找不到龙便去找蜈蚣算账，蜈蚣看见怒气冲冲的公鸡，吓得钻进了石缝里。此后，公鸡的脸总是红通通的，见到蜈蚣便一口将它吃掉。

柳毅与龙女

《柳毅传》中记载着这样一个故事。唐高宗仪凤年间，一个名叫柳毅的书生进京参加科举考试，但是落榜了。他回家途中路过泾阳时，远远地看到了一个放羊女，走近一看，才发现她的神情非常悲伤，这让柳毅感觉非常奇怪，忍不住走上前询问："姑娘为什么如此伤心呢？"

放羊女眼中含着泪说："我是洞庭湖龙王的小女儿，后来嫁给了泾川龙王的二儿子。成亲以后，我的丈夫和公婆整日对我打骂，我想将自己的遭遇告诉父亲，但

是洞庭湖离泾阳实在是太远了，我根本没办法通知父亲，只能整日以泪洗面。"柳毅听了龙女的遭遇，非常同情她，经过一番了解，龙女知道柳毅要回南方的家乡，于是便拜托他替自己给父亲捎一封信，父亲看到信后一定会来搭救自己。柳毅答应了龙女的请求。

一段时间后，柳毅来到了洞庭湖，他按照龙女的嘱咐，走到洞庭湖南岸的橘树旁，朝着树敲了三下，果然如龙女所说，洞庭湖中出现了一个武士，并将柳毅带到了龙宫。龙王看过龙女的信，忍不住掩面大哭，对柳毅连声感谢道："感谢你带回我女儿的信，让我知道了她的遭遇，若不是你，我还不知道我的女儿竟然遭受这样的苦难，你的大恩大德，我永世难忘。"刚说完这句话，龙王就立马到泾阳带回了受苦的女儿。

第二天，龙王设宴招待了柳毅，还赠送他很多龙宫里的宝物。龙王见柳毅仪表堂堂，心地善良，想将龙女嫁给他。柳毅却义正词严地说："帮助他人是大丈夫应该做的事情，怎么能因为这件事就让我娶龙女呢？"就这样，柳毅拒绝了这门亲事，返回了家中。

后来，柳毅先后娶了两个妻子，不幸的是，这两任妻子都相继离世了。柳毅又娶了一位姓卢的小姐做妻子，成亲后不久，卢小姐生下了一个孩子，孩子满月的时候，妻子将柳毅叫到房中，说自己就是他当年解救的龙女，因为思念他，便来到了他的家乡，嫁给了他。柳毅被龙女的深情感动了，他们此后过上了幸福的生活。

生肖成语

画龙点睛

南朝时期的梁朝，有一个叫张僧繇的官员，他最大的爱好就是绘画，他画的画在当时很有名。

有一天，张僧繇闲来无事来到金陵安乐寺游玩。当看到寺院粉白的墙壁时，张僧繇忽然起了绘画的兴致。于是，他派人拿来笔墨，一连在墙壁上画了四条神龙。这四条神龙画得十分逼真，且形态各异，有的腾云驾雾，有的张牙舞爪，有的蓄势待发……这四条龙虽然活灵活现，但美中不足的是它们都没有眼睛。

周围看他画画的人很是纳闷，于是好奇地问他："为什么你画的龙没有眼睛？"他听了不紧不慢地说道："如果我给

它们画上眼睛，它们就都要飞走了。"

　　大家听了都不相信，觉得这话实在很荒唐，于是纷纷鼓动他给龙画上眼睛试试。张僧繇拗不过，便提起笔来，在一条龙的两只眼睛处各点一笔。他刚放下笔，天空突然乌云密布，然后划过一道闪电，接着传来隆隆的雷声，在电闪雷鸣中，那只画上眼睛的龙瞬间腾空而起，向天上飞去。而那些没有画眼睛的龙，仍然纹丝不动地留在墙壁上。后来，这个故事演变成了一个成语——画龙点睛。比喻作文或说话时在关键地方加上精辟的语句，使内容更加生动传神。

趣味知识库

　　"鲤鱼跃龙门"这句话想必大家都听过，那么鲤鱼跃的真的是"龙门"吗？科学家研究发现，水温比较低、流速比较大、河道宽窄相似、具有石砾底质急滩的江河上游是鲤鱼产卵的地带，而位于山西、陕西交界处的龙门正好符合上面这些特征，所以鲤鱼跃的确实是龙门，只不过这个龙门不是龙宫的门，而是一个地名。

巳蛇

冷静沉着

　　蛇位于十二生肖的第六位，对应的地支为巳，它们冷静沉着、善于捕猎。在中国传统文化中，蛇象征着长寿，因为蛇每蜕皮一次，就相当于获得一次新生；在《山海经》中，巴蛇能吞象，在《续博物志》中，钩蛇会害人，所以蛇在民间多为鬼怪的象征。

生肖特点

擅长捕猎

　　蛇最擅长的事情就是捕猎，它可是动物界的捕猎高手。蛇具有灵敏的嗅觉，因此它能在很远的地方嗅到猎物。发现猎物后，蛇不会轻易行动，而是躲在隐蔽的地方，一动不动地观察猎物的举动，以寻找最佳捕猎时机。等到时机成熟，蛇会以闪电般的速度出击，一招制敌，一般猎物很难逃脱。捕猎成功后，蛇会施展缠绕、噬咬、施毒等本领，

将猎物彻底制服，然后将其拖到安全的地方，慢慢享用。

一些人可能会提出这样的疑问：既然蛇喜欢捕猎，而且还有一套自己的捕猎方法，那么它们会不会对人类造成威胁呢？我们完全不用担心，因为只要人类不"招惹"蛇，蛇就不会主动攻击我们，所以见到蛇不要害怕，也不要随意出手打它哟！

体温多变

蛇还有一个显著的特征，那就是体温多变。它们的体温能随着季节的变化而发生变化，当外界气温升高时，蛇的体温就会升高，反之降低。但总的来说，蛇比较喜欢热一点的天气，在炎热的夏天和秋高气爽的秋天，蛇的活动最为活跃，经常外出寻找食物。但是，蛇的喜热也是有一定限度的，当天气

谚语荟萃

蛇不分粗细，坏人不分大小。
眼镜蛇摆首，好毒的一招。
一朝被蛇咬，十年怕井绳。
窝里的蛇，不知长短。

极其炎热时，它也会到树荫下、草丛中、小溪旁乘凉。冬季，外界温度下降，蛇的体温也会下降，此时，蛇体内的新陈代谢也会降低，蛇就开始冬眠了。

生命力顽强

蛇早在几千万年以前就出现在地球上了，直到现在它依然存在，这与它顽强的生命力是分不开的。蛇能适应各种恶劣环境，无论是阴暗潮湿的洞穴、荒凉贫瘠的草地、崎岖蜿蜒的山地，还是干燥炎热的沙漠、九曲蜿蜒的河流，都有蛇栖息的身影。蛇还有一项本领，就是它们每年都要蜕皮，蜕皮能让蛇重新焕发活力，从而更好地适应周围环境。

生肖习俗

蛇王生日

我国江浙一带有蛇王生日这一节日。每年农历四月十二，当地百姓会聚集在蛇王庙，在案上供奉瓜果、糕点，进香求符，庙里僧人将蛇形符画分赠香客，人们回家后将其贴在门窗上，以祈求风调雨顺、趋吉避凶。

祭蛇

我国福建、浙江、江苏一些地区的百姓认为蛇进家门，意味着祖先来看自己子孙的生活是否平安如意。所以，当地人看到家里有蛇时，不但不会赶走它，还会用食物来祭祀它，然后将蛇捉入罐中或挑在长竿上，将它送到山谷中，并告诉蛇，自己以及家人都很平安，希望它放心离去。

生活在中缅交界处的德昂族，在腊月二十这天会沐浴更衣，然后聚集在村口，把较大的树当作蛇树，献上自家的祭品，蛇树上挂有牛笼头、长刀，僧人念经，族人跪拜，寨头打卦，用这样的方式祈求耕畜兴旺。

生肖纪年

纪年：蛇年

蛇年对应的年份有：1977 年，1989 年，2001 年，2013年，2025 年等。

🌀 纪月：蛇月

蛇月又称"巳月"，对应的月份是农历四月，这时正处于立夏至芒种阶段。"巳"是"已"的意思，此阶段阳气彻底发散出来，蛰伏在洞穴内的蛇也开始出来活动。

🌀 纪时：巳时

蛇对应的时辰为巳时，即上午 9 时到 11 时这段时间。这时候太阳已经慢慢升起，雾气渐渐退去，此时也是蛇出来觅食最为活跃的时候。

🐍 生肖故事

蛇入选十二生肖的故事

很久以前，蛇和青蛙是形影不离的好朋友。那时候的蛇有四条腿，但它什么都不爱做，只顾自己快活；而青蛙没有腿，只能靠肚子蠕动，但它十分勤快，经常帮助人类消灭害虫。渐渐地，人们喜欢青蛙而厌恶蛇。

蛇聪明灵敏，很快它就觉察到人们看它的异样眼光，但它不明白人类为何这样看待它。蛇很是不平，心想：我又没招惹他们，他们为什么讨厌我？时间久了，蛇渐生怨恨，甚至开始仇视人类。蛇生气的时候，见人就咬，就连小孩也不肯放过。蛇搅得人间不得安宁，人们都恨透了它。

与人类接触最亲密的土地神实在看不下去了，便前去劝告蛇。可是蛇根本听不进去，还倒打一耙，说土地神收了人类的贿赂，所以才替人类说话。土地神无奈，只好将此事禀告玉帝，请求玉帝裁决。玉帝听了此事十分气愤，迅速将蛇传唤到天庭谈话。

玉帝对蛇起初还很有耐心，说：只要蛇改过自新，便不再追究它的过错。没想到蛇非但不领情，还狡辩说："人类因为嫉妒我比他们机敏，所以仇视我。土地神因为拿了人类的好处，也来诬蔑我。我是无辜的！"玉帝看蛇冥顽不灵，一怒之下，命天兵砍掉了蛇的四条腿，并将这四条腿赏给了经常帮助人类、深受人类喜爱的青蛙。

从此以后，蛇没有了四条腿，只能爬行；而青蛙有了腿，变得更加勤快。蛇因为害怕被人类报复，只能隐匿在草丛中，躲躲藏藏地过日子。当听到人类由衷赞美青蛙的话，蛇也开始怀疑自己是不是真的错了。终于有天，蛇彻底悔悟过来，它决定洗心革面，做一条对人类有益的蛇。它吃害虫、吃老鼠，拖着长长的身体，默

默地为人类做好事，一旦恶念萌发，便活活扒掉自己的一身皮。蛇死后，还把自己的躯体作为药材救治人类。

玉帝见蛇真的改过向善了，便将蛇也排入十二生肖中，以此来鼓励它。蛇成为生肖后，为人类做的好事更多了，但它却一直对拥有四条腿的青蛙耿耿于怀，所以蛇见了青蛙就咬。

凶恶的巴蛇

据说，很久以前，洞庭湖附近的深山中住着一条无恶不作的巴蛇。这条巴蛇的身体黝黑，足足有一百多米长，身上的鳞片十分坚硬。它张开大嘴能喷射毒液，且毒液能被射到百米以外的地方。凭借这些特点，这条巴蛇经常毒害生灵，只要是它待过的地方，就会寸草不生。

巴蛇的胃口越来越大，已经不满足于深山里的生灵，开始荼毒附近的渔民。凶恶的巴蛇常常掀起巨浪，打翻渔民的船

只，吃掉落水的人类，还常常攻击路人，原本风平浪静的洞庭湖被巴蛇搅得不得安宁，百姓整日担惊受怕。

巴蛇的恶行传到了尧的耳中，尧传来后羿说："我听说洞庭湖一带有巴蛇作恶，你速去斩杀它，还当地百姓一片安宁。"

后羿接到命令后对尧说："您放心，我这就赶去洞庭湖，斩杀巴蛇。"后羿乘船来到了洞庭湖上，他四处寻找巴蛇，但是找了很长时间都没有看到巴蛇的身影。突然，洞庭湖中心出现了一座"小山"，这座"小山"飞快地移动着，这引起了后羿的注意，他仔细一看，正是巴蛇。

巴蛇掀起巨大的波浪向后羿的小船冲过来。后羿见状，立马拔箭射去，可是箭并没有射进巴蛇的身体里。后羿射箭的行为激怒了巴蛇，巴蛇加快速度向后羿冲来，掀起的巨浪让后羿的小船摇摆不定，但后羿仍稳稳地站在船上，等着巴蛇现身。忽然间，巴蛇张开大嘴，正要吞下后羿，后羿轻轻一晃，飞身骑到了巴蛇的身上，朝它射箭。

经过一番战斗，巴蛇遍体鳞伤，喷射出许多鲜血，瞬间染红了湖水。巴蛇忍着剧痛，卷起尾巴扑打后羿，后羿趁势拔出剑斩断了巴蛇的尾巴，然后又一剑刺向巴蛇的头部，巴蛇先在水中挣扎了一番，最后一动不动地浮在水面上。

穷凶极恶的巴蛇被后羿斩杀了，百姓们发出了震天的欢呼声。虽然巴蛇死了，但是它的身体僵而不化，变成了一座山。为了防止巴蛇再次出世危害百姓，尧命人在这座山上兴建房屋，镇住巴蛇。后来，此处发展成了一座城市，古称巴陵，就是今天的岳阳。

生肖成语

杯弓蛇影

夏至时节，乐广的一位朋友到他家中做客，席间两个人推杯换盏，很是尽兴。可是，那位朋友回去没多久就大病一场，卧床不起了。乐广感到很不安，便前去探望那位朋友。

进了屋，只见那位朋友面黄肌瘦，躺在床上，有气无力地看着乐广。乐广关切地问他生了什么病，他支支吾吾不愿回答。

乐广再三追问，朋友才说："上次在你家做客，你应该还记得你曾经给我斟了一杯酒，我端起酒杯正要喝时，隐隐约约看见酒杯里有一条青皮红花小蛇在游动。我很害怕，不想喝，又觉得这样做显得不尊敬主人，只好硬着头皮喝了下去。

谁知我回到家后，总觉得那条小蛇在肚子里爬，想吐又吐不出，越想越害怕，影响到了正常的饮食，身体逐渐虚弱，就生了一场大病。请来的医生用各种办法治疗，都不能使我痊愈。"

乐广心想，酒杯是经过仔细清洗的，里面是不会有什么青皮红花小蛇的。可是这位朋友又分明看见了，这是怎么回事呢？

回到家里，乐广就在客厅里踱来踱去，怎么也想不通酒杯里怎么会出现小蛇。他正百思不得其解，猛一抬头，忽然看见墙壁上挂着一张青漆红纹的雕弓。

他想，是不是这把弓在作怪呢？于是，他马上斟了一杯酒，放在案桌上，移了几个角度，就看见那张弓被日光反射到酒杯中，形状像一条蛇。端起酒杯，酒在杯中晃动，那条"蛇"也随着酒在蠕动。

于是，乐广马上跑到那位朋友家，扶着他来到自己家。那位朋友病歪歪地来到客厅，坐在原来的座位上，端起酒杯一看，立即惊叫起来："就是这条小蛇呀！"

乐广指着墙壁上的雕弓叫他看。朋友看看酒杯，再看看雕弓，这才恍然大悟，明白杯中小蛇只不过是墙上的弓影罢了。解除了疑惑后，这位朋友的病也很快痊愈了。后来，这个故事演变成了一个成语——杯弓蛇影。比喻疑神疑鬼，妄自惊慌。

趣味知识库

一般情况下，蛇能吞下比自己的头大很多的东西，这是为什么呢？原因有三个，一是蛇的嘴巴可以张大到180°，吞咽食物时颈部的皮肤和肌肉能够最大限度地拉伸，如此一来，蛇的食管就会扩张到最大，食物就能顺利通过；二是蛇的牙齿为倒锯状，不仅能死死地咬住猎物，还能将猎物推进消化道；三是蛇吞食猎物的时候能够将活动的喉头伸到口外，这样气管就不会被庞大的猎物堵住，也就不会有窒息的危险。

午马

勇往直前

马位于十二生肖的第七位，对应的地支为午，它们积极进取、善良忠诚、性格温顺。马象征着进取精神，成语"龙马精神"就用来形容健旺的精神；马还象征着人才，人们常说"千里马常有，而伯乐不常有"，这里的"千里马"比喻的便是人才，人们经常用这句话来表达人才被埋没的遗憾。

🐴 生肖特点

忠诚温良

马个性忠厚，性情温良，被人类驯服后，便成了人类忠诚的朋友。在古代，马经常用来载人、拉车，是当时主要的交通工具。从古至今，我们见识了各种各样的马。在赛马场上，有将自己的力量耗尽也要坚持到最后一刻的赛马；在战场上，有遍体鳞伤也要载着主人血拼到

底的战马；在影视剧中，有驮着唐僧一路翻山越岭、跋山涉水，始终任劳任怨的白龙马。总之，无论是真实的马还是虚构的马，其忠诚温良的特性都深入人心。

善于奔跑

马最主要的特点就是善于奔跑，在战场上总能看到它们奔跑的身影，它们也是士兵建功立业不可或缺的一部分。你听说过汗血宝马吗？据说，汗血宝马一日可行千里，在我国历史文献中被称为"天马"。这种马体形优美、奔跑速度快，虽然目前没有证据能证明它们能日行千里，但是它们的确有着惊人的奔跑速度。

生肖习俗

送金马

在陕西澄城流行一种送金马的婚俗。所谓"送金马"，就是当男女双方确定成亲时，男方要送女方一匹小马，意思是马到成功。送什么材质的马要根据男方的经济状况而定，如果男方家境比较好，可以送小金马或者小银马；如果家境比较差，可以送黄布马。

🌀 马奶节

在内蒙古的一些牧区，流行过马奶节的习俗。每年农历的八月末，天蒙蒙亮，蒙古族的牧民们就骑着骏马，穿着节日的服装，带着马奶酒去现场，然后杀羊宰牛相互庆贺，随后举行激烈的赛马活动。活动结束后，人们还会畅饮一番，相互送上最好的祝福。

🌀 大马灯

大马灯是流行于南京高淳区一带的民俗舞蹈，被誉为"江南一绝"。它起源于唐朝，盛行于明清。大马灯是用竹子制成"马架"，再配以装饰品，一般由七匹"战马"组成，它们时而模仿真马奔跃，时而组成马队布阵，再配以民间乐器，场面十分热烈壮观。

谚 语 荟 萃

路遥知马力，日久见人心。
马上不知马下苦，饱汉不知饿汉饥。
好马不吃回头草。
见鞍思马，睹物思人。

♋ 打马球

马球是指骑在马背上，用马球杆击球入门的一项体育运动，起源于汉代，兴盛于唐宋，清代主要在军队和宫廷贵族中流行。2008 年 6 月 7 日，经国务院批准，马球被列入第二批国家级非物质文化遗产名录。

🐎 生肖纪年

♋ 纪年：马年

马年对应的年份有：1978 年，1990 年，2002 年，2014 年，2026 年等。

♋ 纪月：马月

马月又称"午月"，对应的月份为农历五月，这时正处于芒种至小暑阶段。"午"通"忤"，意思是违反、违背，此阶段阴气从地下渐渐升起，开始与地面的阳气交互、冲撞。

纪时：午时

马对应的时辰为午时，即上午 11 时到下午 1 时这段时间。这个时间段正是阳光强烈、阳气正盛的时候，对于马儿来说，正是自由奔跑、四处驰骋的好时候。

生肖故事

马入选十二生肖的故事

很久以前，马身上长有一对又大又漂亮的翅膀，它不仅可以在陆地上奔跑，还能在天空中自由地飞翔，动物们对它羡慕不已。玉帝对马也喜爱有加，封马为殿前御马，亲切地称呼它为天马。

玉帝命人给天马建了一座很大、很豪华的御马苑，还命仙官用最好的草料来喂养它，并特批天马可以在天庭随意走动。天马获得了前所未有的荣宠，渐渐变得骄纵起来，它总是一副不可一世的样子，对周围的神仙要么呼来喝去，要么爱搭不理，很是傲慢。

这一天，天马照常在天庭四处奔跑，跑着跑着，它突然心血来潮想去别的地方转一转。于是，天马擅自跑出了天庭。天马在天庭之外就像刚出笼的小鸟，看什么都是新鲜的。它欢快地跑啊跑，不知道跑了多久，竟来到了一座晶莹透亮的宫殿前。天马一问才知道，原来这里是东海龙宫。天马从来没来过这里，兴奋不已地径直走入宫殿，想要一探究竟。没想到，刚走到门口，神龟和虾兵蟹将拦住了它。天马非常生气地对它们说："你们这群有眼无珠的奴才，也不打听打听我是谁！竟敢拦我的去路！我可是玉帝御前的天马！"可是，神龟和虾兵蟹将根本不理会，死活不让天马进去。天马非常生气，跟它们打了起来。神龟和虾兵蟹将都不是天马的对手，神龟一不留神被天马踢中了要害，当场没了气，虾兵蟹将也死伤无数。

天马自知闯了大祸，偷偷地回到天庭，不敢再出来了。可是，东海龙宫的老龙王见自己的神龟和虾兵蟹将死伤这么多，哪里肯善罢甘休，便气急败坏地跑到天庭找玉帝讨说法。玉帝听了龙王的哭诉，顿时火冒三丈，下令将天马抓了起来，斩去天马的双翼，将它压在昆仑山下。

天马在昆仑山苦苦熬了数百年。终于，天马从好友那里得知人类始祖要从昆仑山经过，好友告诉它这是它逃出大山的好机会，一定要好好抓住。天马等啊等，终于听到人类始祖经过的动静，便大喊道："善良的人，请救救我吧，我愿与您同去人间，终生为人类效力。"人类始祖对天马的经历也早已知晓，看到天马这样诚恳地请求帮助，便答应救天马出来。他要求天马出来后洗心革面，再也不要惹是生非。天马连连点头答应，又对人类始祖说："您只要把山顶的桃树砍倒，我就能出来了。"

人类始祖按照天马说的，艰难地爬到山顶，果真那里有一棵桃树正迎风摇曳。人类始祖用尽力气，将桃树砍倒了。刹那间，伴随着一声巨响，山崩地裂，天马纵身一跃便从山底跳了出来。天马重获自由，兴奋地又跑又跳。

此后，天马也履行自己的承诺，踏踏实实地为人类效劳。天马帮人类拉车、驮物，还在战场上协助兵将们杀敌，屡立战功，逐渐成了人类忠诚的朋友。后来，玉帝选拔十二生肖时，人类始祖便推荐了马，玉帝看到天马立功赎罪，就批准它进入了十二生肖的行列。

伯乐与千里马

据说，伯乐是一个星宿的名字，在天上，这个星宿的主要任务是管理天马。春秋时期，有一个叫孙阳的人，他的特长是相马，因此人们称他为伯乐。

伯乐会相马的消息传到了楚王耳中，楚王便派人找到伯乐，对他说："如果你能找到可以日行千里的好马，我就会花重金向你购买此马。"

伯乐回答说："大王，世间有成千上万匹马，但是千里马却十分难寻，恐怕一万匹马里也没有一匹千里马，要想找到千里马，必须要下很大的功夫才行啊！"说完，伯乐就启程去寻找千里马。日子一天天过去，伯乐寻访各地都没有发现千里马的踪迹，他失望极了。

这天，伯乐从齐国寻马归来，无意中，他看到一匹骨瘦如柴的马正拉着装满盐的车前行，由于车上的盐实在是太多了，马迈着沉重的步伐，累得气喘吁吁。看到这种情景，伯乐不由得对马生出了怜悯之情，他走到马身前，用手摸了摸马的后背，表示安慰。此时，这匹马突然高高地扬起了头，死死地看着伯乐，还伴有嘶鸣声。听到马的叫声，伯乐若有所思地打量着这匹马，忽然眼前一亮，猛地走到赶马车的人身边，激动地说："你实在是太眼拙了，这匹马可是日行千里的好马呀，本该驰骋沙场，建功立业，你却让它干这样的粗活，真是大材小用啊！不如你把它卖给我吧。"

赶车人不解地看着伯乐说："既然你想买，那我就卖给你，但是我要提醒你，这匹马又瘦又普通，吃得非常多，你买了以后可不要后悔呀！"

伯乐笑着说："这可是一匹好马，我不会看错的。"说着就把钱交到赶车人手中，然后牵着马走了。之后，伯乐将这匹马带到了楚王的宫殿中。楚王见到这匹马后不解地说："伯乐呀，这匹马那么瘦，你确定是能日行千里的宝马吗？"

伯乐毫不犹豫地说："大王，您放心，它肯定是您想要的千里马。只要您派人精心照料，日后它一定会让您大吃一惊的。"伯乐说完这句话，这匹马就像通人性一般，抬起头大声嘶叫着，好像在赞同伯乐说的话。楚王对伯乐的话半信半疑，让马夫将这匹马带到马棚中精心喂养。

后来，在马夫的精心照料下，这匹马果然成了一匹健壮的好马，经过训练，它跑起来风驰电掣，完全能够日行千里。得到千里马的楚王对伯乐大加赞赏。

生肖成语

塞翁失马

从前，在西北某个要塞附近住着一个老翁。一天，他儿子的马找不到了。附近的人知道后，都来安慰他。

可是，老翁却不以为意地对大家说："丢失了一匹马，怎么知道不是一件好事呢？"

过了几个月，发生了一件让人意想不到的事：丢失的马回来了，并且还带回来一匹高大的骏马。附近的人知道了，纷纷来祝贺，并认为老翁先前讲的话很有道理。

不料，老翁反而冷冷地说："丢失的马回来了，还带回来一匹马，但怎么知道这不会成为一件坏事呢？"大家听了很是纳闷儿：这老翁太怪了，明明是件好事，怎么又想到坏事呢？

老翁的话又讲对了。他儿子很喜爱那匹骏马，经常骑它，结果不慎从马上摔下来，跌折了脚骨，残疾了。

附近的人都上门慰问。老翁又说："跌折了脚骨，又怎么知道不会成为一件好事呢？"

果然，一年后，塞外的匈奴兴兵入侵。青壮年都必须应征入伍去作战，结果大多战死沙场，老翁的儿子因为脚跛，未被征召入伍，因而保全了性命。后来，这个故事演变成了一个成语——塞翁失马。比喻坏事在一定条件下可以变为好事。

趣味知识库

小朋友，你见过躺着睡觉的马吗？恐怕没有见过吧，因为马都是站着睡觉的。它们之所以站着睡觉，一方面是因为躺下的时候，过重的体重会增加体内器官的压力，这样就会浑身不舒服；另一方面是因为人们饲养的马继承了野马的特性，站着睡觉能随时躲避天敌的追杀。

未羊

温柔善良

羊位于十二生肖的第八位,对应的地支为未,它们温柔善良、知恩图报。在古代御史、狱吏的官服上经常绣有神话传说中的神兽獬豸的图案,獬豸能分辨是非曲直,用角撞倒不正直的人,而獬豸的原型便是长有独角的羊,所以羊象征着廉洁;羊羔刚出生便会双腿跪地吮吸羊妈妈的乳汁,所以羊还象征着懂得感恩的品质。

生肖特点

干净合群

羊是一种喜欢干净的动物,它们喜欢居住在干净的环境中,吃干净的草料,喝干净的水。如果草料、水被污染了,羊就算挨饿、挨渴也不会吃喝的。羊还有一个特点,就是喜欢挤在一起生活,特别是绵羊,合群性更

强，就算是刚产过羊羔的身体虚弱的母羊，也会努力跟上羊群，不让自己掉队。

温顺善良

羊十分温驯，驯养起来很容易。虽然羊喜欢成群出没，但是它们从来不会"仗势欺人"，不会主动攻击其他小动物，也不会主动攻击人类。

生肖习俗

白羊皮陪嫁

云南省剑川县一带有白羊皮陪嫁的习俗。当地的白族姑娘出嫁时，都会有一张雪白的羊皮作为嫁妆，这张羊皮必须是用纯白的绵羊皮鞣制而成，新娘带着这张白羊皮出嫁，有"将善良、勤劳的美德带到丈夫家"的寓意，这张羊皮还是日后的生活用品。

送活羊

河北省南部的一些农村流行送活羊的习俗。每年农历六月初，年幼的孩子会带着吃食到外祖父、舅舅家去讨羊，等到了七月中元节前，外祖父、舅舅会给外孙送羊。起初送的羊都是活羊，后来改用蒸制的面羊代替。因为羊象征着吉祥、感恩，孩子借此表达对长辈的感恩，长辈借此表达对孩子的挂念。

挠羊赛

　　山西省忻州市流行一种名叫"挠羊赛"的体育运动，它由忻州传统的角抵演变而来，连续摔倒六人的人获胜，获胜者会被奖励一只活羊，他要将得到的羊高高举起，绕场一周，向神灵表示敬意。因为忻州方言"挠"有"举起"的意思，所以人们才称这项运动为"挠羊赛"。

祭羊神

　　新疆的哈萨克族流行祭羊神的习俗。哈萨克族崇拜山羊神和绵羊神，认为二神掌管着天下的山羊和绵羊，祭祀羊神可以求得更多的山羊和绵羊。

谚语荟萃

　　羊毛出在羊身上。
　　羊吃白花草，不怕百病扰。
　　羊群走路靠头羊。
　　农家养了羊，多出三月粮。

🐑 生肖纪年

🌀 纪年：羊年

羊年对应的年份有：1979 年，1991 年，2003 年，2015 年，2027 年等。

🌀 纪月：羊月

羊月又称"未月"，对应的月份为农历六月，这时正处于小暑至立秋阶段。"未"通"味"，此阶段世间万物开始成熟，具备了各种味道。

🌀 纪时：未时

羊对应的时辰为未时，即下午 1 时到 3 时这段时间。此时，晨露已经被温暖的阳光蒸发干净，羊在这时吃草会长得更壮实，所以牧羊人经常在此时放牧。

生肖故事

羊入选十二生肖的故事

相传，上古时期，人间只有野果和野草可以食用，人们还不知道五谷是什么。遇到天灾的时候，人们连野草和野果都没得吃，只能被活活饿死。

有一年秋天，一只神羊下凡来到人间游玩。神羊看到人间有高山，有峡谷，有丘陵，有平原，有花草树木，可谓姿态万千，美不胜收。神羊不禁感慨道："人间真是个神奇而又美丽的好地方！"

神羊开始对人间有些流连忘返了，它四处游逛，直到感觉肚子有些饿了。可是，来人间的时候忘了带食物，神羊没办法，只能四处寻找，希望能有人借给它些吃的暂时充饥。神羊一连去了好几个村子，结果没有一个村民愿意把吃的借给它。

正在神羊绝望之时，一个好心的村民把它拉到了家中，然后从一个破旧的容器里拿出一些野菜来给神羊吃。神羊接过野菜，就大口大口地吃了起来。吃完后，神羊感激万分地对这个村民说道："太谢谢您了，我刚才向好几个人借吃的，他们都不肯借给我吃，只有您肯帮助我，您真是一个善良的人，我该怎么报答您呢？"

村民无奈地说道："你有所不知，不是乡亲们不肯借给你，而是他们自己都没有东西吃，这些野菜和野果已经是我全部的口粮了。"

神羊听了这个村民的话，这才注意到之前遇到的村民都是面黄肌瘦的模样，不禁惊讶地问道："你们难道不吃谷物吗？"

村民好像没听清神羊在说什么，惊异地问道："你说什么？谷物是什么？是特别的野菜、野果吗？"

神羊忙解释道："谷物不是野菜，也不是野果，而是一种可以吃的粮食。"不过，村民还是不知道谷物到底是什么。神羊看着盘里的野菜突然意识到，原来谷物是天上才有的神物，人间根本没有。神羊看看野菜，又看看骨瘦如柴的村民，突然萌生了一个可怕而又大胆的想法：将天上的谷物种子带给人间受苦的百姓。

神羊辞别了村民，然后重返仙界。神羊趁神仙们都休息的时候偷偷地溜进存储谷物的仓库，拿了稻、稷、麦、豆、麻五种谷物的种子。为了不让守卫发现，神羊将种子含在自己口中，然后又悄无声息地回到了人间。神羊将谷物从嘴里吐出，把五谷的种子交到了百姓手中，并将种植谷物的方法教给了百姓。

人们按照神羊的方法，在春天将种子撒在地里，到了秋天，果真长出了五谷。从此，人间有了五谷可以种植食用，人们的生活变得越来越好了。

为了纪念神羊的功德，每年秋收后，村民们都会聚集起来举行盛大的祭祀仪式来祭拜神羊。可是，天下没有不透风的墙，神羊偷五谷的事情最终还是被玉帝知道了。玉帝大为震怒，将神羊贬下凡间，并罚它生生世世只能吃草。

后来，人们听说玉帝要选十二生肖，就联名推荐羊入选。玉帝看到羊这么受人们的尊敬，便同意百姓的请求，将羊也列入了十二生肖。

石头变成了羊

很久以前的一个村庄里，有一个名叫黄初平的牧羊人。他心地善良、乐于助人、孝敬父母，在村子里很受人们欢迎。

一天，黄初平像往常一样在山上牧羊。一个修炼有成的道士在远处看到了他，觉得他气质超群，于是走到黄初平身边仔细打量了一番。道士认为他是个可造之才，将来一定大有作为，就向黄初平说明了自己想收他为徒的想法，黄初平答应跟他到金华山上修炼道术。

到了金华山后，黄初平就跟随道士进入石室修行，他在石室里努力学习各种道术，从未有过丝毫懈怠。四十年后，黄初平练成了法术，于是向道士告别准备回家去。

当年，黄初平被道士带走后，他的父母整日以泪洗面。日子一天天过去，黄初平的父母因思念儿子而日渐苍老，黄初平的哥哥不忍心父母这样伤心难过，便决定暂时放下牧养多年的羊群，出去寻找弟弟。

时隔多年，哥哥终于在金华山找到了正打算回家的黄初平，兄弟俩拥抱着哭了很长时间，各自诉说多年的遭遇和思念。哥哥还告诉黄初平羊群已经被遣散了，说到这里，哥哥忍不住流泪。

黄初平笑着说："哥哥不用担心，父母和羊群都很平安。"黄初平带着哥哥往家里赶。当他们走到放羊的山上时，只看到了一块块石头，根本没有什么羊群。哥哥伤心地说："羊群果然都没有了。"

黄初平微笑着说："哥哥，你看，羊不是在这里吗？"只见黄初平往石头上一指，一块块的石头瞬间变成了一群雪白的绵羊。

哥哥看着黄初平兴奋地说："弟弟，你太厉害了，这么多年，

你果真修炼成功了，哥哥真替你高兴！"最后两个人赶着羊群一起回家了。

生肖成语

歧路亡羊

有一天，哲学家杨朱的邻居丢了一只羊。邻居很着急，四处找人帮忙找羊，可是找了半天仍然没有找到。邻居觉得杨朱家仆人和弟子众多，如果杨朱帮忙，找到羊的机会就更大。于是邻居来到杨朱家，说道："先生，实在抱歉打扰您，您能不能叫您的仆人和弟子帮忙找一下我的羊啊？"杨朱听了很是纳闷儿，不就是一只羊嘛，至于兴师动众地让这么多人去找吗？可他又不好意思驳邻居的面子，只好说道："帮忙没问题，但我有一事不解，因为一只羊，而让全村的人都去找，未免有些小题大做了吧！"

邻居听了杨朱的话，苦笑了一声，然后说道："我也不想这样劳烦您，可是先生您有所不知，在这个村子尽头有很多岔路口，羊不知道会走哪条路，如果人少的话肯定很难找到的。"

杨朱还是将信将疑，可话既然说出口了，也不好收回，于是便叫了几个仆人和弟子前去帮忙找羊。过了很长一段时间，杨朱家的仆人和弟子以及那个邻居都回来了。杨朱连忙问他们："找到羊了吗？"邻居无奈地摇摇头说："没有，弄丢了。"杨朱惊讶地质疑道："这么多人去找一只羊还是找不到?"邻居回答说："村子外边的岔路上还有岔路,我们不知道羊到底去了哪条岔路,况且天色已晚,就算我们这些人都去找也来不及了,只能原路返回了。"

杨朱听后沉默了,他的神情严肃而又忧郁。他的弟子还以为先生是因为找不到羊而沮丧,于是安慰道："先生,只不过丢了一只羊而已,找不到就找不到了,您不用这样难过。"可杨朱摇摇头,还是没有说一句话。后来,有个弟子将此事告诉了一个叫心都子的人,心都子听后对那个弟子说道:"岔路太多,羊才容易迷失方向。同样的道理,读书做学问,也会出现各种各样的岔路,那就是各执己见的种种学说。读书人身在五花八门的学说之中,就好像处在纵横交织的岔路上,很容易因为岔路太多而误入歧路,错失真理,最终徒劳无获。这才是你的老师忧郁的原因啊!"后来,这个故事演变成了一个成语——歧路亡羊。比喻因情况复杂多变而迷失方向,误入歧途。

趣味知识库

你听说过"全羊席"吗?"全羊席"是伊斯兰教的"圣席",是最上等的宴席,分为早、中、晚三席,每席二十七个菜,先上茶点,再上饭点、菜肴,最后上汤。后来我国古代宫廷里也出现了"全羊席"。不过,宫廷"全羊席"是在"圣席"和"满汉全席"的基础上发展而来的,有七十二道菜,席首摆羊头,头面朝外(向下看),表示开席;席尾摆放羊尾,摆放方式与羊头相同,表示终席。

申猴

灵敏好动

　　猴位于十二生肖的第九位,对应的地支为申,它们顽皮可爱、技艺超群。"猴"与"侯"同音,所以猴有仕途通畅、封侯拜相的意思,象征着加官晋爵;猴子爱吃桃子,而桃子在古时代表长寿,所以猴子还象征长寿。

生肖特点

活泼好动

　　在动物中,猴子的个头属于中等,它们有着发达的四肢和超强的抓握能力,正是这些生理特点,才让它们能够在树枝间灵活地跳来跳去。猴子手和脚的指头是分开的,大拇指能交叉握在一起,而且能灵活地抓取东西。大家对《西游记》这部影视剧都不陌生,在这部剧中,

孙悟空神通广大、聪明勇敢，演员将猴子活泼好动、上蹿下跳、抓耳挠腮的特征演绎得十分生动。

吉祥灵物

古时候，人们认为猴子通灵性，象征着吉祥、富贵，所以年画上、建筑上常常出现猴子的形象。人们有时会将猴子与白鹿、仙桃、蝙蝠雕在一起，表示封侯与福、禄、寿相互对应。

传说吃了蟠桃的人能长生不老，因为在神话故事中孙悟空吃了蟠桃，所以猴子又象征着"长生不老"。现在，人们为家里的老人祝寿时，常在厅堂挂一幅"九只猴子攀缘一棵松树"的图画，象征着长寿。

多才多艺

猴子有着发达的大脑，据说猴子的智商相当于幼儿园孩子的水平。猴子很善于模仿，在人类的驯化下可以完成穿衣服、翻跟斗、骑车、骑羊等高难度动作。因为猴子模仿人看起来十分滑稽可爱，因此，古时候有的人专门以训练猴子为营生，猴戏表演也是人们非常喜欢的节目。自汉代起，皇家百戏中就有猴戏表演；南朝陈时百戏中有"猕猴幢伎"节目；唐代，猴戏开始在民间表演，称作"弄猢狲"；宋朝，猴戏在民间传播范围扩大，民间艺人多在街头巷尾耍猴，那些猴子可以翻跟头、拿大顶、戴鬼脸、穿衣服、爬竿、向人行礼等。

生肖习俗

画猴、剪猴

由于猴子代表着富贵，有"封侯拜相"的美好寓意，所以民间与猴子相关的绘画和剪纸非常多。例如，一只猴子骑着

谚 语 荟 萃

杀鸡给猴看。
猴子不上树，多打几下锣。
没有不上竿的猴。
猴子手里掉不出干枣。

一匹马的剪纸图案，寓意是"马上封侯"；猴子爬树，树下是一头跪着的象，旁边有一只蜜蜂的画，寓意是"封侯拜相"；等等。

护娃猴

在我国传统文化中，有灵猴保平安的说法。在山西、陕西、内蒙古等地的农家炕头上常雕刻着一只小石猴，人们会拿出一根红绳子，一头拴在石猴腿部的圆孔上，另一头拴在六七个月大的孩子的腰上，在石猴的庇佑下，可以防止孩子从炕上摔下去，并寓意着孩子长大后能像猴子一样聪明伶俐。

摸石猴

每年春节期间，北京的白云观都会举办民俗庙会，人们纷至沓来，来这里"摸猴"。在北京流传着这样的说法："神仙本无踪，只留石猴在观中。"观内有三只小石猴，藏在不同的地方，人们只要去游览就会摸摸石猴，以祈求平安吉祥。但也有"三猴不见面"之说，意思是人们若不诚心寻找，便难以见到石猴。

生肖纪年

纪年：猴年

猴年对应的年份有：1980 年，1992 年，2004 年，2016 年，2028 年等。

纪月：猴月

猴月又称"申月"，对应的月份为农历七月，这时正处于立秋至白露阶段。"申"有伸展的意思。这个时间段阴气逐渐形成，植物枝繁叶茂，枝头开始结出丰硕的果实。

纪时：申时

猴对应的时辰为申时，即下午 3 时到 5 时这段时间。此时，太阳已经向西偏移，天气变得清爽宜人，林间的猴子变得非常活跃，成群结队地出来玩耍嬉闹，而且猴子最喜欢在此时啼叫。

生肖故事

猴入选十二生肖的故事

相传，自从老虎被玉帝封为"百兽之王"后，森林里的动物们对老虎又敬又畏，谁也不敢再轻易去接近老虎。老虎虽然威名远扬，却总感觉少了点什么。

老虎每天都在森林里巡视，维护着森林的治安。渐渐地，它已习惯了独来独往的日子。有一天，老虎照常来到森林里巡视，竟然一时大意落入了猎人设下的猎网之中。老虎拼命挣扎，可是这网实在是太结实了，老虎怎么也挣脱不了。眼看猎人就要过来了，在这危急关头，恰巧一只猴子从这里路过，老虎连忙呼喊猴子："猴兄，快来救我！"猴子见老虎被困在猎人的网中，毫不犹豫地赶上前去，爬到树上，费了好大劲儿解开了网绳，救出了老虎。

老虎脱险后，自然对猴子很感激，但心里总感觉有些不得

劲儿，老虎心想：我堂堂百兽之王，居然中了猎人的圈套，还被一只小小的猴子搭救，真是威风扫地。如果传出去，我还怎么服众？不如直接除掉猴子，以绝后患！老虎想到这里，眼睛里露出了凶光。

老虎皮笑肉不笑地对猴子说："猴兄，今天多亏了你，不然我的命就要保不住了啊！我该怎么报答你呢？"起初，猴子还以为老虎是真心感谢自己，不禁有些沾沾自喜。可是，当它看到老虎那凶狠的眼神时，禁不住打了一个寒战。聪明的猴子这才意识到，老虎这是在警告自己呢！猴子明白想要保全自己，最好的办法就是将敌人变成朋友，于是连忙赔着笑说道："我什么也没做，什么也没看到，如果虎兄瞧得起我，我愿和您成为朋友，其他的事绝口不提！"老虎听了猴子的话，心想：猴子救了我，我却想要杀了它，实在有些说不过去。而且，我确实缺少朋友。想到这里，老虎决定放过猴子，于是就和猴子成了朋友。

此后，猴子果真对老虎遇险的事一字未提。老虎保全了面子，也多了个朋友。猴子也因为有老虎这样的兄弟助威，森林中的动物都不敢小瞧它。老虎外出的时候，猴子还会代老虎行镇山之令，从此便有了"山中无老虎，猴子称大王"的说法。后来，玉帝选生肖时，老虎还举荐猴子入选十二生肖，玉帝见是百兽之王老虎举荐的，就将猴子也列入十二生肖了。

忠肝义胆的猴子

传说，在五代十国时期，吴越国南坡一带住着一位老人，他没有兄弟姐妹，也没有妻子儿女，独自一人住在一个茅草屋里，生活十分困苦。

一天，老人上山采果子，在回家途中发现路上躺着一只猴子。老人走近一看，发现这只猴子受伤了。善良的老人将猴子带回了家。为了帮猴子治伤，老人每天都出去采药。日子一天天过去，在老人的精心照料下，猴子慢慢痊愈了。老人见猴子的伤已经好了，曾多次放猴子归山，但猴子总是很快就回来了，老人便将它留了下来。

老人独自生活时就非常艰难，如今多了一只猴子，生活更加困苦了。该怎么办呢？这可愁坏了老人。老人心想：我居住的地方离城不远，听说猴子很有灵性，不如就教猴子一些本领，然后去城里赚点钱，养活我们两个吧。

在老人的教导下，聪明伶俐的猴子很快就学会了很多技艺，老人带猴子到城里表演的第一天就赢得了众人的喝彩，这样一来，老人和猴子就不用为吃食发愁了。老人非常高兴，更加疼爱这只重情重义的猴子了。

时光飞逝，不知不觉老人和猴子相处了十多年，老人早已白发苍苍，身体也一天不如一天。一天，老人突然觉得心口疼痛难忍，过了一会儿竟倒地不起。通人性的猴子见到老人身体不适，赶紧跑到邻居家，用嘴叼着邻居的衣襟，将邻居拉到了家里。不幸的是，老人已经不在人世了，猴子哀鸣一声，仿佛在为老人送行。

几天后，猴子独自进城，跪在路边向路人要钱。城里的人都认识这只猴子，见老人不在，猜想老人可能生病了，纷纷给了猴子一些钱。猴子拿着这些钱，找到一家棺材铺，店主人似乎明白了猴子的用意，用猴子给的钱选了一副棺材，还让人料理老人的后事。

老人被埋葬后，猴子先是在墓前跪拜，然后找来一些干柴，把火点燃，哀鸣几声后，纵身跳到烈焰中。人们对猴子的忠肝义胆感动不已，把猴子埋在了老人墓旁边，并立碑"义猴冢"。

生肖成语

水中捞月

有一天，一群猴子在森林里玩耍，它们在丛林间上蹿下跳，好不快活。有一只小猴独自跑到林子旁边的一口井旁玩耍，它趴在井沿，往井里一伸脖子，忽然大叫起来："不得了啦，不得了啦！月亮掉到井里去了！"原来，小猴看到井里有个月亮。

一只大猴听到叫声，跑到井边朝井里一看，也大吃一惊，跟着大叫起来："糟了，糟了，月亮掉到井里去啦！"它们的叫声惊动了猴群，老猴带着一大群猴子都朝井边跑来。当它们看到井里的月亮时，一起惊叫起来："哎呀，完了！月亮真的掉到井里去了！"猴子们叽叽喳喳地叫着、闹着。最后，老猴说："大家别嚷嚷了，我们快想办法把月亮捞起来吧！"众猴都积极响应老猴的建议，加入捞月的队伍中。

井旁有一棵老树，老猴率先跳到树上，头朝下倒挂在树上，其他的猴子就依次一个个你抱我的腿，我钩你的头，挂成一长条，头朝下一直深入井中。小猴子体轻，挂在最下边，它的手伸到井水中，就可以抓住月亮了。众猴想：这下我们总可以把月亮捞上来了。它们很高兴。

小猴子将手伸到井水中，对着明晃晃的月亮抓了一把，可是除了抓住几滴水珠，怎么也抓

不到月亮。小猴子这样不停地抓呀、捞呀，折腾了老半天，依然捞不着月亮。倒挂了半天的猴子们觉得很累，都有点支持不住了，纷纷开始埋怨："快些捞呀，怎么还没捞起来呢？"有的叫着："哎呀，我撑不住啦！撑不住啦！"

老猴子也渐渐腰酸腿疼，它猛一抬头，忽然发现月亮依然在天上，于是它大声说："不用捞了，不用捞了，月亮还在天上呢！"

众猴这才抬头朝天上看去，果然，月亮好端端地在天上挂着呢！后来人们常用"水中捞月"这一成语比喻去做根本做不到的事情，只能徒劳无功。

趣味知识库

当大人形容一件事情遥遥无期的时候，总是用"猴年马月"这个词语，这是为什么呢？这与猴子和马的特点有关。猴子灵活好动，马擅长奔跑，这两种动物凑在一起，给人一种摸不着头脑的感觉，所以人们就用"猴年马月"来形容事情没有着落、没有盼头。

酉鸡

守信准时

鸡位于十二生肖的第十位,对应的地支为酉,它们头脑灵活、敬业守时。"鸡"和"吉"同音,所以鸡象征着吉祥;鸡头上有冠,而"冠"与"官"同音,因此鸡也象征着高官厚禄;《艺林伐山》中说"日中有金鸡",因此鸡也象征着光明。

生肖特点

敬业守时

早起报时是公鸡独有的特点,每当早晨天刚蒙蒙亮的时候,公鸡就会站在高处,伸长脖子"喔喔喔"地打鸣,似乎在提醒人们该起床了。古代没有准确的计时工具,百姓们起床劳作主要依靠公鸡打鸣报时,无论严寒酷暑、风霜雨雪,公

鸡都会准时叫人们起床，非常敬业。所以，鸡一直是人们喜爱的动物。

护雏爱子

鸡妈妈对鸡宝宝非常爱护，鸡妈妈在进食时，经常将食物分享给鸡宝宝吃。鸡妈妈在领着鸡宝宝觅食散步时，如果感觉其他动物对鸡宝宝有敌意，就会第一时间站出来，展开翅膀，将鸡宝宝护在自己的羽翼之下。如果有谁想要伤害它的宝宝，鸡妈妈就会用尖嘴使劲地啄对方。如果不慎被鸡啄到，就要疼很长时间了。所以不要随意"侵扰"鸡宝宝，否则就会被鸡妈妈啄伤。

生肖习俗

长命鸡

以前，河北、山东一带有用长命鸡为聘物的婚俗。男女

谚 语 荟 萃

偷鸡不成蚀把米。
家鸡打得团团转，野鸡打得贴天飞。
鸡儿不吃无工之食。
手无缚鸡之力。

双方定好结婚的日子后，男方要准备一只公鸡，女方要准备一只母鸡。女方出嫁那天，由自己未成年的弟弟或其他男孩抱着母鸡，跟着花轿出发。需要注意的是，新娘一定要在男方家里的公鸡啼鸣之前到达男方家里，意思是公鸡还在睡觉，母鸡却早已醒来，寓意是希望女方在气势上压倒男方，不受男方欺负。

　　到了男方家，男方要将事先准备好的公鸡交给抱母鸡的男孩，男孩要将公鸡和母鸡一起拴在桌腿上，时不时地拍打公鸡，直到公鸡疲惫不堪，意思是希望妻子以后管束丈夫。婚礼结束后，这两只鸡也不能宰杀，所以被称为长命鸡。

迎春公鸡

　　我国汉族有在立春日佩戴"迎春公鸡"的习俗，这个习俗流行于山东滕州、费县、曲阜等地区。立春前，妇女用花布裹棉花做成菱角形状，一个角顶端缀以花椒仁做鸡眼，另一角缝几根花布条做鸡尾，然后戴在孩子的左衣袖上，寓意新春吉祥。

公鸡拜

我国东南沿海地区及海岛地区的渔民有公鸡拜的婚俗。男女双方同意结亲后，会约定婚期。如果新郎在海上遭遇风暴，无法在婚期这天赶回来，男方家里人会找一只公鸡与新娘拜堂。拜堂结束后，在公鸡的颈上系一块红布，关进洞房，用饭食喂养，待新郎平安归来后，才能将公鸡放出来，这就是公鸡拜的习俗。

生肖纪年

纪年：鸡年

鸡年对应的年份有：1981 年，1993 年，2005 年，2017 年，2029 年等。

纪月：鸡月

鸡月又称"酉月"，对应的月份为农历八月，这时正处于白露至寒露阶段。"酉"本意为盛酒的容器，引申为成熟。到了这个时候，万物都已成熟，到处都是瓜果的香味和丰收的喜悦，"鸡"又和"吉"谐音，所以农历八月又被称为"吉月"。

纪时：酉时

鸡对应的时辰为酉时，即下午 5 时到晚上 7 时这段时间。此时，太阳即将落山，夜幕降临，在白天四处觅食活动的鸡开始归巢休息。

生肖故事

鸡入选十二生肖的故事

鸡听说玉帝正在选十二生肖，它也想要参加。鸡得知玉帝是依据动物们对人类的贡献来挑选生肖，可是它想来想去也不知道自己对人类有什么贡献。眼看着其他动物一个接一个地入选了，鸡心里非常着急，就跑去询问马："马大哥，请问怎样才能入选生肖榜呢？"

马慢悠悠地答道："要想入选生肖榜，得看你对人类有没有功劳。你看我，我平日里帮人们运送货物，打仗时又帮助将士们冲锋陷阵，而牛大哥整天帮农民辛劳地耕田犁地……所以，我们都对人类有贡献，玉帝才准许我们入选生肖榜的。"

鸡听了马的这番话，陷入了沉思："马大哥、牛大哥都有各自的特技，在各自的岗位上发挥着自己的优势，贡献着自己的力量。那我呢？我有什么特技？我能帮人类解决什么困难？"鸡吃饭想，走路想，还经常去人类活动的地方观察，看有什么可以帮到人类的地方。终于，鸡发现人类每天起床都没有规律，经常因为起得不准时而误了耕作的时机。鸡想到自己天生就有一种准时起床的能力，还有一副金嗓子，心里想："这不就是我的特长吗？我可以每天用嘹亮的嗓音准时叫醒沉睡的人类，让他们早起劳作。这不也是一种贡献吗？"

就这样，鸡每天早早地起来，站在高高的架子上，高昂着头打鸣，告诉人们天亮了。渐渐地，人们习惯了每天听着鸡的啼鸣起床，准时下地干活儿。

一天晚上，鸡梦到自己向玉帝哭诉："我每天守夜报晓，没有功劳也有苦劳！为何我不能入选生肖榜呢？"鸡泪流不止，玉帝听了鸡的话觉得很有道理，就顺手摘下殿前一朵红花，戴在了鸡的头上。等到第二天醒来，鸡发现自己的头上真的多了一朵红色的像花一样的鸡冠，又想起昨晚的梦，才明白玉帝已经将自己选为生肖。鸡从此成了报晓的生肖。直到今日，鸡依旧每天拂晓时分准时打鸣，无论刮风下雨、严寒酷暑，从未间断。

祝鸡翁养鸡

西汉文学家刘向著的《列仙传》中，记载着这样一个故事。据说，洛地住着一个姓祝的老人，他最擅长的事情就是养鸡，因此当地人称他为祝鸡翁。听说他在一个地方养了一千多只鸡，人们对这件事情感到奇怪：祝鸡翁养那么多只鸡，是怎么做到使每只鸡都能健壮有力，从来不生病的呢？

当地的养鸡人带着这个疑问来到了祝鸡翁养鸡的地方，让人惊讶的是，这些人并没有看到成群结队的鸡，只有几只鸡在"散步"，连鸡舍也没有。一个人问："祝鸡翁，听说你养了一千多只鸡，请问你养的鸡都在哪里呢？"

祝鸡翁指着地上的几只鸡说："这些就是我养的鸡呀！"

又有人说："怎么没见鸡舍？没有鸡舍，这些鸡住在哪里呢？"

祝鸡翁笑着说："我没有建鸡舍，这片天地就是鸡舍。"然后指着远处的大山说："至于其他的鸡嘛，它们现在都在深山里觅食、散步呢。"

听到祝鸡翁的话，来的人七嘴八舌地议论着，一个人站出来不解地说："你这样任由这些鸡到处乱跑，万一抓不回来怎么办？"

祝鸡翁大笑道："我从来不去抓鸡，我养的鸡白天自由活动，晚上就在周围的树上栖息，如果我想让它们回来，只需要叫一下它们的名字就行了！"

人们更加不解了，纷纷表示怀疑："我们不会听错了吧，鸡也有名字？"

祝鸡翁回答："你们没有听错，我养的鸡都有名字，我对待它们就像对待自己的孩子一样，所以从来不会建鸡舍把它们关起来，也不会强迫它们吃食物，而是让它们自己觅食，在这片天地中自由地来去、生长。"听到祝鸡翁这番话，人们更加敬佩祝鸡翁了，祝鸡翁会养鸡的名声也越来越大。

祝鸡翁晚年时，把自己养的鸡全部卖掉了。他用这笔钱去游山玩水，最后隐居在吴国的一座深山中。相传，祝鸡翁在山里养了很多孔雀和白鹤，在孔雀和白鹤的陪伴下度过了余生。

生肖成语

鹤立鸡群

嵇康是三国时期魏国著名的文学家、音乐家。他学识渊博、性情豪爽，人又长得英俊魁梧，非常引人注目。

嵇康的儿子嵇绍也是一个身材魁梧、仪表堂堂的人。他无论走到哪里，都显得特别出众。

后来，嵇绍被征召到京都洛阳做官。就在嵇绍刚到洛阳时，有个人对嵇康的好友王戎说："那天我见到了嵇绍，他长得实在是英俊挺拔，在人群中就像一只仙鹤站在鸡群里那样出众。"王戎听了，说："你还没有见过他的父亲嵇康呢，比他更出众！"

一次，嵇绍跟着皇帝出征打仗，结果被敌人包围，其他人都只顾着自己逃命，只有嵇绍保护着皇帝，被敌人杀死了。

大家都把他视为英雄。

　　这个故事演变成了一个成语——鹤立鸡群。比喻一个人的才能或仪表在一群人里显得很突出。

趣味知识库

　　公鸡能准时打鸣报时，跟它体内的一个器官——松果体有关。松果体在夜间能分泌褪黑泌素，这种物质对太阳光非常敏感，所以，破晓时分，公鸡在褪黑泌素的刺激下就会打鸣报时。小朋友们可能会发出这样的疑问：阴天、下雨天是没有太阳的，没有了太阳光，褪黑泌素无法发挥作用，为什么公鸡依然会打鸣报时呢？这是因为公鸡已经形成了这种习惯，所以就算没有太阳光刺激褪黑泌素，公鸡依然会按时打鸣。

戌狗

赤诚相待

生肖解读

狗位于十二生肖的第十一位，对应的地支为戌，它们忠诚、善良。古书《述异记》中记载，魏晋时期的陆机养的一条名叫"黄耳"的狗，为了帮助主人送信，最终劳累过度而死，所以狗象征着忠诚；民间常有"猫来穷、狗来富"的说法，所以狗还象征着富贵。

生肖特点

嗅觉灵敏

狗的鼻子里有很多褶皱，表层黏膜上布满了嗅觉细胞，这些细胞可以非常灵敏地将各种微弱的气味传给大脑。另外，狗的鼻尖上也分布了许多嗅觉细胞，同样非常灵敏。因此，狗能依据自己留下的气味返回自己的家，同时能用灵敏的嗅觉帮助人类工作。

忠诚无比

狗是人类的好朋友，它忠诚的品质是家喻户晓的。看家护院是狗的职责，它会尽自己所能干好自己的本职工作，不管主人是贫穷还是富贵，它都会一心一意地对待主人，所以民间有这样的话："子不嫌母丑，狗不嫌家贫。"当养狗人遇到危险时，狗会毫不犹豫地保护主人，有时还会以性命相搏。这就不难理解人们为什么喜欢狗了。

生肖习俗

挂艾狗

四川古蔺县一带有端午节挂艾狗的习俗。每年农历五月初五，当地村民会将采摘的艾草和菖蒲扎成狗的形状，再系上一颗大蒜和一片肉，并在上面涂抹雄黄酒，做成一个艾狗。人们将艾狗挂在自家门口，以辟邪求福，祈祷风调雨顺，万事顺遂。

赶狗节

赶狗节是流行于江苏镇江丹徒区一带的习俗。每年农历四月初八，当地每家每户都会捏一种泥狗和一种面狗。等到晚上月亮出来时，妇女们就将这两种狗拿出去，把泥狗倒入河塘，然后放鞭炮，再把面狗带回家蒸了吃，以求地里的庄稼免遭狗的践踏和破坏，获得丰收。

生肖纪年

纪年：狗年

狗年对应的年份有：1982 年，1994 年，2006 年，2018 年，2030 年等。

谚语荟萃

狗仗人势，雪仗风势。
狗嘴里吐不出象牙。
虎落平阳被犬欺。
不声不响的狗，比张牙舞爪的更危险。

纪月：狗月

狗月又称"戌月"，对应的月份为农历九月，这时正处于寒露至立冬阶段。"戌"有体恤、怜悯之意，而"戌月"正处于秋收冬藏的时候，收获来之不易，所以要懂得体恤劳动人民的辛苦。

纪时：戌时

狗对应的时辰为戌时，即晚上 7 时到 9 时这段时间。古人一般讲究"日出而作，日落而息"，此时正是闭门休息的时候，而狗休息了一天，在这个时间段开始活跃起来，帮助人们看家护院，所以在这个时间段经常听到"汪汪汪"的狗吠声。

生肖故事

狗入选十二生肖的故事

玉帝挑选十二生肖的一个很重要的考核标准就是看动物们对人类是否有贡献。动物们为了能被选上十二生肖，都使出浑身解数来证明自己才是对人类贡献最大的动物。

传说玉帝选十二生肖之前，狗和猫原本相处得很融洽，基本没有什么矛盾。自从狗和猫听说玉帝选生肖的消息后，为了能在十二生肖中争得一席之地，它们的关系开始变得紧张起来。

狗和猫开始互相看对方不顺眼。猫看到狗正懒洋洋地趴在门口晒太阳，阴阳怪气地说道："我说狗大哥啊，你整天就知道晒太阳，汪汪乱叫，吃得还那么多，你怎么不为人类多做些事情呢？"

狗听了气不打一处来，反唇相讥地说道："我说猫老弟，你整日挑肥拣瘦，围着主人喵喵乱叫，还总是睡懒觉，人类那么爱护你，你也应该为人类多做些事情才对啊！"

猫听了自然不甘示弱，说自己为人类抓老鼠除害，对人类贡献最大。狗说自己为人类看家护院了，自己的贡献最大。狗和猫争执不下，于是前去找玉帝评理。玉帝见到它们，先问狗："你每顿吃多少？"

狗老实地回答说："我每日看门守院，一顿一盆。"

玉帝又问猫："你一顿吃多少呢？"

猫用爪子挠挠头，灵机一动说："我擅长抓老鼠，能够自食其力，每顿只吃一灯盏即可。"

玉帝听完狗和猫的话，定夺道："猫为民除害，吃得少干得多，自然贡献比狗大！"

狗一听，气愤极了，想要辩解，

奈何嘴笨不知道从哪儿说起，急得抓耳挠腮直冒汗，看到猫得意扬扬的样子，恨不得扑过去把猫一口咬死。可在玉帝面前，狗不敢肆意妄为。一出玉皇大殿，狗就向猫扑过去，谁知猫灵巧地躲开了，并一路小跑回了家。猫知道狗吃了亏，肯定不会善罢甘休，进了家以后再也不敢轻易露面。

到了争夺十二生肖排位那天，没想到天官误解了玉帝的旨意，将选拔生肖的标准由对人类的贡献大小理解成了按动物们到来的先后顺序排位，谁先到谁就排前边。狗得知后，趁猫躲避它的机会，抢先赶到了天庭，就这样，狗排到了十二生肖的第十一位。

黄狗救主

相传在很久以前，有一个山东商人，他离开家乡到安徽芜湖做生意。在芜湖的这几年，这个商人每天起早贪黑，后来攒够了足够的钱，打算回家乡。

这天，商人在当地租了一条船，打算乘船回家，正在他准备出发时，一阵狗叫声引起了他的注意，他探出头一看，原来是岸边的屠夫正在费力地捆绑一条黄狗，打算把它捉回去宰杀。听着这条黄狗凄惨的叫声，商人动了恻隐之心，于是花钱从屠夫手里买下了这条黄狗，还把它带在身边好生喂养。

奸诈的船家见商人竟然肯花钱买一条狗，觉得他身上必定有很多银两，便起了歹意。夜里，船家趁商人不注意，偷偷将船行驶到了一个偏僻的地方，把商人用被子裹起来，用绳子捆住，又将他丢到了河里。

黄狗见商人被丢到河中，就不假思索地跳入河中，想要救起商人。但是，黄狗的力量实在太小了，它根本没有办法解救商人，只好死死地咬住用来裹商人的被子。不知过了多长时间，黄狗和商人在水流的作用下漂到了岸边，此时，商人已经完全昏迷了，无论黄狗如何叫，商人都没有任何动静。

黄狗飞快地跑到附近一户人家求助，在黄狗的"哀求"下，村民来到了岸边，救起了商人，还请来大夫为商人医治。商人醒来后，村民将事情的经过告诉了商人，商人这才知道原来是黄狗救了自己，心中十分感激。可惜的是，商人醒来了，黄狗却不见了。

几天后，黄狗突然出现在村子里，商人和村民们高兴极了。商人正要抱住黄狗，谁知黄狗扭头就走，商人跟着黄狗来到了岸边，黄狗一下子咬住一个船夫的裤腿不肯放开。商人走近一看，原来这个船夫就是把自己丢入水中的坏人，便抓住了这个船夫，将他捆绑起来，还在船上找到了自己被抢的银两。

一段时间后，商人的身体完全康复了，带着这条黄狗返回了家乡。

生肖成语

鸡鸣狗盗

秦昭王一直很欣赏齐国相国孟尝君，于是邀请他来秦国。孟尝君带领许多门客来到秦国，为秦昭王献上了许多礼物，其中一件珍贵的白狐裘，最令秦昭王爱不释手。后来，秦昭王想拜孟尝君为相国，但遭到一些大臣的反对。大臣们认为孟尝君是齐国的贵族，任用他为相国，对秦国有所不利；但如果放他回齐国，因他已经掌握秦国内部的情况，这对秦国更不利。经过再三考虑，秦昭王决定将他软禁起来。

秦昭王的弟弟泾阳君偷偷地向孟尝君通信，还为他出主意，让他买通秦昭王的爱妃燕姬，让她帮助孟尝君在秦昭王面前说好话。

孟尝君取出精美的白璧送给燕姬，但燕姬只想要白狐裘。

可唯一的一件白狐裘已经献给秦昭王了，孟尝君对此左右为难。这时，有一个门客挺身而出，说："我可以替您分忧，把献给秦昭王的白狐裘偷出来！"

孟尝君不解地问："宫内戒备森严，你准备怎样去偷呢？"

那个门客说："我准备装扮成一条狗，夜里潜进宫中去偷！"当天夜里，那个门客便从狗洞钻进宫内，偷到了那件白狐裘。燕姬得到白狐裘之后，马上说服秦昭王放了孟尝君。

孟尝君怕秦昭王反悔，于是马上带领门客动身离开了秦国的都城。他们来到边境的函谷关时，天还没有亮，城门未开，按规定得等鸡鸣才能开门。这时，有一位门客竟学起了鸡叫，城内的鸡听到了叫声，也跟着啼叫起来。守关的士兵听到后，就打开了城门。孟尝君等人顺利地过了关卡，回到了齐国。后来，秦昭王果然反悔，但当他派人追到函谷关时，孟尝君早已出关回国了。后来，人们便使用"鸡鸣狗盗"这一成语借指微不足道的技能，也泛指小偷小摸的行为。

趣味知识库

小朋友，在炎热的夏天，你见过狗吐舌头吗？为什么天气一热，狗就要不停地吐舌头呢？其实，这与狗的身体构造有关。狗是哺乳动物，它们的汗腺不在身上，而是长在舌头上。夏天天热时，狗的体温随气温上升，身体无法散热，就把舌头吐出来，让体内的热量通过舌头散发出来。

亥猪

憨厚乐观

猪位于十二生肖的第十二位，对应的地支为亥，它们憨厚可爱、自信忠诚。在中国民间，猪象征着财富。

生肖特点

聪明灵敏

别看猪行动起来非常笨拙，总给人一种憨傻的感觉，其实，猪是一种非常聪明的动物，即使跑到离家很远的地方，它们依然能凭借其聪明的头脑和灵敏的鼻子找到回家的路。据说，猪的鼻子能闻到地下数尺的气味呢！

干净卫生

　　猪圈里的猪总是脏兮兮的，所以我们总认为猪是脏的代名词，其实，猪的本性是很爱干净的。猪在大小便时都会选择远离吃和睡的地方。在野外，猪很喜欢跳进水里洗澡。后来因为人们不给它们供应干净的洗澡水，猪只能将就着用脏水来洗，结果越洗越脏。所以，不要再说猪脏了，它们是不得已啊！

生肖习俗

结婚送猪蹄

　　陕西一带有结婚送猪蹄的婚俗。结婚前一天，男方要准备"礼吊"，也就是准备四斤猪肉、一对猪蹄送到女方家，然后女方要退回猪前蹄。等婚后第二天，夫妻两个人带双份挂面

谚语荟萃

种田不养猪，守着瘦苗哭。
攒在猪身上，遇难有指望。
死猪不怕滚水烫。
扮猪吃老虎。

及猪后蹄回女方家，留下挂面，退回后蹄，俗称"蹄蹄来，蹄蹄去"，表示两家人今后要密切往来。

肥猪拱门

自古以来，猪在一定程度上代表了中国家庭的经济情况，是与丰收、富裕等观念联系在一起的。我国的天津、河北等地，在春节时人们喜欢在门窗上贴一种叫"肥猪拱门"的窗花，门窗左右各贴一张，寓意吉祥富足。

贴秋膘

在古代，胖、瘦是人们鉴定是否健康的一个标准。人们认为肥胖的人身体健壮，是健康的标准；清瘦的人身体虚弱，被视为不健康。因此，人们会在立秋这天称重，将此时的体重与立夏这天称的体重做比较，如果体重减轻了，就叫"苦夏"，那么这个人就需要吃些美食补一补身体，即"贴秋膘"。当时，人们认为吃猪肉最能"贴膘"，所以在立秋这天，人们会吃猪肘子、红焖肉等，渐渐地便形成了立秋这天吃猪肉补身体的习俗。

生肖纪年

纪年：猪年

猪年对应的年份有：1983 年，1995 年，2007 年，2019 年，2031 年等。

纪月：猪月

猪月又称"亥月"，对应的月份为农历十月，此时正处于立冬至大雪阶段。"亥"有草根的意思。十月是阴气强盛的时候，而阳气处于地下略有所动，这时正是阴阳将要交替的过渡阶段。

纪时：亥时

猪对应的时辰为亥时，即晚上 9 时到 11 时这段时间。此时，万物开始归于平静，而猪爱吃爱睡，此时它早已进入梦乡，鼾声如雷，这样的鼾声在安静的夜晚格外突出。

生肖故事

猪入选十二生肖的故事

有一年秋天，人间遭遇了一场罕见的大旱灾，江河湖海的水被烈日蒸发殆尽，田里的庄稼几乎都旱死了，百姓颗粒无收，饥肠辘辘。一时间人间尸横遍野，到处充斥着哀号声。

猪这时正准备参加生肖比赛。它在路上走着走着，恍惚间看到人们黑压压地跪倒一片，向着某个方向磕头祭拜着什么。猪很好奇，便上前询问缘由。一位长者告诉猪说："我们正在这里祈求天庭降雨，如果再不下雨，庄稼就会绝收，我们就要饿死了！"

猪看着人们面黄肌瘦的样子，非常同情，便对老人家说："今天是天庭选生肖的日子，恐怕神仙一时半会儿顾不上降雨。等会儿我上了天庭，一定找机会将这里的情况如实禀告给玉帝，让天庭快快降雨，你们再耐心等一等吧。"

猪刚说完话，众人便痛苦地哀号道："我们要等到什么

时候才是头啊？我们马上就要饿死了，哪儿还等得起呀！"

猪看到大家痛苦不堪的样子，实在不忍心，于是咬咬牙说道："老人家，您不用慌，你们先将我的四条腿砍掉吃吧，先给大家充饥。等我上了天庭，我一定会帮助大家求来雨的！"

老人连连摆手："这怎么能行？今天你要参加生肖排位评选，如果我们把你的腿砍掉，你可怎么去？"

"救命要紧，况且我本来就走得慢，估计到了也早被别的动物抢先了。"猪半开玩笑地说道，"好了，不要担心我了，我就算砍了腿还是能吃能喝的。不要犹豫了，不然就真的来不及了。"

人们只得含泪砍掉了猪的四条腿，大家就这样暂时保住了性命。后来，人们为了报答猪的恩情，纷纷请求玉帝将猪列入十二生肖。玉帝听说这件事后，也深受感动，于是破例将猪列入了生肖。就这样，猪排在了生肖榜的第十二位。

逃亡的猪兄弟

很久以前，有一个人在一家客栈投宿，半夜，他被隔壁说话的声音吵醒了，他不好意思去隔壁理论，只好坐起来欣赏月色。没想到，隔壁人说话的声音越来越大。

听了一会儿，住宿的人猜测隔壁说话的是一对兄弟，哥哥说："弟弟，马上就要过年了，主人一定会把我们宰杀，用来办年货。"

弟弟着急地说："哥哥，这可如何是好？不如我们赶紧逃走吧！兴许还能保住一条命。"

哥哥说："我们能逃到哪里去呢？如果被其他人看到了，恐怕我们还是会被抓住宰杀。"

弟弟接着说："我们可以趁着夜色渡河去投靠姐姐，她一直住在对岸王老头家里，那里可能会安全一些。"语音刚落，住宿的人就看到两个黑影从隔壁房间蹿出来，往河边跑去。

住宿的人并没有理会它们，见它们离去，心想自己总算能好好休息了，不久便倒头睡着了。第二天早上，客栈主人敲着住宿人的房门大声喊："客官啊，你是不是把我养的猪偷走了？"

住宿的人愤懑地说："我只是一个投宿的路人，人生地不熟的，怎么会偷你的猪呢！"客栈主人不依不饶地说："昨天晚上只有你一个人到店里投宿，不是你还会是谁？"

住宿的人着急地说："不信的话，你可以搜查我的房间。"

不管住宿的人怎么解释，客栈主人就是不相信他的话。住宿的人转念一想，将昨天晚上的所听所见告诉了客栈主人。客栈主人听了以后半信半疑，在乡长和住宿的人的陪同下，渡河来到了王老头家。果然，他们在王老头家的猪圈里发现了昨天晚上逃跑的猪兄弟。

生肖成语

牧豕听经

东汉时期，有一个叫承宫的孩子，由于家境贫寒，他很小的时候就去给大户人家养猪。承宫虽然家贫，但很好学。离他养猪不远的地方有个学堂，承宫经常听见学堂里学子们琅琅的读书声。承宫很羡慕他们，就趁着养猪闲暇的时候，偷偷地靠在学堂的墙边听里面的先生讲课。承宫有时候听得入神，还会在地上画一画，来帮助自己领会文意。

有一天，承宫像往常一样来到学堂，靠在墙边听里面的先生讲授《春秋》。由于学得很认真、很专注，承宫连下起了大雨都不知道。

教书先生听见哗哗的雨

声，转头向窗外一看，大雨如注，竟然有个孩子正痴痴地立在墙边。先生觉得奇怪，于是出来询问缘由，一问才知道这个孩子叫承宫，是来这里偷学的。承宫请求先生留下他，让他来这里学习。先生看他虽然出身贫寒，但一心向学，很受感动，便将承宫收在了自己门下，并告诉他只要每天为大家拾柴便可免去学费。承宫开心得连连点头，不停地说着："没问题！谢谢先生！"

承宫自从入了学堂，就更加勤奋用功。经过几年的刻苦努力，承宫成了当时有名的博学之人，汉明帝还封他为掌管天下书籍的博士，后来承宫升任左中郎将，声名远扬。后来，人们便用"牧豕听经"这一成语形容努力求学、不断上进的人。

趣味知识库

饲养的猪虽然不需要自己出去觅食，但是一旦将它们放养，它们就会拱地寻找食物。这一特征是它们生来就有的，因为家猪是由野猪驯养而来的，自然继承了野猪的特性。野猪特别喜欢吃长在地下的植物块茎，为了找到自己爱吃的食物，它们会用鼻子将泥土拱开，在这个过程中还能从土壤中获得身体所需要的各种矿物质。

写给孩子的
中国传统文化

中华美德故事

张欣怡◎主编

北京工艺美术出版社

图书在版编目（CIP）数据

写给孩子的中国传统文化．中华美德故事／张欣怡
主编．－－北京：北京工艺美术出版社，2023.4
ISBN 978-7-5140-2577-4

Ⅰ．①写… Ⅱ．①张… Ⅲ．①中华文化－儿童读物②
品德教育－中国－儿童读物 Ⅳ．① K203-49 ② D432.62

中国国家版本馆 CIP 数据核字 (2023) 第 008049 号

出 版 人：陈高潮　　策 划 人：杨 宇　　装帧设计：郑金霞
责任编辑：赵震环　　责任印制：王 卓

法律顾问：北京恒理律师事务所　丁 玲　张馨瑜

写给孩子的中国传统文化　中华美德故事
XIE GEI HAIZI DE ZHONGGUO CHUANTONG WENHUA ZHONGHUA MEIDE GUSHI

张欣怡　主编

出 版	北京工艺美术出版社	
发 行	北京美联京工图书有限公司	
地 址	北京市西城区北三环中路6号　京版大厦B座702室	
邮 编	100120	
电 话	(010) 58572763（总编室）	
	(010) 58572878（编辑室）	
	(010) 64280045（发 行）	
传 真	(010) 64280045/58572763	
网 址	www.gmcbs.cn	
经 销	全国新华书店	
印 刷	天津海德伟业印务有限公司	
开 本	700 毫米×1000 毫米　1/16	
印 张	8	
字 数	46千字	
版 次	2023年4月第1版	
印 次	2023年4月第1次印刷	
印 数	1~20000	
书 号	ISBN 978-7-5140-2577-4	
定 价	199.00元（全五册）	

　　二十四节气、传统节日、传统民俗、十二生肖等是中国传统文化的重要组成部分，是祖先留给我们的宝贵遗产，它们凝聚着祖先农耕文明的智慧结晶，其中蕴含着古人对自然、天地、人文和人生的思考。因此，传承和弘扬中国传统文化，可以说意义重大。

　　孩子是中国腾飞的希望，只有他们真正了解并发自内心地热爱灿烂的中国传统文化，并结合时代需求不断创新，才能让中国传统文化长盛不衰，真正地"活"在今天。

　　为了让孩子从小就受到中国传统文化的熏陶，真正了解中国传统文化，我们精心编写了《写给孩子的中国传统文化》丛书。书中内容丰富，关于节气特点、节气风俗、节日传统、节日饮食、民俗来历、生肖传说、美德故事等应有尽有；为了拉近孩子与中国传统文化的距离，我们采取了讲故事的方式，将知识与故事融

为一体，降低阅读门槛，让孩子易于理解阅读；书中的插图色彩明丽，清新自然，活泼有趣，可以给孩子带来极大的美学享受；栏目丰富，可以让孩子从多个角度了解中国传统文化；版式活泼，符合孩子的阅读习惯，可以提高孩子的阅读兴趣。相信通过阅读本套丛书，孩子一定可以清楚地了解中国传统文化的传承和演变，感受古人探索自然的智慧，体会中国传统文化的恒久魅力和时代风采。

优秀的中国传统文化是中华民族的符号，展现了中国人特有的文化内涵和精神风貌，让我们一起携手，努力将其发扬光大吧！

目录

目录

精忠报国

霍去病保家卫国

故事引航

　　霍去病是汉朝一位著名的年轻将领。他第一次出征时率领八百铁骑深入敌境，两次功冠全军，封冠军侯。随后在两次河西之战中，霍去病大破匈奴，直取祁连山。在漠北之战中，霍去病又消灭了大量匈奴士兵，封狼居胥，大捷而归！让我们一起来看一看霍去病的英勇事迹吧！

　　霍去病是汉朝时期的大将，他是名将卫青的外甥，自幼酷爱骑马和射箭，长大后成为一名英勇无畏、武艺高强的青年。汉武帝很喜欢他，让他做自己的随身护卫。当时，北方的匈奴非常强大，他们经常侵犯汉朝边界。霍去病的舅舅卫青曾经多次带兵讨伐匈奴，立下汗马功劳，霍去病从小就很崇拜他，一直希望能像舅舅那样上阵杀敌，建功立业。

公元前 123 年，汉武帝派卫青统领十万大军讨伐匈奴，与之同行的还有苏建和赵信等大将。霍去病也请求随军出征，汉武帝很欣赏他这种"初生牛犊不怕虎"的劲头，提拔他为骠骑校尉，并率领八百名精锐骑兵跟随卫青出征。

霍去病率领八百名骑兵向北进发。他一心想早点儿遇上匈奴兵，好杀敌立功，没想到和大队人马失去了联系。有一位部下说："咱们只有这么点儿人，要是碰上匈奴大军可不是闹着玩的，还是等后面的大军过来了一块儿走稳当些。"霍去病不同意，说："咱们人少，目标也小，匈奴兵不容易发现咱们，可以打他个措手不及。"

他们又向北走了几百里，到了傍晚，看见前面黑乎乎的，有好多帐篷，里面非常热闹，原来是匈奴的军营。霍去病跨上战马，带头向匈奴军营冲去。匈奴兵遭到突然袭击，以为汉朝的大军到了，鸡飞狗跳地乱作一团。霍去病冲进一座大帐篷，

名人档案

汉武帝刘彻是西汉第七位皇帝，他是一位拥有雄才伟略的皇帝。他当了皇帝以后，采取了一系列的措施。政治上，颁行推恩令，选贤任能；建立了中朝，在地方设置刺史；开创察举制选拔人才。经济上，实行盐铁官营、均输平准等制度。文化上，采用了董仲舒的建议，"罢黜百家，独尊儒术"。军事上，任用卫青、霍去病等为将，攻打匈奴。对外关系上，派张骞出使西域，沟通汉朝与西域各国的联系。

瞧见里面有一个人影，不管三七二十一，一刀割下他的头颅。

霍去病手下的八百名骑兵也乘着匈奴兵混乱的时候一通大杀大砍，还抓了好几个俘虏，其中有不少大官，而霍去病杀的那个人正是匈奴单于的祖父辈的长辈。霍去病第一次率军出战就取得了巨大的胜利，汉武帝喜不自禁，封他为冠军侯。

汉武帝敏锐地察觉到霍去病是个将帅之才，决定予以重用。公元前121年，汉武帝派霍去病率领骑兵从陇西出发，向西北挺进，准备占领河西走廊，切断匈奴同西域国家的联系。

霍去病这一次出征又杀了匈奴的卢侯王、折兰王，俘虏了浑邪王子和大臣，还有大量匈奴兵。捷报传到长安，所有人都大吃一惊。谁也不敢相信，如此辉煌的战绩，竟然出自年纪轻轻的霍去病之手。汉武帝非常高兴，下令给他增加封邑二千户，全体将士赐予金帛，回师调整。

同年夏天，霍去病第二次领兵攻打河西走廊，把匈奴军打得大败。匈奴单于因为丢了河西走廊，大发脾气，要杀原来

驻守河西走廊的浑邪王和休屠王。他们两个人听到风声，派遣使者来见汉武帝，表示愿意投降。

汉武帝就派霍去病率领汉军前去受降。霍去病到达受降地点的时候，浑邪王的一些部将又不想投降了，逃走了不少。

霍去病临危不乱，率领一小队骑兵冲进匈奴军阵中，直面浑邪王，并斩杀了大量逃跑的匈奴兵。其他匈奴部将看到这个情景，都乖乖地投降了。

汉武帝接到霍去病的报告，非常高兴，派使者携带大批物资去犒劳有功的将士。据说，慰问品里有一坛酒，是专门奖赏给霍去病的。霍去病把这坛酒倒在一眼泉井里，让全军将士都来喝，算是让大家都得到了皇帝的赏赐。

公元前119年，汉武帝派卫青、霍去病各自统率大军，同匈奴主力决战。霍去病率领大军，一直深入漠北两千多里，才遇见匈奴左贤王的军队。这一仗，汉军俘虏了匈奴三个王，斩杀、俘虏了七万多匈奴兵，几乎全歼了左贤王的匈奴军队。

霍去病乘胜追击，一直追到狼居胥山，那里是当时汉军

文化小课堂

匈奴是一个骁勇善战的游牧民族，自西周时期，匈奴就已经形成了部落。公元前215年，蒙恬将匈奴驱逐出河套以及河西走廊地区。西汉初期，匈奴逐渐强大起来，不断南下攻扰，对西汉政权构成极大的威胁。后来匈奴被汉武帝击败，受到很大打击，逐渐衰落。

到过的最北边的地方。他在那里举行了一个盛大的仪式，设立祭坛，祭告天地，追悼阵亡将士，然后才胜利班师。

汉武帝表彰屡次有功的霍去病，专门为他修建了一座非常华丽的官邸。结果被霍去病拒绝了，他说："匈奴未灭，何以家为。"后来，这句话就流传下来，成为许多爱国人士所说的名言警句之一。

霍去病最后一次征伐匈奴回来后，不到两年就辞世了。他在保卫国家和抵御外族入侵方面做出了巨大的贡献，世人永远不会忘记他的功绩。

悦读心得

霍去病在少年时期就表现出一种英雄气概，长大后的他不贪图荣华富贵，一心为国家效力。我们要永远学习他这种保家卫国的伟大情操。

苏武北海牧羊

故事引航

在中国的历史上，涌现出了许多爱国英雄，苏武就是其中的一位。苏武奉命持节出使匈奴，被匈奴人扣留，但他誓死不降。匈奴单于为了逼迫苏武投降，想尽了办法。面对匈奴的威逼利诱，苏武接受了吗？让我们去文中看看吧。

西汉统治中原的时候，北方匈奴经常骚扰边境地区。西汉进行几次大规模的反击后，匈奴虽然战败了，但是他们的野心并没有因此而消亡。为了保存实力，匈奴单于多次派遣使者去汉朝求和，并且释放了以前扣留的汉朝使者。为了表示友好，公元前 100 年，汉武帝派大臣苏武以中郎将的身份出使匈奴，还亲自交给苏武一支旌节。

苏武一行人晓行夜宿，历尽千辛万苦，终于见到匈奴单

文化小课堂

"旌节"是我国古代使者所持的信物，也称"使节"。"使节"一词有两个含义：使，是担负使命的国家代表；节，是这个出使人员所持的信物。节代表的是皇帝的身份，象征着皇帝与国家。正因为使臣持节，所以称他们为"使节"。

于，圆满地完成了任务。谁料就在即将返回之际，却出了意外。匈奴内部发生政变，苏武、张胜，还有随员常惠等人被关押了起来。

　　单于为了收服苏武，命令汉朝的叛徒卫律审问苏武。苏武一见卫律这个叛徒，怒不可遏，痛斥其丑恶嘴脸。他坚定地说："我是汉朝的使者，如果丧失了气节，使国家遭受耻辱，活下去还有什么脸面去见人呢？"说着，他拔出佩刀朝自己身上猛刺。顿时，血流如注，他也昏倒在地。卫律大吃一惊，如果苏武就这样死去，他怎么向单于交差呢？于是他立即叫来医生医治苏武，又把实情向单于做了汇报。

　　单于觉得苏武是个有气节的好汉，

更加希望苏武投降了。经过一番苦劝，苏武说什么也不答应，单于叫人把苏武关在一个大地窖里，不给吃的、喝的，想用寒冷和饥饿迫使苏武屈服，可苏武并未投降。单于又把他流放到北海（今贝加尔湖）边放羊，并对他说："等公羊生了小羊，再送你回汉朝去。"公羊怎么能生小羊呢？这明摆着是单于故意刁难苏武。

北海一无房子，二无粮食，环境十分艰苦。苏武饿得没有办法的时候，就掘开野鼠洞，拿洞里的草籽来充饥。他每天一面牧羊，一面抚弄着汉武帝亲手交给他的"旌节"，相信总有一天，他能够拿着"旌节"回到汉朝。

日子久了，"旌节"上的绒毛逐渐脱落了，成了一根光秃秃的棍子。但苏武一直将它握在手里，连睡觉的时候也紧紧地抱在胸前。

一次大雪过后，苏武拿着"旌节"正在牧羊，忽然来了一个年轻的匈奴官员。苏武定睛一看，原来是汉朝投降匈奴的

名 人 档 案

李陵，字少卿，西汉陇西成纪（今甘肃秦安北）人。他是"飞将军"李广的孙子，善骑射，爱士卒，在当时享有很好的声誉。汉武帝时期为骑都尉，亲自率领五千人出击匈奴，被单于所率八万余骑包围，最后因粮食用尽、援兵断绝而投降。在匈奴居住二十余年后病死。

将军李陵，在汉朝为官时他们俩很要好。苏武出使匈奴的第二年，李陵受到匈奴的围困，被迫投降了匈奴。单于知道他是苏武的好朋友，便叫他去劝苏武投降。

李陵劝苏武说："你走后，伯母大人死了，你的哥哥因犯罪服毒自杀了，你的妻子也改嫁了。你受了这么大的折磨，不如投降算了，我们兄弟俩可以在此处一起共事。我可以在单于面前保荐你做大官。"

苏武听后，泪水夺眶而出，却仍然不肯投降。李陵见他心志坚定，不禁叹息道："唉，你真是一位有骨气的人啊，相比之下，我和卫律罪该万死啊！"说完，他哭着离开了那里。苏武继续独自一人在北海牧羊，过着非人的生活。这样一直过了 19 年。

后来，匈奴又发生了内乱，无力与汉朝抗衡，只好派使者去汉朝求和。此时，汉昭帝已经即位，他也派人前往匈奴，要求单于把苏武送回汉朝。可匈奴却撒谎说苏武已死。当汉使返回营帐时，意外得知苏武的下落，心中很是感慨。晚上，汉使苦思良久，终于想到了一个方法。第二天，他匆忙去匈奴单于那里，说刚刚得到消息，汉帝在上林苑打猎，打死了一只大雁，它的脚上系着帛书，上面说苏武等人在北海放牧。单于听了大吃一惊，知道无法再抵赖，只好放苏武回国。

公元前 81 年，苏武终于回到了祖国。长安城老百姓热烈地欢迎他，人们到处赞扬他北海牧羊、刚直不阿的事迹。

悦读心得

　　苏武是一个令人钦佩的人，他那顽强的毅力和不屈不挠的民族气节值得我们每个人学习。不管遇到什么样的困难，我们都要像苏武那样不忘初心，坚贞不屈。

班超投笔从戎

故事引航

东汉时期，班超出使西域，再次打通了通往西域的道路。他还在西域镇守了三十多年，使得许多小国都臣服于汉朝。班超的这些功绩，不但让他名垂青史，也让他的事迹被后世广为称颂。让我们一起去文中看看吧。

班超的父亲名叫班彪，是著名的史学家。起初，班超跟父亲学习写文章、整理史料，但他心中始终想为祖国做一件大事。后来，他听闻北方的匈奴联合西域诸国，时常到汉朝边界劫掠百姓和牲畜，便怒不可遏，说："男儿应到塞外建功立业，怎么能整天窝在书斋里写文章呢？"他把笔一扔，就投军去了。

当时，汉朝掌握兵权的人是窦固。他效仿汉武帝的做法，先与西域各国取得联系，斩断匈奴的"臂膊"，再全力对付匈奴。

名人档案

班超是东汉时期著名的军事家、外交家，他的兄长班固、妹妹班昭都是著名的史学家。班超具有非凡的政治、军事才能，他威震西域，平定了西域五十多个国家，保障了西域各国的安全以及丝绸之路的畅通。班超官至西域都护，封定远侯。

文化小课堂

丝绸之路简称"丝路"，是连接亚欧东、西方商贸通道的总称，以中国长安、洛阳为起点，贯穿亚洲中部、西部及非洲、欧洲等地，因丝绸是其运送的大宗货物之一而得名。丝绸之路在世界史上具有重大的意义，是东西方文化交流的桥梁。

公元 73 年，他派班超和随从一起出使西域各国。

班超先到达了鄯善。鄯善王虽然归附了匈奴，向匈奴纳税进贡，可匈奴还不满足，不断勒索财物，鄯善王对此很不高兴。他一见汉朝的使者来了，就殷勤接待。班超住了几天，忽然发现鄯善王的态度变了，不像开始那么恭敬了。

班超一打听，原来匈奴的使者也来了，鄯善王怕得罪匈奴，才故意冷淡他们。班超把手下 36 个随从全召集起来，说："你们跟我千辛万苦来到西域，想的就是为国立功，没想到匈奴的使者才来，鄯善王的态度就变了。要是他把咱们抓起来交给匈奴，咱们恐怕都回不去了，怎么办呢？"

大伙儿说："你说怎么办就怎么办，我们都听你的。"班超说："不入虎穴，焉得虎子。如今只有一个办法，就是

趁着天黑去袭击匈奴的使者。他们不知道咱们的底细，一定很害怕，只要杀了匈奴的使者，鄯善王就一定会归顺汉朝，大丈夫为国立功就在今夜。"大伙儿都说："对，我们就拼死一战！"

到了半夜，班超带领手下偷偷地摸到匈奴使者住的地方。班超让 10 个人拿着鼓，埋伏在帐篷后面，对他们说："你们只要看到火光，就敲鼓呐喊。"然后，他带着其余的人来到门前，顺着风向放起火来。顿时，鼓声、喊声响成一片，睡意正酣的匈奴人以为外面来了大批人马，吓得纷纷逃命。

班超冲上前去，一连杀了 3 个匈奴兵，其他人也跟着冲了上来，杀了匈奴使者和 30 多个匈奴随从，其他的匈奴人都跑了。

班超的举动震惊了整个西域，其他国家见一个汉朝使臣竟然如此勇猛，再也不敢多说什么，纷纷与汉朝签订盟约，许多小国也开始主动示好。班超和他的随从终于圆满地完成了任务。

后来，班超又先后攻克莎车、龟兹、焉耆等国，并击退大月氏的入侵，保障西域各国的安全以及丝绸之路的畅通，加强了西域与中原的联系，促进了西域与东汉的经济文化交流，为民族融合做出了重大贡献。

悦读心得

班超一介书生，投笔从戎，为了国家和人民的利益，甘愿牺牲个人的一切。班超的这种舍弃个人利益，为国为民的伟大精神值得我们每一个人学习。

文天祥慷慨报国

故事引航

文天祥是南宋大臣和著名的文学家，他留下《过零丁洋》一诗，激励了后世无数仁人志士。你知道《过零丁洋》是在什么环境下创作的吗？让我们去文中看看吧。

文天祥生活在一个动荡不安的年代，当时南宋正面临着极大的危机。13世纪初，铁木真建立了蒙古汗国，蒙古在铁木真的带领下，慢慢崛起。仅仅几十年，铁木真的势力已经遍布欧亚大部分地区。铁木真去世后，他的儿子窝阔台继位，消灭了金国，又率军南下，攻打南宋。后来，铁木真的孙子忽必烈建立了元朝，入主中原，严重威胁到南宋朝廷的安危。

文天祥自幼就非常崇拜英雄人物，他最大的兴趣就是读忠臣传。一天，他来到吉州的学宫拜谒先贤遗像。他看到欧阳修、胡铨的遗像后，一种钦佩和敬慕之心油然而生。这些先贤与自己出自同样的地方，他们可以做出这样的成绩，文天祥觉得自己也可以做到。于是他暗自发誓，要以他们为榜样，做出一番事业。他希望自己在死后也和他们一样受人尊敬与爱戴。

1256年，文天祥高中状元，进入朝廷做官，但是由于他性格耿直，一心为国，直言斥责宦官董宋臣，又得罪了权相贾似道，因此仕途并不顺利，几度沉浮。

1275年，元军兵分三路，大举南侵。南宋朝廷大惊，即刻命令丞相贾似道集结各路兵马，抵抗元军。可是贾似道作战不利，在丁家洲大败，宋军损失惨重。至此，南宋在长江的防线全面崩溃，一路上南宋将领纷纷投降，临安变得岌岌可危。此时南宋朝廷已经无力抵抗元军，只能号召各地勤王。然而诏书发出了一道又一道，各地的响应者却寥寥无几。时任江西提刑的文天祥却在接到诏书后，毅然决然地将家产变卖，并招募了万余人来到临安。这次应诏勤王，他的忠勇终于被朝廷看到。

文天祥的友人劝阻他说："现在元军分三路南下进攻，你率领这群乌合之众赴京，这与驱赶群羊同猛虎相斗没有什么区别。"文天祥回答："你说的我知道。但是国家养育了臣民三百多年，如今国家有难，却没有一人一骑驰援京师，我为此

名人档案

文天祥，字履善，一字宋瑞，号文山，吉州庐陵（今江西吉安）人。1256年，文天祥考取进士第一，后官至右丞相兼枢密使。1275年，他听闻元军攻打宋朝，在家乡组织义军，坚决抵抗元兵的入侵。次年，文天祥任右丞相，与元军议和，被扣在元军营地。后来他在镇江脱险，流亡至通州，又沿海路南下，到福建与张世杰、陆秀夫等人一起抵抗元军。1278年，文天祥不幸被俘，被押至元大都。在拘囚中，他大义凛然，终因不屈被害。

深感遗憾。所以不自量力，以身赴难，希望天下的忠臣义士闻风而起，也许可以安定社稷。"

文天祥战败被俘后，元朝将领张弘范将其押往厓山。张弘范不断逼问文天祥，并让他写信招降张世杰。文天祥将自己之前所写的一首诗《过零丁洋》抄录后给了张弘范。当张弘范读到"人生自古谁无死？留取丹心照汗青"这两句诗时，也被文天祥这种爱国情怀深深打动，便不再逼问了。

1279 年，文天祥被押往元大都。开始时，元朝皇帝忽必烈还想用软的办法引诱他，让他住在豪华的房子里，给他送来

文化小课堂

南宋是中国历史上的一个朝代，从 1127 年宋高宗赵构在应天府（今河南商丘）称帝开始，至 1279 年被元朝灭亡结束。南宋和北宋合称"两宋"。南宋一共经历了九位帝王，享国 152 年。

山珍海味。文天祥把送来的东西往旁边一推,每餐只吃一碗饭,喝几口汤。敌人恼羞成怒了,他们把文天祥关在地牢里,让他受尽了折磨,但他仍是坚贞不屈,在狱中写了不少充满爱国激情的诗文,最著名的一篇便是《正气歌》。后来忽必烈亲自召见文天祥,要求他投降,文天祥仍然是长揖不跪。忽必烈大怒,命人将文天祥就地正法。

临刑前,元朝官吏对他说:"你现在如果改变主意,还来得及。"文天祥把头扭过去,好像根本没听见这番话似的。文天祥被押到刑场时,问旁边的人:"哪一边是南方?"有人指给他看。他整了整衣服和帽子,从容地朝南方拜了两拜,随后从容就义。

文天祥死后,人民用不同的方式向他表示敬意。在文天祥的家乡吉州,他的画像被悬挂在先贤堂,他也成为像欧阳修、胡铨这样受人尊敬的人物。文天祥虽然不在了,但他忠于国家、视死如归的精神却为人们津津乐道,他留下的那些洋溢着爱国主义热情的诗篇,给我们留下了一笔宝贵的精神财富。

悦读心得

在国家危难之际,文天祥挺身而出,以大无畏的英雄气概奋勇抗战。即使是在牢狱中,文天祥依然不肯屈服,展现出了一个爱国志士的高尚气节。

戚继光抗倭

故事引航

明朝中期，倭寇活动非常猖獗。英勇善战、带兵有方的明朝将领戚继光带领戚家军把倭寇打得落花流水，从此倭寇再也不敢侵犯中国沿海。让我们一起走进文中看看戚继光的英勇事迹吧。

明朝中期，倭寇非常猖獗，他们经常带着倭刀和弓箭，在海上抢劫渔船，到陆地上打家劫舍，使我国东南沿海一带的百姓惶惶不可终日，人人咬牙切齿，但又无可奈何。

1561 年的一天，原本热闹的台州城突然安静了下来，所有店铺都关上了大门，街上连一条狗都看不到，只有被狂风吹

文化小课堂

在中国古代，日本被称为倭，来自日本的海盗被称为倭寇。倭寇在四处劫掠的时候，常分成几队、十几队甚至几十队，以当地的老百姓为向导，各队之间用海螺号联系。倭寇使用的刀枪都是打磨过的，大部分使用的是武士刀，杀伤力极强。后来经过名将谭纶、戚继光、俞大猷等征战多年，到 16 世纪 60 年代中期，倭患逐渐平息。

起的落叶在空中飞舞，荒凉的街道给人一种大祸临头的感觉。

半个时辰之前，一个过路的客商传来一个噩耗："有一大群倭寇已经到达五里外了！"顿时，街上的人大叫起来："快跑呀，不然我们就死定了！"城内的百姓慌成一团，都准备逃命。

镇守在台州一带的将军叫戚继光，他在十六岁时就立下保卫海防的志向，十七岁那年继承父职，当上了指挥官，后来被调到这里抵御倭寇。这天中午，戚继光刚端起饭碗，忽然传来倭寇侵扰台州的消息。戚继光把饭碗一推，说："好啊，我正等着他们呢！"他立即带领人马，火速赶到台州城下。

这时，倭寇正在城里作恶，砸门声、哭叫声不绝于耳。

戚继光顺着大街朝前走，正巧碰上二百多个倭寇背着大包小包往这边跑来。倭寇见到迎面而来的戚继光，先是一怔，随即镇静下来，迅速将队伍排成"一"字形，大步上前迎战。

名 人 档 案

戚继光是明朝杰出的军事家，抗倭名将。他出身将门世家，继承祖上的职位，任登州卫指挥佥事。1555年，戚继光被调往浙江，次年担任参将一职，抵抗倭寇。他招募新军进行训练，人称"戚家军"，成为抗倭主力，之后在浙江、福建一带接连取得抗倭胜利。经过连年奋战，东南沿海的倭患终于解除了。

戚继光命令将士后退几步，用火器迎头射击，"轰轰"几声，把前面的倭寇全打趴下了，剩下的倭寇很快变成两路纵队围攻戚继光。戚继光发号施令，主力、伏兵一齐出击，顷刻间把敌军分割得七零八落。将士在戚继光的指挥下猛冲猛打，倭寇溃不成军，剩余的倭寇夺路而逃。戚继光大喝一声："追！"一阵马蹄声如鼓响一般追去，将士一口气消灭了全部倭寇。

这一仗戚继光不仅救出了被掳走的百姓，还缴获了大量的长刀、弓箭等战利品。

此后，只要有倭寇的地方，就有戚家军在，那些倭寇哪里是戚家军的对手。后来倭寇再也无法在陆地上作乱，只能逃到船上，戚继光就用炮火轰击他们。倭寇的船着了火，大量的倭寇被活活烧死或者沉入海中。就这样，横行几十年的倭寇基本上被肃清了。

　　戚继光平定了东南倭患后，明朝政府又调他到北方镇守蓟州、昌平、辽东、保定等地，抵抗鞑靼（蒙古的一支）的入侵。戚继光到了蓟州以后，修筑敌台（类似现在的炮楼），加固长城，还按照当初训练戚家军的方法训练北方的明军，使北方的边防得到加强。戚继光为保卫祖国的边防安宁做出了卓越的贡献。

悦读心得

　　戚继光抗倭充分体现了中国人民抵御外敌、不怕牺牲的伟大精神。戚继光抗倭取得成功，离不开广大人民群众的拥护以及其他抗倭将领的共同努力。

林则徐虎门销烟

故事引航

　　清朝末期，鸦片给中国带来了巨大的危害。林则徐对鸦片深恶痛绝，他在禁烟的时候说过："若鸦片一日未绝，本大臣一日不回，誓与此事相始终，断无中止之理。"这是向全世界宣告，中华民族决不会屈服于列强，让鸦片在中国横行。那么，林则徐是如何禁烟的呢？

　　1785 年，林则徐出生在一个封建知识分子家庭，他的父亲靠教书谋生，虽有一定的收入，但无法维持一家人的生活，母亲便做一些手工活，以贴补家用。林家每年只有在除夕之夜才能吃一顿美味的素炒豆腐，也只有在除夕之夜，墙上的油灯才会有两个灯芯。可见林家之贫穷。

　　在中国封建社会，底层知识分子要想光耀门楣，只有一个选择，就是科举入仕。林则徐的父亲一辈子都在参加科考，却一直未中。于是，他便着手栽培自己的儿子。

　　林则徐从小就特别聪明。有一次，老师带着学童们游玩彭山顶峰，以"山""海"二字为题，让学童们各写一副七字联句。当所有的学童都在苦思冥想之时，林则徐第一个吟道：

"海到无边天作岸，山登绝顶我为峰。"从此，林则徐以文学才华闻名于乡里，被称为神童。

林则徐的文学才华不仅靠父亲的培养引导，更是凭借自己在学习上的刻苦和努力得来的。林则徐喜欢读书，为了买书，林则徐有一段时间在闽县衙门内兼做知县房某的书廪。林则徐的学习兴趣非常广泛，除儒家著作外，还经常阅读哲学、历史、文学以及水利、经济等方面的书。青少年时期的林则徐，最敬佩的是诸葛亮、李白、杜甫、岳飞、文天祥、于谦等仁人志士。

除了在读书学习方面的培养，在做人做事方面，林则徐的父母也给了他许多正向的引导。林则徐的父母是乡里有名的好心人，即便家境贫寒，但遇到周围人有困难，他们也会想办法接济。正因如此，林则徐后来进入官场后，才能成为一个体察民间疾苦、作风正派、清正廉洁的好官。

后来，林则徐参加科举考试，中了秀才，接着他便前往

名人档案

林则徐，字元抚，一字少穆，福建侯官（今福州）人。1838 年，林则徐在湖北严厉禁烟，成果显著，成为禁烟派的代表人物。同年 12 月，他以钦差大臣的身份前往广东禁烟，不久主持了虎门销烟。该事件被认为是第一次鸦片战争的导火索，战争爆发后不久，他被派往新疆戍边，后来虽然被起用，但没过多久就病逝了。

鳌峰书院读书。他的应试之作《仁亲以为宝》是一篇华丽的八股文，当时被人们大为推崇，这篇文章一直保留到今天，也是林则徐现存最早的文章。

1811 年，林则徐赴京会考，会试中选，赐进士，授翰林编修，从此踏上了官宦之途。

在京为官期间，他立志做一个济世匡时的正直官吏。

1822 年，林则徐到浙江受任江南淮海道，整顿盐政，取得了一定成效，受到道光皇帝的器重。1823 年，林则徐任江苏按察使，在任期间澄清江苏吏治，亲自裁决案件，被江苏人民称颂为"林青天"。他认为江苏风气败坏都是鸦片惹的祸，于是下令在江苏禁烟。1832 年，林则

文化小课堂

《南京条约》又称《中英南京条约》《江宁条约》，是中国近代史上第一个不平等条约。条约主要内容有：（1）割让香港岛给英国；（2）中国向英国赔款2100万银元；（3）开放广州、厦门、福州、宁波、上海五处通商口岸；（4）英国在中国的进出口货物纳税，关税由双方商定，中国无权自主。

徐升任江苏巡抚。任职期间，他在农业、漕务、水利、吏治等多方面都做出了成绩，尤其注重提倡新的农耕技术，推广新农具。

1839年6月，以英国、法国为代表的西方商人在广州大量贩卖鸦片，清政府派林则徐在两广总督邓廷桢的支持下，缉拿烟贩，整顿海防，招募水师。林则徐与邓廷桢一同努力，要求英国领事按期交出烟土。他们共查缴烟土2万多箱。林则徐

思考再三后，决定将这些烟土在当地销毁。他先命人挖好 2 个大池子，然后将鸦片放入池中浸泡，再放入大量生石灰。生石灰放入水中产生大量的热量，能立刻将生水烧开，放入水中的鸦片就这样被销毁了。此次销烟行动一共用了 23 天才将缴获的鸦片全部销毁。销烟行动得到了广大人民的支持，道光皇帝也对销烟功绩给予肯定。但在销烟后不久，林则徐所面临的形势就迅速恶化起来。

1840 年，英国政府公然向中国发起鸦片战争。林则徐毫不畏惧，亲赴虎门准备迎敌，并通知沿海省份加强海防。他号召说："英国的军队一旦入江，就用刀子招呼他们。"在林则徐的带领下，当地群众士气高昂，很快就投身于抗击侵略者的战斗中。但是，清王朝的腐败无能，导致战争失败，并签订了丧权辱国的《南京条约》。

悦读心得

在中国近代史上，林则徐是一位受人敬仰的爱国英雄。他在禁烟运动中取得了巨大的成功，维护了中华民族的尊严和利益，显示了中华民族反抗外来侵略的坚强意志。

坚韧不拔

愚公移山

故事引航

从前，有两座大山挡在了愚公家的前面，给愚公一家的出行带来了很多麻烦。有一天，愚公终于下定决心，要移走这两座大山。可移山几乎是一件不可能完成的事情，你觉得愚公能成功吗？让我们去文中看看吧。

《愚公移山》出自《列子·汤问》，这部书相传为列御寇所著，成书于战国前期。在生产力极其落后的情况下，人们会幻想借助超自然力量来实现征服自然的愿望。

相传，古代冀州以南、河阳以北有两座大山，一座叫太行山，一座叫王屋山，横亘七百余里。山北有一个叫愚公的老

名人档案

列御寇，也叫列子，战国前期道家代表人物，相传为郑国人。他一生安于贫寒，不求名利，是老子与庄子之间的一个重要人物，主张清静无为，思想归同于老庄，被道家尊为前辈。

文化小课堂

《列子》是中国先秦思想文化史上著名的典籍，属于诸子学派著作。现存八篇，分别是《天瑞》《黄帝》《周穆王》《仲尼》《汤问》《力命》《杨朱》《说符》。每一篇都保存了很多寓言故事，大多是用寓言故事来说明道理。

人，他的家正面对着这两座大山，每次出门都很不方便，令愚公一家很烦恼。

有一天，他把全家人召集起来，说："这两座大山堵住了我们的去路，我们一起搬走这两座大山。你们说好吗？"大家都表示赞成，愚公的老伴却说："我们所有人的力气加起来也挪不动一座山，又怎能搬动太行、王屋两座大山呢？再说，我们挖出来的那些泥土和石块往哪里倒呢？"

经过商议，他们决定把挖出来的泥土和石块扔到遥远的渤海边。

第二天，愚公便带着儿孙们挖起山来。邻居家的一个孩子看见愚公一家干得这么起劲，也跑来帮忙，大家把挖出来的泥土全都运到渤海边。虽然一家人每天挖不了多少，但他们一直在坚持。

有个名叫智叟的老人，他看到愚公一年到头辛辛苦苦地挖山运土，觉得很可笑，就去劝愚公："你这个人真傻，这么大岁数了，还能再活多久呢？凭你这有限的精力，怎么能将这两座山挖平呢？"

愚公回答说："你这个人看似聪明，实际上却如此顽固，简直无法开导。就算我死了，还有儿子在。儿子死了，还有孙子，孙子又生孩子，孩子又生儿子。子子孙孙，世世代代一直传下去，是没有穷尽的，而这两座山却不会再增高，何必担心挖不平呢？"自以为是的智叟听了愚公这番话，无言以对，悄悄地离开了。

后来，山神和海神得知愚公移山的事情，担心愚公一家不停地挖下去，急忙将这件事报告天帝。天帝被愚公的精神感动，便派大力神夸娥的两个儿子把两座山搬走，放到别的地方去了。从此，愚公一家出入也方便了。

悦读心得

愚公移山的故事反映了中国古代劳动人民改造自然的伟大气魄和坚韧不拔的毅力，告诉我们要想克服困难就必须下定决心、坚持不懈的道理。文章以神话的方式结尾，表达了古代劳动人民的美好愿望终会实现。

勾践卧薪尝胆

故事引航

越国被吴国打败后，越王勾践立志报仇。为了使自己不忘国耻，他卧薪尝胆，最终东山再起，一举消灭了吴国。他具体是怎么做的呢？让我们去文中看看吧。

公元前 496 年，越王允常去世后，他的儿子勾践继位。吴王阖闾趁着越国国丧的时候，决定率军攻打越国。他的手下伍子胥觉得这不符合道义，便竭力劝阻。阖闾说："我如今年纪大了，趁着现在还有一些能力，我要帮助我的儿子夫差消灭一个对手。"吴越两国在槜（zuì）李（今浙江嘉兴西南）发生了一场战争，结果吴国大败，阖闾身受重伤，刚回到吴国就死了。他临死的时候嘱咐儿子夫差说："不要忘记报仇！"

后来，夫差即位，他为了不忘父亲的嘱咐，让人时常提醒他。有一次，他经过宫门时，手下高声喊道："夫差！你是不是忘了你的父亲是被越王勾践害死的？"

吴王夫差含泪回答道："不敢忘。"

吴王夫差日夜加紧训练兵马，为攻打越国做准备。

两年过去了，吴王夫差认为时机已经成熟，于是亲自出征攻打越国。消息传来，越王勾践赶紧调兵遣将，准备先发制人，攻打吴国。

越国有两位非常厉害的大夫，一个叫文种，一个叫范蠡。范蠡对勾践说："吴国练兵已经快三年了。这次是铁了心要报仇。咱们还是固守城池，别去主动进攻了。"勾践不以为然，非要与夫差决一死战，最后越军大败。越王勾践率领五千残兵逃到了会稽（今浙江绍兴），结果被吴军团团包围。

勾践对范蠡说："真后悔当初没有听你的话，结果落到今天这步田地。现在该怎么办呢？"范蠡说："为了东山再起，此刻只能卑躬屈膝，想办法向吴王求和吧。"勾践答应了，派文种去求和。文种来到吴王军中，向吴王夫差说明了勾践愿意投降的想法。吴王夫差想要同意，但是伍子胥却极力反对。

文种回到越国后，将吴国的态度告诉了勾践。勾践决定与吴国决一死战，文种劝勾践说："吴国伯嚭是个贪得无厌的家伙，可以派人贿赂他。"勾践采纳了文种的建议，私下里送

名人档案

范蠡是春秋末期越国大夫。他出身贫贱，但博学多才，文武双全，与楚宛令文种有着深厚的情谊。他因不满当时楚国政治黑暗，就和文种一起投靠越国，辅佐越王勾践。传说他帮助勾践复兴越国，灭掉吴国，一雪会稽之耻，成就霸业。

给伯嚭一批黄金珠宝，请伯嚭在夫差面前说些好话。

　　经过伯嚭的一番劝说，吴王夫差不听伍子胥的劝告，答应了越国投降的请求，但是吴王夫差有一个要求，就是勾践要亲自到吴国去。

　　文种回去将此事告诉了勾践，事已至此，勾践只好把国家大事交给文种，自己带着夫人和范蠡一同前往吴国。

　　在吴国，勾践夫妇每天都要给夫差喂马，范蠡也跟着做奴仆的工作。夫差每次乘马外出时，勾践都会给他牵马，夫差生病时，勾践还会好好照顾他。过了两年，夫差认为勾践是真心投降，于是同意放他回国。

文化小课堂

　　越王勾践有一把宝剑，就是越王勾践剑。此剑于 1965 年在湖北江陵望山一号墓中出土，剑身长 55.7 厘米，宽 4.6 厘米，出土时寒光闪烁，剑刃依旧锋利。越王勾践剑工艺精湛，体现了当时短兵器制造的最高水平，堪称国宝。

勾践回到越国后，一心想要报仇。他担心眼前的安逸会消磨自己的意志，于是在吃饭的地方悬挂一个苦胆，每次吃饭的时候，都要品尝一下苦味，还把席子撤去，用柴草做褥子。

为了使国家强盛起来，勾践亲自参加耕种，叫他的夫人一起织布，以鼓励生产。勾践还制定了奖励生育的制度，任用文种管理国家大事，叫范蠡训练人马。十几年后，越国终于强大起来。勾践看时机成熟，趁吴国没有防备，把吴国打得大败。夫差感到很羞愧，举剑自刎而死。从此，越国在江淮地区崛起，越王勾践也成为当时的霸主。

悦读心得

勾践差点儿亡国，但他忍辱负重，回到越国从头开始，最终灭掉吴国。一时的失败不可怕，可怕的是被失败彻底打倒。只要有从头开始的勇气、不怕吃苦的精神和顽强的毅力，最后一定能成功。

司马迁写《史记》

故事引航

司马迁是我国著名的史学家、文学家，他写出了旷世巨著——《史记》。但是他创作《史记》的过程异常艰难，甚至差点儿就放弃了。让我们来了解一下到底发生了什么事情吧。

司马迁是西汉时期著名的史学家和文学家，他的父亲司马谈通晓天文，精通历史，是一位很有学问的史官。司马迁深受父亲的影响，自幼便喜爱阅读史书。

司马迁十几岁的时候，经常在心里琢磨：史书里记载的那些地方到底在哪里？史书上记载的事情都是真实可信的吗？谁还会记得当年发生过的事呢？在父亲的鼓励下，司马迁带着

名人档案

司马迁，字子长，夏阳（今陕西韩城南）人。司马迁早年遍游南北，考察风俗，搜集民间传说。公元前108年，他继承父亲的职位，任太史令。后来受李陵败降匈奴一事牵连，他得罪了汉武帝，被处以宫刑。出狱后，他任中书令，发愤著书，创作了中国第一部纪传体通史《史记》。

这些问题周游大江南北，一路上搜集了大量的资料。博学多闻的司马迁很快得到了汉武帝的赏识，被任命为郎中，专门陪同皇帝四处游历，随时提出自己的建议。这样一来，司马迁的学识更加渊博，为他以后撰写《史记》打下坚实的基础。

有一天，司马迁出远门回来，刚刚踏进家门，就听到父亲病危的消息。他快速赶到父亲床前，奄奄一息的父亲见到他，眼中闪出一丝亮光，他握紧了司马迁的手，诚恳地说："迁儿，我们家世世代代都是史官，为父一直想写一部史书，可惜天不遂人愿，这个重任就落到了你肩上，你能不能帮我实现这个愿望？"司马迁坚定地回答道："儿子虽没有什么才能，但我一定会实现您的愿望。"司马迁刚说完，父亲欣慰地合上了双眼。

就在司马迁专心写《史记》的时候，一场灾祸突然降临。李陵败降匈奴的消息传到长安，朝中大臣议论纷纷，汉武帝也十分震怒。汉武帝把李陵一家全都抓了起来，并且召集群臣，讨论李陵的罪行。

大臣们都认为李陵不应该向匈奴投降。当汉武帝询问司马迁的时候，司马迁说："李陵带去的士兵不过五千人，他深入敌军内部，一举歼灭数万敌军。虽然他此次打了败仗，但是杀了许多敌人，也算立下了汗马功劳。李陵不愿意马上去死，我相信他有自己的苦衷，肯定想着日后将功赎罪来报答皇上。"

汉武帝听了司马迁的话，认为这是为李陵败降匈奴所做的辩护，勃然大怒，说："你如此为打了败仗的人开脱，岂不是有心要和朝廷作对？"汉武帝一声令下，把司马迁打入大牢，

文化小课堂

《史记》原名《太史公书》，是中国历史上第一部纪传体通史，记载了上至传说中的黄帝，下至汉武帝时期共三千多年的历史。全书包括十二本纪、三十世家、七十列传、十表、八书，共一百三十篇。《史记》被誉为"二十四史"之首，被鲁迅称为"史家之绝唱，无韵之离骚"，对后世史学和文学的发展都产生了深远的影响。

并判了死刑。

当时判死刑并不意味着立刻会被处死，是有缓和余地的，要么出巨额的钱，要么接受腐刑，就可以免于一死。司马迁家境贫寒，无钱可交，只好接受了腐刑。可是，受腐刑是奇耻大辱，他几次想要自杀，但想到自己还有一件重要的事情没有完成，便对自己说："人固有一死，或重如泰山，或轻如鸿毛。我一定要完成父亲的遗愿，不能就这么死了。"

司马迁出狱后，将全部的精力投入《史记》的创作中。公元前 91 年，他终于完成了这部史学巨著。

这是司马迁呕心沥血写出的一部伟大著作，在我国史学史和文学史上占据着重要地位。

悦读心得

正是心中有坚韧不拔的意志以及奋发图强的信念，司马迁才能忍受常人无法承受的痛苦，创作出《史记》这部巨著。司马迁的故事告诉我们，做学问必须要有坚定的意志和持之以恒的精神。

文化小课堂

玄奘取经

故事引航

玄奘是唐朝时期的高僧，他为了进一步钻研佛法，解答心中的疑惑，决定冒险西行取经，但是他还没有出国，便遇到了重重阻挠。玄奘是如何出关，又是如何到达西方佛教圣地的呢？让我们去文中看看吧。

唐太宗当政时期，许多国家的人络绎不绝地来到长安，为中国与西方的文化交流提供了便利。在此期间，唐朝的玄奘也途经西域各国去到了天竺（今印度）。

玄奘本姓陈，名祎，洛州缑氏（今河南偃师缑氏镇）人，13岁就出家了。贞观元年（627年），玄奘来到长安，住在大庄严寺，与寺里的道岳、僧辩、玄会等人一起研读经文，很

名人档案

玄奘世称"唐僧"，被尊称为"三藏法师"。他是唐代高僧，著名的旅行家、佛教学者。因国内对经义众说纷纭，没有定论，他决心到天竺学习，一路跋山涉水，最终取得真经，撰成《大唐西域记》，为中国佛教思想的传播做出了巨大贡献。

快便掌握了其中的精髓。僧辩说："你乃佛家千里马，日后佛法的发扬光大，全靠你了。"从那以后，玄奘声名鹊起。

可玄奘并没有满足于自己当下所掌握的知识。他读了很多书，发现各家的学说都有很大的不同，于是他决定去天竺，也就是佛教的起源之地，先学习最正宗的佛法，然后再带回原版的佛经。

那时候，出国必须要得到官府的许可。玄奘邀请众僧一同到朝堂上请求西行求法，结果被拒绝。可玄奘心意已决，629年，他偷渡玉门关，独自一人开始了一段漫长而又孤独的旅程。

他没有"护照"，在边境遇到官兵的时候，官兵都会把他抓起来，让他回国。但他每次想办法逃脱后，又义无反顾地继续往西走。

当他抵达玉门关附近的凉州时，凉州的官员已经送来一份让他回去的文书，就在玄奘为如何通过玉门关着急时，遇到了一位好心的胡人为他引路，玄奘喜出望外。在这位好心人的帮助下，他终于走出了玉门关。接下来，他要穿越一片荒漠。

玄奘走在荒无人烟的大漠上，只有一堆堆骸骨和驼马粪作为路标给他指引。玄奘不小心打翻了水袋，在这炎热的沙漠里，这可是一件要命的事。他下意识地想要往回走，可转念又想到了自己的誓言：宁向西去而死，决不向东而生，不到天竺，永不回头。

玄奘终于走出了荒漠，到达了一个叫高昌的国家。高昌国国王也是个佛教徒，他对玄奘十分友好，赠送了玄奘不少财物，还派了一些人马为玄奘送行。此外，他还给沿途的其他国王写信，请求他们多关照玄奘。玄奘的西行之路终于变得顺利

文化小课堂

《大唐西域记》又称《西域记》，是由玄奘口述，弟子辩机编撰的地理史籍，成书于646年。该书内容非常丰富，涉及地理、民族、语言、历史、政治、经济、宗教、文化等多个方面，对后世的文学作品产生了深远影响。

起来。最后，玄奘带领人马历经千辛万苦，终于到达了天竺。

玄奘在那烂陀寺拜当时印度有名的高僧戒贤为师，在那里待了五年，成为著名的学者。但他没有满足，又四处求学。两年后玄奘又回到了那烂陀寺，戒贤法师请他在寺内讲经，他讲的经文受到了众多佛学大师的赞许。后来他又游学天竺各地，还与一些僧人展开了辩论，名震天竺。

645年，玄奘带着大量的佛学经典、舍利子和佛像回到长安。唐太宗很欣赏他，亲自接待了他。玄奘在长安大慈恩寺安顿下来，专心致志地翻译佛经。玄奘和弟子辩机还编写了《大唐西域记》，成为一部重要的历史地理著作。

玄奘一共译出经、论七十五部，共一千三百三十五卷佛经，这些经卷都收藏在大雁塔里。大雁塔至今还屹立在西安城南慈恩寺内，成为古都西安最显著的标志之一。玄奘于664年病逝于长安玉华宫。

悦读心得

玄奘冒着生命危险，历尽千辛万苦，才到达佛教发源地天竺。玄奘这种坚持不懈的精神与坚韧不拔的毅力，值得我们每个人学习。

仁爱宽容

舜至孝感动双亲

故事引航

舜的家庭生活非常不幸，他的家人都不喜欢他，甚至想要杀掉他。尽管这样，舜依然毫无怨言，孝顺父母，友爱兄弟，最后家人终于被舜的宽容和大度所感化。让我们来了解一下到底发生了什么事情吧。

黄帝去世之后，因为部落联盟带给了人们许多好处，所以这种制度一直维持着。在经历几代人的统治之后，人们又推选出新的部落联盟首领，他就是尧。

尧是一位品德高尚的领袖，他带领各族人民，耕种谷物，

名人档案

尧，又称唐尧，是传说中父系氏族社会后期的一位部落联盟领袖。传说，他曾下令让羲仲、羲叔、和仲、和叔分别驻扎东、南、西、北四地，观星象，定季节，制定历法。尧在位时，团结亲族，联合友邦，并且广开言路，倡导人民积极进谏。尧晚年时，将首领之位禅让给了舜。

抵御天灾和野兽，并且赏罚分明，从不偏袒，在部落中有着极高的声望。

尧年纪大了，就开始想继承人的事情。部落联盟首领的选拔关系到部落未来的发展，尧不得不慎重。他把各部落的头领都叫了过来，让他们各自发表意见，以选出最适合的人。

一个头领站了出来推荐了尧的儿子丹朱。尧严肃地说："丹朱虽然是我的儿子，可他生性顽劣，品德不好，总与人发生争执，难以服众，怎么能治理好国家呢？"尧沉思了一会儿，正色道："把权力交给贤明的人，天下百姓都可以得到好处，只有丹朱一人痛苦。可传给丹朱，天下百姓都会痛苦，只有丹朱一人得到好处。我不能用百姓的痛苦去造福丹朱一人啊！"

另一个头领说："管水利的共工做过不少事情，我看他可以担任联盟首领。"

尧还是摇头："共工只是表面上对人恭敬而已，其实心里想的是另外一套，这种人不能用。"

首领们讨论了半天，还是没讨论出满意的人选，尧便让他

文化小课堂

禅让就是统治者把首领之位让给别人。"禅"的意思是"在祖宗面前大力推荐"，"让"的意思是"让出帝位"。"禅让"又有"内禅"与"外禅"的分别，"内禅"是帝王将帝位让给同姓人，"外禅"是天子禅位于外姓，比如尧让位于舜。

们到外面去寻访一番。过了一段时间，首领们回来了，他们一起向尧推荐了一个叫舜的人。舜的母亲早亡，父亲瞽（gǔ）叟（sǒu）又娶了一个妻子。父亲和继母都宠爱继母所生的弟弟象，对舜十分不好。可舜从不计较，依然孝顺父母，关心弟弟。为了养家糊口，他在雷泽打过鱼，在山上种过地，在黄河岸边制过陶器，还做过小生意，不管做什么，都做得有模有样。

听到大家对舜交口称赞，尧点点头说："我也听说过他，那就再观察他一阵子吧。"

不久，尧把自己的两个女儿娥皇、女英嫁给了舜，又送给舜不少牛羊。舜并没有因此沾沾自喜，舜的继母和弟弟却嫉妒得要命，他们就串通瞽叟，想除掉舜来独占财物。

一次，瞽叟叫舜去修补粮仓屋顶上的裂缝。等舜爬到仓顶，正在专心地用泥涂抹裂缝时，瞽叟和象就把梯子撤走了，并放火点着了粮仓，大火很快就燃起来了。正好那天天气炎热，舜带了两顶遮阳的大斗笠，他急中生智，一手抓着一个斗笠，展开双臂跳下了粮仓。两只斗笠就像鸟儿的翅膀，使他轻轻地落了下来，没受一点儿伤。

过了一段时间，瞽叟又叫舜去淘井。等舜下到井底，瞽叟和象就一起用大石头把井口封起来，想把舜活埋在井底。瞽叟和象以为舜必死无疑，正在家里盘算着如何瓜分他的财产，忽然见到舜平安无事地回来了，个个惊愕得张大了嘴。象拼命挤着眼睛，挤出几滴眼泪来，说："我们还以为你不幸遇难了，所以很难

过。"仁慈的舜并没有责备他们，也没有拆穿他们的谎言，而是一如既往地礼待他们。父亲和象被感动了，从此不再暗害舜。

后来，尧给舜安排一些职位，舜将各项事务都处理得很好，在用人方面也有所改进。经过长期考察，尧觉得他确实非常贤能，于是让他接替首领的位置。历史上把这种推选贤能，在位者主动让位的事情称为"禅让"。

舜在位期间，实行仁政，给人民带来了实惠，人们尊他为舜帝。儒家代表人物孟子十分推崇舜帝的孝行，赞扬他"与人为善"，认为他具备儒家伦理所要求的完美人格，是仁孝的典范。

悦读心得

舜作为一名有德之君，不仅很有智慧，而且心地善良、心胸宽广，最重要的是他还懂得谦让，这些都是值得我们学习的地方。

周公旦摄政辅王

故事引航

周公旦是周武王的弟弟,也是西周的开国元勋。周武王死后,即位的周成王年幼,于是周公旦便开始辅佐周成王管理政务。尽管周公旦尽心竭力,但还是谣言四起,周成王受到谣言的影响,开始冷落和猜忌周公旦。在这种情况下,周公旦是怎么做的呢?让我们去文中看看吧。

周武王灭掉商朝之后,建立了一个新的国家——周朝。为了更好地治理国家,他制定了分封制,将姜尚封在营丘,将自己的弟弟周公旦封在曲阜。

两年之后,周武王就去世了,他把王位传给了他的儿子姬诵,就是周成王。由于周成王年幼,还不能治理国家,因此

文化小课堂

分封制是中国古代皇帝分封诸侯的一种制度。西周初年,为了有效地维护统治,周王根据血缘关系的远近和功劳的大小,将宗亲和功臣分封到各地,命他们管理土地和人民,建立诸侯国,以确保周王朝的统治地位,这便是周朝的分封制。周代的贵族等级分为天子、诸侯、卿大夫、士。

周公旦亲自摄政，辅助侄子周成王掌管国家大事。

　　周公旦是一位很有才华的人，他曾和姜尚一同协助周武王治理天下。被封为诸侯之后，周公旦让自己的儿子伯禽去封国，自己仍留在周武王的身边。周武王去世后，周公旦的确是辅佐周成王的最佳人选。周公旦摄政后，国家大事由他全权负责，他尽心尽力，日夜操劳，常常连饭都顾不上吃。

　　尽管如此，还是有人对他不满意。他的弟弟管叔与蔡叔就起了猜疑之心，于是散播流言，说周公旦是想借辅佐周成王之机，篡夺王位。顿时朝野上下一片哗然，就连开国功臣姜尚都对他产生了怀疑。面对这种形势，周公旦没有退缩，依然将自己全部的精力放在国家的治理上。他对姜尚说："现在政权刚刚建立，国家还没有稳定，周成王年幼，如果诸侯在这个时候趁机谋反的话，我们如何向去世的先王交代呢？这也是我为什么摄政而又不避嫌的原因。"

　　一段时间后，流言慢慢平息了。但是商朝宗室大

臣武庚早有反叛之心，且蓄谋已久，现在他认为自己准备得已经很充分了，就拉拢管叔与蔡叔进行叛乱。管叔与蔡叔被利益冲昏了头脑，真的和武庚勾结在一起，并联合淮夷一起发动叛乱。

在这个危急关头，周公旦立即以周成王的名义率兵东征。这场仗打了三年之久，最终周公旦平定了叛乱。他下令将武庚与管叔杀死，将蔡叔流放。叛乱平息后，周朝的统治更加稳固，经济也有了较快的发展，百姓安居乐业。

周成王渐渐长大了，可以听政了，于是周公旦将政权慢慢交给了周成王。后来，有些小人经常在周成王面前说周公旦

名人档案

周成王，姓姬，名诵，是周武王之子，周朝的第二位君主。他幼年即位，起初由周公旦代为处理政务。周成王亲政后，大规模分封诸侯，营造新都成周（今河南洛阳东），巩固了西周王朝的统治。

的坏话，于是周成王听信了小人的谗言，慢慢疏远了周公旦。周公旦并没有因此记恨周成王，而是搬到了楚国居住。

周成王在很小的时候患过一场重病，当时周公旦非常担心，于是向神灵祈告："周成王年纪小不懂事，假如有对神灵不敬的地方，那是我造成的，我愿意代替周成王受责罚。"后来这个祷辞被记载到了史册上，保存在了档案库中。周公旦到了楚国后，有一天，周成王无意中看到了这个书策，感动得流下了眼泪，他对自己不信任周公旦深感愧疚，便派人把周公旦请了回来。

从此以后，周成王不再对叔父周公旦有任何的猜疑，只要遇到棘手的事情，他都会向周公旦虚心请教。周公旦对周成王十分尊敬，一直为周成王尽忠，为其出谋划策。

悦读心得

周成王年幼时，周公旦为了国家安定，不畏惧谣言，一心辅政，即使被周成王怀疑，也不心生怨恨，因此他的美德被后世称道。周公旦的宽容和无私，值得我们每一个人学习。

齐桓公不计前嫌

故事引航

　　齐桓公是春秋时期齐国的国君，他在争霸的道路上，遇到了一个非常重要的人物——管仲。管仲才华横溢，若是得到他辅佐，争霸事业必然突飞猛进。可是齐桓公和管仲之间有仇，齐桓公曾差点儿死在管仲手中。那么齐桓公该怎么抉择呢？让我们到文中去看看吧。

　　春秋时期，诸侯之间相互征战，大国不断入侵吞并小国，一些强国相继崛起，这些强国的统治者也成为一方霸主，在诸侯中有着举足轻重的地位。第一个在诸侯中称霸的便是齐国的齐桓公。他能成为一方霸主，和他任用了一位"仇人"有关。

　　齐国是周武王灭商后分封的诸侯国，开国国君是姜尚，又称"姜子牙"。齐桓公就是姜尚的后代。公元前685年，齐桓公登基，为了重振国家之威，想要立鲍叔牙为相。

　　鲍叔牙却拒绝了："臣并没有治理天下的才能，主公想要齐国强盛，还得请管仲来辅助主公才行，他的才能比我强多了。"

　　齐桓公连连摇头："他当初差点儿把我一箭射死，怎么

能请他来呢？"

管仲是齐国公子纠的家臣，他为什么想要射杀齐桓公呢？这里有一个故事。

公元前686年，齐国发生了一次内乱。当时的齐国国君是齐襄公，他沉迷于酒色，经常为了一点儿小事滥杀无辜，大臣们都人人自危。他有两个弟弟，一个是公子纠，一个是公子小白。国内政局不稳，为了躲避危险，公子纠逃到了鲁国，公子小白则逃到了莒国。公子纠的师父是管仲，公子小白的师父

名 人 档 案

　　齐桓公名叫小白，他是齐国的国君，也是春秋五霸之首。齐襄公当政的时候，齐国内乱，他在与公子纠争夺国君之位的斗争中取得胜利，成为齐桓公。执政期间，他励精图治，任用管仲为相，推行改革，使得齐国国力强盛。后来他平定宋国内乱，消灭谭、遂、郭等小国，成为中原第一个霸主。

是鲍叔牙。

齐襄公残暴荒唐，后来被愤怒的大臣们联手杀害。可齐国不能没有国君，大臣们就商议，在公子纠与公子小白中选择一个人作为新的国君。两位公子听到消息，都急着赶回齐国争夺王位。

公子小白得到消息早一些，就带着鲍叔牙赶到了前面。鲁国知道后，派出两路人马，一路护送公子纠回国，一路由管仲率领，前去阻击公子小白。

管仲带着人去截击公子小白，双方展开了一场恶战。管仲等公子小白马车走近时，远远的一箭朝他射了过去。公子小白大叫一声，口吐鲜血倒在地上。管仲以为公子小白已经死了，就高兴地回去向公子纠复命。公子纠听到报告，也以为公子小白已经死了，便减慢速度，不慌不忙地启程回国。其实，管仲一箭射到了公子小白衣服的挂钩上，公子小白急中生智借机装死倒下。公子小白最终抢先回到了齐国，成了新的国君，就是

文化小课堂

春秋五霸是春秋时期五个先后称霸的诸侯，也称作"五伯"。春秋五霸有多种说法，一说指齐桓公、晋文公、楚庄王、吴王阖闾、越王勾践；一说指齐桓公、宋襄公、晋文公、秦穆公、楚庄王；一说指齐桓公、晋文公、秦穆公、楚庄王、吴王阖闾；一说指齐桓公、宋襄公、晋文公、秦穆公、吴王夫差。

齐桓公。

　　齐桓公即位后，发兵打败了支持公子纠的鲁军，又威胁鲁国国君杀死公子纠，交出管仲。现在齐桓公听到鲍叔牙推荐管仲，所以才会气愤地说："管仲曾想要我的命，我怎么能用他呢？"鲍叔牙说："当时他是公子纠的师父，他用箭射您，正是出于对公子纠的忠心。论本领，他比我强得多。我听说，一个贤明的君主是不记仇的。主公如果要干一番大事业，管仲可是个用得着的人。"

　　于是齐桓公不计前嫌，当鲁国护卫押送管仲来齐国时，齐桓公不但亲自为其松绑，而且爱惜管仲的才华，决定将其委以重任。齐桓公宽宏大量，也让管仲对其忠心耿耿。管仲为相，鲍叔牙做了管仲的助手，管鲍之交成为一段佳话。

　　齐桓公在两大贤臣的帮助下，专心治国，大力发展经济，使得齐国变得更加强大，也让齐桓公成为春秋五霸之首。

悦读心得

　　管仲曾经想射死齐桓公，因此齐桓公一开始不愿意重用他。但齐桓公相信鲍叔牙的眼光，最终放下了恩怨，重用管仲，这是多么难得呀。正是因为齐桓公有这样的胸襟和气魄，他才能成就霸业。这份胸襟和气魄，值得后人学习。

廉颇负荆请罪

故事引航

蔺相如和廉颇分别是战国时期赵国的文臣与武将，他二人皆为赵国立下了汗马功劳，但由于蔺相如的官位在廉颇之上，廉颇对此十分不满，便时常与蔺相如过不去。面对廉颇的步步紧逼，蔺相如是怎么做的呢？让我们去文中看看吧。

战国时期，赵国有一位非常能干的大臣，叫蔺相如。蔺相如非常有外交才能，有一次，赵王派蔺相如出使秦国，蔺相如凭借智慧和勇气，为赵国争了不少面子。秦王见赵王手下有这样的人才，就不敢再小看赵国。蔺相如屡立大功，被赵王封为上卿。

文化小课堂

赵国是战国七雄之一。赵国始祖赵烈侯是晋大夫赵衰的后代，公元前 403 年，韩、赵、魏三家分晋，被周威烈王承认为诸侯。公元前 386 年，赵敬侯迁都邯郸，从此邯郸成为赵国的国都。后来赵武灵王进行军事改革，胡服骑射，建立起中国历史上第一支成建制的骑兵部队。长平之战后，赵国国势衰弱，于公元前 222 年被秦所灭。

赵国还有一位大人物，名叫廉颇。廉颇是当时的大将军，以骁勇善战著称，为赵国立下了汗马功劳，但官位比蔺相如低。为此，廉颇很是不满，说："我廉颇为赵国拼命打仗，好不容易才有了今天的地位，他蔺相如光凭一张嘴，凭什么官位比我还高？以后要是让我看见他，看我怎么羞辱他！"

廉颇的话传到了蔺相如的耳朵里，自此蔺相如每次上朝，都会有意避开廉颇，只要廉颇去上朝，他便托病不出。有一次，蔺相如坐着马车去办事，忽然看见廉颇的车子正迎面驶来，蔺相如连忙命车夫把车子往回赶。

蔺相如的几个门客受不了这个气，就对蔺相如说："我们之所以追随您，是因为仰慕您高尚的气节，如今您见了廉颇就像老鼠见了猫似的，您为什么如此害怕他呢？"

蔺相如说道："大家想一想，廉将军和秦王比起来，谁厉害？"门客们说："当然是秦王更厉害了。"蔺相如接着说：

名人档案

廉颇是战国末期赵国名将、杰出的军事家，他与白起、王翦、李牧并称"战国四大名将"。赵惠文王时，他率领赵军伐齐，攻取阳晋（今河北晋州西北），回朝后拜为上卿。赵孝成王时，他曾因蔺相如位居己上而感到十分不服，想要侮辱蔺相如。后来，廉颇负荆请罪，两个人成为刎颈之交。晚年时，因不得志，他先后投奔魏国和楚国，去世后葬于寿春（今安徽寿县西南）。

"秦王我都不怕，还会怕廉将军吗？如今秦国之所以不敢侵犯赵国，就是因为有我和廉将军两个人在。如果我们俩不和，岂不是让秦国有机可乘？我怎能因为一己之私而把国家置于危险的境地呢？我之所以避让廉将军，就是因为将国家社稷放在了前面，将个人私怨放在了后面！"

"蔺大人真是深明大义啊！"大家由衷地赞颂蔺相如。

"再说，廉将军是个以国事为重的人，过一段时间他自然也会明白过来的。"蔺相如说得很坦然真诚，对廉颇充满了敬意和谅解。

蔺相如的这一番肺腑之言，很快就传到了廉颇的耳朵里。这位老将军坐不住了，心中就像打翻了五味瓶子，个中滋味难以言表。他心想："被自己瞧不起的蔺相如尚且处处想着国家利益，不计个人恩怨，而自己是一位堂堂的大将军，却这样目光短浅，为一个位次先后

的芥豆之事而耿耿于怀，置国家安危于不顾，一旦因此招来外患，自己将何以面对赵王，面对百姓啊！再说，此事若是传扬出去，各国诸侯会怎样看自己？"

于是，他脱去上衣，背着荆条，让宾客在前面引路，自己徒步穿街过巷，径直来到蔺相如门前。蔺相如得知廉颇来拜访自己，急忙出门相迎。廉颇一见蔺相如便倒身下拜。蔺相如哪里敢受大将军如此重礼，赶忙还礼相搀，说道："老将军不必如此，快快请起，快快请起！"

"蔺公，是我廉颇不识抬举，没想到您对我如此大度，今天特意前来向您赔罪，还请见谅。"廉颇诚恳地说。

从此以后，二人成为刎颈之交，齐心协力保卫赵国。

悦读心得

　　蔺相如面对廉颇的忌妒和不满，始终避让，廉颇明白蔺相如的苦心后，身背荆条，上门请罪，两个人成为刎颈之交。廉颇负荆请罪的故事告诉我们要勇于承认错误并及时更正，还要以宽容的胸怀包容别人的过错。

吕蒙正宽宏大量

故事引航

吕蒙正是北宋著名的清廉宰相，他心胸宽广，为人正直，在官场上口碑极好。吕蒙正刚刚当上参知政事的时候，有人觉得他资历浅，不能担任如此重要的职务，因此在背后说他的坏话。这话正好被吕蒙正听到了，那么他有没有追究这件事情呢？

吕蒙正是一位平民出身的宰相，也是一位敢说真话的宰相。年轻时，他读书十分刻苦。977 年，他参加科举，高中状元，当过著作郎、翰林学士等官职，后来升任参知政事，可谓扶摇直上。吕蒙正心胸宽广，度量之大，堪称后世的楷模。

文化小课堂

科举是隋唐以来通过考试选拔官吏的一种制度。宋朝在沿袭唐朝科举的基础上，根据自身的实际情况，对科举进行了改革。唐朝科举与宋初科举都是每年举行一次，到了宋太宗时期，改为每一年或两年举行一次科举考试，1066 年，又改为每三年举行一次科举考试。为了录取的公平，宋朝创立了糊名、誊录等制度，以减少考官阅卷时舞弊的可能。

他刚升任参知政事时，有一天上早朝，按照惯例，地位高的官僚会率先入殿，而那些地位较低的人，则会在偏殿等候。当吕蒙正走过偏殿时，帘内有人议论说："这个姓吕的有何能耐，也能当参知政事？"

在禁止喧哗的朝堂，这句话清晰地传入吕蒙正耳中，但他却不动声色，假装没有听见一样走过去了。吕蒙正的同僚们非常愤怒，想下令追问说话者的姓名、官职，吕蒙正知道后立即挥手制止。

罢朝后，同僚们仍在为刚才的事生气，后悔当时没有追问。吕蒙正却说："此话固然不入耳，然而，一旦得知那个人的姓名，便终生不会忘记，以后同列朝堂难免心存芥蒂，于国事无益。还不如不知道，这对我个人来说也没什么害处啊！"

看到吕蒙正如此大度，同僚们还能说什么呢？

后来，吕蒙正又升任宰相。他刚当上宰相时，有人揭发蔡州知州张绅贪赃枉法，吕蒙正就把他免了职。朝中有官员对宋太宗

说："张绅是洛阳有名的富豪，怎么可能贪求区区贿赂呢？吕蒙正在中进士前生活十分困窘，曾向张绅借钱而未能如愿，一直怀恨在心，眼下是在利用职权，寻找借口报复张绅罢了。"

宋太宗信以为真，便下诏让张绅复官。这是很失吕蒙正面子的事，而吕蒙正却始终以大局为重，没有为自己辩解。

不久，吕蒙正罢相，考课院却查到张绅贪赃枉法的真凭实据，再次将他免职。宋太宗听说后，后悔不已。后来，吕蒙正再度入相，宋太宗对他说："张绅果然是个贪官，已被免职。"

吕蒙正仍然不为旧事辩解，也不乘机诉说被误解的委屈，只是一笑而已。连宋太宗也十分佩服他的肚量，曾私下赞叹："蒙正气量，我不如也。"

封建时期，士大夫对家族所担负的一项重要职责就是光大门楣，光宗耀祖。身为宰相，吕蒙正若想为子孙谋要职，实在是易如反掌的事，但他却从不徇私枉法。

吕蒙正入相，他的儿子吕从简也在朝廷做官，吕蒙正却

名人档案

宋太宗原名赵匡义，因避其兄宋太祖赵匡胤的名讳，改名为赵光义，他是北宋的第二位皇帝。宋太宗最大的功绩是亲征北汉，消灭了最后一个割据政权，结束了五代十国的分裂割据局面。后来宋太宗两次攻辽，想要收复燕云十六州，都遭到失败，从此对辽采取守势，并且进一步加强中央集权。

上奏说："当初我考中进士甲科，只授六品京官。天下有才能的人不计其数，不少人默默无闻一辈子也得不到一官半职。我儿子还年幼，就得此高位，我心中不安，恳求朝廷，只要以我当初入仕时的官职授予他就足够了。"

奏章呈上后，宋太宗仍坚持原来的意见，吕蒙正辞让再三，方得应允。从此，宰相之子恩荫只授六品京官便成为定制。

宋真宗朝拜永熙陵封禅泰山时，驾临吕府，赐赉（jì）有加。他见吕蒙正年事已高，便问他："卿的几个儿子中，哪一个可以委以重任？"

吕蒙正回答说："臣的儿子，都没什么才能。我的侄子夷简，如今在颍州做官，此人倒是做宰相的好材料。"就凭这句话，吕夷简后来得到重用，成为北宋有名的贤相。吕蒙正以国事为重，公正无私，荐侄不荐子，成为一段千古佳话。

悦读心得

俗话说"宰相肚里能撑船"，赞扬的就是吕蒙正宽广的胸襟。做官就应该像吕蒙正那样，对人宽厚，倡导正义，唯才是举。后世为了赞扬他而总结了一句话："当官当如吕蒙正。"

勤奋好学

苏秦苦读

故事引航

苏秦是一位知识渊博、口才极佳的人，他提出了有名的"合纵"思想，官至六国的丞相。但是他的人生经历非常坎坷，早年吃了很多苦，甚至连他的家人都曾嫌弃他。在这样的情况下，苏秦是怎么做的呢？让我们去文中看看吧。

苏秦自幼便很喜欢学习，曾在很有名望的鬼谷子门下求学，学得了一套治国平天下的理论。苏秦勤奋好学，渐渐地有了一些成绩。然后，他就骄傲起来，以为自己学到了所有的知识。他开始外出闯荡，决心谋取一官半职。

文化小课堂

纵横家是"谋圣"鬼谷子创立的学术流派。纵横家分为两派，分别为合纵派和连横派，合纵派的代表人物有公孙衍和苏秦，连横派的代表人物主要是张仪。合纵派的思想是联合其他弱国一起对抗强大的国家，连横派的思想是辅佐强大的国家而破除弱国之间的联合。

　　苏秦最初是主张"合纵"的，于是他去求见周显王，希望周显王能团结所有的小国，共同对抗大国。但由于没人给他引荐，一年多来苏秦一直被冷落。

　　一气之下，苏秦又来到了秦国，向秦惠王提出了"连横"的建议，劝他用此办法来统一诸侯国。他还给秦惠王写了十多封意见书，但秦惠王只是粗略地看了一眼，并没有放在心上。就这样，苏秦在秦国住了一年多，身上的钱都花完了，却一事无成，只好离开秦国，回到家中。

　　因为路途比较远，再加上心情不好，他花了很长时间才回到家中。这时他已瘦得不成样子，皮肤也变得非常黝黑了。

名 人 档 案

秦惠王，又称秦惠文王，秦孝公之子。他即位后，杀了商鞅，继续推行变法。公元前325年，自称秦王，成为秦国第一位称王的国君。在位期间，他任用贤能，推行法制，并不断拓展领土，为秦统一全国打下坚实的基础。

妻子看见他这样，叹了一口气，继续低头织起了衣服；嫂子看见他这样，不愿为他做饭；父母见他这样，也懒得搭理他。

苏秦心中苦涩无比。他长叹一声，自言自语地说道："唉，妻子不把我当丈夫，嫂子不把我当小叔子，父母也不把我当儿子，都怪我没用！"

苏秦的心里难受极了，他决定发愤读书。当天夜里，他把自己的几十箱藏书找了出来，从此不分昼夜，刻苦攻读。有时候读着读着就在案头上睡着了，每次醒来，发现时间过去了很久，都十分懊悔，痛骂自己无用，可是一时也找不到合适的办法来制止自己打瞌睡。

有一次，他一边读书一边打瞌睡，放在案上的一把锥子扎到了他的手臂，他立刻清醒过来。他因此想出了一个好主意：用锥子扎自己的大腿。从那以后，只要一有困意，他就会用锥子扎自己的大腿，强迫自己振作精神。由于用力过猛，常常会流血。家人看了，于心不忍，便劝他说："你不用这么做，只要你能悔过自新，总有一天会成功的。"就这样，苏秦勤学苦读了一年多，取得了极大的成就。

经过这一番准备，苏秦于公元前334年开始游说六国，最终被六国君王赏识，成为六国的宰相，提出了有名的"合纵"思想。

悦读心得

苏秦游说失败后并没有气馁，反而更加努力地读书，最终实现了自己的理想。苏秦苦读的故事告诉我们，树立一个明确的目标，然后下定决心，坚持下去，就一定会成功。

张良得兵书

故事引航

　　西汉开国功臣张良年轻时，在一座桥上遇到了一位神秘莫测的老人，这位老人看到张良后，故意将鞋子踢落到桥下，让他去捡鞋。接下来，张良是怎么做的呢？让我们去文中看看吧。

　　张良是战国时期韩国人，是一个胸怀大志的青年。秦国灭掉韩国以后，年轻的张良为报国仇家恨，不惜变卖自己的财产，请杀手刺杀秦始皇。后来，他结交了一个大力士。于是两个人商量，准备在秦始皇外出巡游的时候将他杀死。张良与杀手打听到秦始皇巡游时将会经过博浪沙（今河南原阳东南），于是他们预先在那里找了一个非常隐蔽的地方，做好埋伏。当秦始皇的车队经过那里时，大力士就提起铁锤砸了过去。然而这一锤却没有砸到秦始皇，只是将一辆副车砸碎。张良刺杀秦始皇失败后，便开始了逃亡生涯。他一直逃到了下邳（今江苏睢宁北），总算逃过一劫，便在下邳住了下来。

　　有一天，张良外出散步，走到一座大桥上，看到一位老人，身穿一件土黄色大衫，端坐在桥头上。当他看到张良走到自己面前的时候，故意把脚往回一缩，脚上的鞋子掉到了桥下。老

名 人 档 案

张良，字子房，是西汉开国功臣，与韩信、萧何并称为"汉初三杰"。张良为韩国贵族，秦灭韩后，力图恢复韩国，为此他结交刺客，在博浪沙刺杀秦始皇未遂。传说他逃亡到下邳时，遇黄石公，得《太公兵法》。秦末农民起义时，他率领部下投奔刘邦，为其重要谋士，凭借出色的智谋，协助汉王刘邦在楚汉战争中夺得天下，为大汉王朝立下了汗马功劳。

人转过头来，对张良说："年轻人，你下去帮我把鞋子捡上来。"

张良一听，十分生气，不过，他还是忍住了，人家毕竟是个老人，只好下桥给老人捡回了鞋子。谁知这老人竟然得寸进尺，吩咐说："给我穿上。"

张良想了想，既然鞋子已经捡回来了，干脆好人做到底，就跪在地上恭恭敬敬地帮老人穿上鞋子。老人笑了笑，没有道谢，转身就离开了。张良觉得这位老人有些奇怪，就跟在老人

身后走了几步，老人转身对张良说："年轻人不错呀，我倒乐意教导教导你。五日后，黎明时分，你在桥上跟我见面。"

张良听他的语气就知道他是一位有学问的人，为了能学到东西，连忙行了跪拜之礼，答应道："好，好！"

到了第五天，张良起了个大早，刚到桥头，老人就已经先到了，并生气地对张良说："你跟老人家约会，就应该早点儿来，怎么能让一个老头子等着你呢？"张良不得不承认自己的错误。那老头儿又说："再过五天，早一点来。"说完就离开了。

张良觉得很对不起这位老人，心想这老人不知在露水中站了多久，下次我一定早到等着他。又过了五天，张良听到了公鸡的叫声，急忙向桥的方向奔去。他还没走上桥，就见老人已站在桥上。老人望着张良说道："过五天再来吧。"

张良心想："一位老人家都能到得这样早，我为什么不行？下次我一定早到，不会再让老人等着我！"

到了第五天夜里，张良没有再睡觉，在灯下读了一会儿书，

文化小课堂

兵书是中国古代军事著作的统称，内容主要反映中国古代军事家、军事理论研究者对军事活动及其规律的理性认识。中国是兵学最早发展的国家之一，兵书历史悠久。现存的保存最完整的兵书是《孙子兵法》。

没到半夜就去桥头赴约了。他早早地来到桥头，发现空无一人，知道老人还没有来，这才松了一口气，靠在桥头，忍受着寒冷，等待老人到来。过了一会儿，他看见老人一步一步地走过来。他一见张良，开心地说："这样才对嘛！"

说罢，老人从怀中取出一本书递给了张良，说："你回去后好好读书，将来好成就一番事业。"等到天亮，张良趁着晨光，从怀中掏出了书，此书原来是《太公兵法》。张良如获至宝，刻苦研读，终于领会了书中的道理。

后来张良跟随刘邦，为他出谋划策，为战胜项羽出了不少力。西汉建立以后，刘邦封他为留侯，并称赞他"运筹帷幄之中，决胜千里之外"。

悦读心得

张良以恭敬谦逊的态度，博得了这位老人的赞赏，再加上为了求知而坚持不懈的精神，最终得到《太公兵法》一书。张良的故事告诉我们，要想学有所成，就必须坚持不懈，刻苦努力。

匡衡借光读书

故事引航

匡衡小时候家里很穷，以至于没有书读，但好学的他没有向困难屈服，一直千方百计地找机会读书。后来他通过自己的努力，博览群书，成为一名很有学问的人。让我们去文中看看匡衡勤奋读书的故事吧。

匡衡是西汉时期著名的文学家。小时候，他特别希望能像其他孩子一样跟着老师学习，但是他家里很穷，父母没有钱来供他上学，所以他经常独自一人在学堂外静静地聆听屋内的读书声。有一位亲戚，见他十分热爱读书，内心很受触动，便抽出时间来教他识字。经过长时间的积累，他终于可以自己读书了。

在那个年代，书籍是十分珍贵的，只有那些有钱的家庭才拥有书籍。但是，有钱的人家怎么可能轻易地把书借给穷苦的孩子呢？匡衡就想到了一个好方法。

村里有个大户人家，家中藏书颇丰。有一天，他去拜访主人，然后态度诚恳地请求道："请您雇我做工吧。我力气很大，非常能干，我可以为您做任何事情。我不要工钱，您只要让我看看家中的藏书就行。"匡衡落落大方，彬彬有礼，眼神中流露出渴望的神色，主人被感动了，于是答应了他的请求。从此，匡衡获得了很好的读书机会。

匡衡白天一边干活，一边抽空读书，但是到了晚上，他就开始发愁了，家里连一盏油灯都没有，怎么读书呢？匡衡心中烦恼，但又无可奈何。

一天夜里，匡衡从外面回来，四周一片黑暗，只有邻居家还能看到灯光。匡衡心中一动，一巴掌拍在了自己的头上，

名人档案

匡衡是西汉的经学家，他小时候十分好学，虽然家境贫寒，但是依然刻苦读书。汉元帝即位后，任用匡衡为郎中，后来升任宰相，封安乐侯。汉元帝末期，宦官石显为中书令，他结党营私，把持朝政，怂恿汉元帝加大赋税，压榨百姓，却因为皇上的宠爱，无人敢冒犯于他。汉成帝即位后，匡衡便上疏弹劾石显，最后却遭人弹劾，被贬为平民，回到故乡，没过几年就去世了。

说道："我怎么就没有想到这一点！"

他悄悄地在墙上挖了一个小孔，邻居家的光线立刻照了进来。他把书本对着光，如饥似渴地读了起来。匡衡凭借凿壁偷光的毅力，博览群书，最终成为一位学识渊博的学者。

汉元帝时期，匡衡被举荐为郎中，又升为博士、给事中

文化小课堂

博士是古代官名，起源于战国时期，是一个负责书籍、经典和历史事件的官方职位。汉初继承秦朝的制度，博士的俸禄比秦朝时多了六百石，名额也多了十人。汉武帝时，还设立了五经博士，《诗》《书》《礼》《易》《春秋》每经设置一位博士，故称五经博士。博士成为专门传授儒家经学的学官。

等官职。这时接连有日食和地震,汉元帝心惊胆战,担心这是上天降下的灾祸,于是就请群臣商议利弊。匡衡上奏,列举历史事实说明天象不过是天地阴阳之变,祸福皆由人之所为。他建议皇上亲近贤臣,选拔贤才来应对危机。汉元帝十分欣赏匡衡的见识,提升他为光禄大夫、太子少傅。

汉元帝对傅昭仪和其子定陶王的宠幸程度超过了皇后和太子。匡衡对此提出了自己的建议,深刻分析了"正家而天下定"的道理,防止国家大乱。后来汉元帝下旨,加封匡衡为丞相,同时封为乐安侯。

悦读心得

匡衡虽然出身贫寒,却不畏艰难,勤奋好学,坚持不懈,最终学有所成。他在艰苦的环境下依旧拥有一颗勤奋苦读的心,这是一种难得的品质,为我们树立了刻苦读书的好榜样。

祖逖闻鸡起舞

故事引航

祖逖（tì）是一个拥有远大抱负的人，他经过长期刻苦的学习和训练，终于成为一个能文能武的全才。那么他具体是怎么做的呢？让我们一起看看祖逖的励志故事吧。

晋代的祖逖是一位出色的将领。他小时候不喜欢读书，十分调皮，长大后才意识到自己知识的贫乏，认识到不读书是不能为国效力的，于是开始发愤读书。他广泛阅读书籍，认真研究历史，有了非常渊博的知识，学问大有长进。他多次出入京都洛阳，与他有过接触的人都说，他是一位能帮助皇帝治理

名人档案

祖逖是晋朝杰出的将领。祖逖少年时，生性豁达，不拘小节，仗义疏财，深受乡亲们的喜爱。长大后，他刻苦读书，当时人称赞他为赞世之才。永嘉之乱后，他率领亲党南渡，迁居京口（今江苏镇江）。313年，他请求北伐，被司马睿（晋元帝）任命为豫州刺史，率领部队渡江，发誓收复中原。数年间，他率军收复黄河以南大片土地。后因东晋内部纠纷，他失去朝廷支持，最终忧愤而死。

国家的人才。

　　后来，祖逖和好友刘琨一起出任司州主簿。他与刘琨关系十分融洽，不仅常常同床而卧、同被而眠，而且都有远大的志向，渴望建功立业，成为国家的栋梁之材。

　　一天晚上，祖逖被一阵鸡叫声惊醒了。他往窗外一看，一弯残月正挂在天边。祖逖立刻站了起来，一边穿衣服，一边叫醒了刘琨。刘琨不解，问祖逖："天还没有亮，为什么把我叫起来？"祖逖说："正因为天还没有亮，所以我们要更加努力，难道你忘记了我们曾经立下的豪言壮志吗？咱们以后就以鸡鸣为号，只要听见鸡鸣声，我们就起床练剑如何？"刘琨也是一个不怕吃苦、一心为国效力的人，一听祖逖的话，立刻同意了。

　　自那以后，他们二人每天鸡叫后就起床练剑，无论刮风下雨，从不间断。功夫不负有心人，经过长时间的努力和锻炼，

文化小课堂

"闻鸡起舞"和"中流击楫"这两个成语都和祖逖有关，最早见于《晋书·祖逖传》。闻鸡起舞原意为听到鸡叫就起来舞剑，后来比喻有志者及时奋发努力。中流击楫原指祖逖在河流中央拍打船桨的起誓行为，后人便用"中流击楫"比喻收复失地的雄心壮志。

他们终于成为文武双全的人才，不但能写得一手好文章，还能领兵打仗。后来，祖逖被封为镇西将军，刘琨做了都督，他们都实现了报效国家的愿望，充分发挥了自己的才能。

后来，八王之乱爆发，北方的少数民族趁机入侵中原，祖逖被迫带领乡亲们南下，逃到了司马睿的地盘上。祖逖有一身本领，又有很高的威望，很快就得到了司马睿的重用。

为了收复失地，祖逖向司马睿请求出兵北伐。可司马睿当时正忙着扩张自己在江南的势力，无暇顾及北方，就只拨发了很少的粮草和物资，让他自己招募士兵。

祖逖克服重重困难，终于拉起了一支队伍，他们乘船渡江，向着北方出发。船驶入江心，祖逖用佩剑敲着船桨，高呼："如果不能打败中原的敌人，我就像这条大江一样一去不回！"

祖逖渡过大江以后，又招募了大量的战士，他们作战英勇，数年间，收复了大片失地。祖逖收复失地的举措，受到了广大民众的热烈支持，甚至有些人还将他的诗句编成了歌谣，四处传唱。

然而，备受百姓拥护的祖逖，却惨遭朝廷忌惮。祖逖见自己一片忠心却反遭猜忌，伤心欲绝，最终郁郁而终。这个消息一传出，许多人都痛哭流涕。为了表达对他的思念和敬仰，人民为他修建了一座祠堂。

悦读心得

祖逖和他的好朋友刘琨，每天都会在鸡叫后起床练剑，从不间断。也正是因为刻苦勤奋打下的基础，他才能在北伐中所向披靡。由此可见，要想成就一番事业，就必须要有这种立志勤奋的精神。

王羲之勤学书法

故事引航

王羲之是我国古代著名的书法家，后人尊称他为"书圣"。他能有这样大的成就，与刻苦练字密不可分。那么，你有没有听说过王羲之练书法的故事呢？让我们去文中看看吧。

王羲之出身名门望族，是琅邪王氏的子弟。他自幼习字，小小年纪就已经写得一手好字。但他并没有骄傲，而是苦练书法，但四五年下来，他感觉自己没什么长进。

有一天，王羲之在父亲的枕头下面找到了一本名叫《笔谈》的书，此书记载了许多写字的方法。他如获至宝，便如痴如醉地读起来。就在他读书的时候，父亲走了进来，看到王羲之正

名人档案

王羲之是东晋著名的书法家，他出身贵族，凭借门荫入仕，官至右军将军、会稽内史，人称"王右军"。他曾与谢安、孙绰等人宴集兰亭，写下著名的《兰亭序》。355 年，他称病弃官，迁居到绍兴金庭。361 年，王羲之去世，被安葬于金庭瀑布山。

偷偷地翻阅书籍，于是走到他面前，问道："为什么偷看我枕头下的书？"

　　王羲之以为父亲生气了，不敢回答。母亲赶忙上前帮王羲之解围，说："孩子，你是在揣摩用笔的方法吗？"父亲认为王羲之的年纪还太小，对于书中的论述很难读懂，就把书收了回去，对他说："等你长大了再教你读。"王羲之连忙说："父亲，您不能这样想啊，如果等我长大了才研究笔法，那我这几年的时光不就白白浪费了吗？还是让我现在就学习吧，免得不懂得方法瞎摸索。"父亲听后感觉有道理，便将这本书送给了他。于是，王羲之按照书中所讲的方法苦练起来，没过多长时间，王羲之的书法就有了明显的进步。

　　王羲之并不满足已有的成就。有一次，他看到东汉书法家张芝的书迹，便爱不释手地临摹起来，自叹不如。张芝的草书写得非常好，后人称他为"草圣"。王羲之不仅爱慕他的字，更钦佩他"临池学书，池水尽黑"的苦练精神。他在写给朋友的一封信里说："张芝就着池塘的水练书法，整个池子的水都变黑了。如果我也下这么深的功夫去练习，未必赶不上张芝。"

　　从此以后，王羲之更加勤奋好学，他每天挥笔疾书，写完字后就到家里的池塘里去涮笔。久而久之，池水就变成了黑色，于是就有了"墨池"之名。根据记载，绍兴兰亭、江西临川新城山、浙江永嘉积谷山都是王羲之曾经居住的地方，在这些地方都有他练字的墨池。王羲之痴迷于书法，终日刻苦钻研。他草书学张芝，楷书学钟繇，从古人的碑文中汲取灵感，推陈出新，一变汉、魏以来质朴的书风，开晋后妍美劲健之体，创楷、行、草之典范。他的代表作《兰亭序》，被誉为"天下第

文化小课堂

　　书法家是指擅长书法的人或精通书法理论的人。我国不同朝代有不同的书法家，他们都有各自的风格以及擅长的书法。如东晋的王羲之擅长行书、草书以及楷书，代表作为《兰亭序》；唐朝的颜真卿擅长楷书，代表作为《祭侄文稿》；北宋的米芾擅长行书和草书，代表作为《蜀素帖》；元朝的赵孟頫擅长行书和小楷，代表作为《胆巴碑》；清朝的王铎擅长行书和草书，代表作为《拟山园帖》。

一行书"，千百年来倾倒了无数习书者。

　　王羲之的书法影响了一代又一代的书苑。唐朝的欧阳询、颜真卿、柳公权；宋朝的苏轼、黄庭坚、米芾、蔡襄；元代的赵孟頫，明代的董其昌，这些书法名家都对王羲之心悦诚服，因而他享有"书圣"的美誉。

悦读心得

　　正是因为王羲之锲而不舍地刻苦练习，最终他的书法才达到了一个前所未有的高度，成为后世的楷模。而他的事迹也说明，任何成功的取得，都离不开自己的勤奋努力。

高风亮节

伯夷和叔齐不食周粟

故事引航

伯夷和叔齐是商朝末年孤竹国国君的两个儿子，孤竹君去世后，他们对于君位互相谦让，最后都离开了孤竹国，谁都没有继承君位。他们听说周国的周文王是一代贤君，便相约到周国定居。可是最后他们为什么又一起饿死在了首阳山呢？赶快到文中了解一下到底发生了什么事情吧。

商朝末年，有一个小国叫孤竹国。孤竹君生前一直想让三儿子叔齐继承王位，但按照当时的礼法，嫡长子伯夷才是继承王位的首选。孤竹君去世之后，忠厚的伯夷对叔齐说："你应该听父亲的话，继承国君之位。"之后，伯夷就放弃了王位，离开了孤竹国。伯夷走后，大家都认为君主的位置应该交给叔齐。但是叔齐说："如果我当国君，这样既对不起哥哥，又不符合礼制。"于是叔齐也离开了孤竹国。群臣无奈，只好让孤竹君的次子继承了王位。后来，叔齐经过多方打听，终于与自己的兄长伯夷相聚了。

当时正是商纣王统治时期，由于商纣王极其残暴，为了躲避商纣王，伯夷、叔齐就逃到了北海之滨，与东夷人生活在一起。后来他们听说周国的西伯姬昌是一位贤明的君主，他统治的地方经济稳定，人民安居乐业。他们兴奋地说："现在周国非常安定，我们应该到那里定居。"于是他们一起前往周国。但是途中，他们遇到了周武王的军队。原来西伯姬昌过世了，他的儿子姬发继承了王位，也就是周武王。周武王尊西伯为文王，他带着西伯的牌位去讨伐商纣王。

他们二人非常失望，于是挡在周武王马前，劝谏他说："父

名人档案

周武王姬发是周文王的儿子，西周开国君主。周武王继位后，继承父亲的遗志，重用太公望、周公旦等人治理国家，又联合庸、蜀、羌、髳卢、彭、濮等部族，于公元前1046年率大军攻打商朝朝歌，讨伐暴君商纣王。双方在牧野（今河南淇县西南）展开决战。殷商大败，商朝灭亡。周武王建立周朝，定都镐京（今陕西西安西南）。

亲死去还没有埋葬，就去攻打商纣王，这能称得上孝吗？以臣子的身份对君主进行讨伐，这能称得上忠吗？"周武王的随从听不下去了，要将他们俩杀掉。军师姜尚劝道："他们是非常仁义的人，不能杀。"周武王便令士兵将他们俩赶走。

后来周武王与商纣王的军队在牧野展开决战，因为商纣王的士兵在阵前倒戈，周武王大获全胜，而商朝也走向了灭亡。公元前 1046 年，周朝建立。

文化小课堂

周朝是中国历史上继商朝之后的第三个奴隶制国家。周朝分西周和东周两个时期。西周从公元前 1046 年周武王灭商起，到公元前 771 年周幽王被申侯和犬戎所杀为止。东周又可分为春秋、战国两个时期，从公元前 770 年周平王东迁洛邑（今河南洛阳）起，到公元前 256 年被秦所灭为止。

伯夷、叔齐认为周武王的所作所为非常可耻，他们决定不再吃周朝的粮食。可那个时候，天下已经是周朝的了，于是他们二人就来到了首阳山，靠着采食薇菜为生。后来，二人饿死在了首阳山。

伯夷和叔齐互相让位、不食周粟、以身殉道的崇高品德，受到了儒家的倡导和推崇。子贡曾经问孔子："伯夷、叔齐是谁？"孔子说："他们是古代的贤人。"子贡又问："他们有没有后悔自己的所作所为？"孔子说："他们追求的是仁道，并没有遗憾。"

悦读心得

    伯夷、叔齐是有气节的人，他们不食周粟、忠于故国、不事二主的行为，透露出他们高风亮节的精神品质，这一点是我们每个人都应该学习的。

介子推不言禄

故事引航

你们知道寒食节吗？听说过寒食节的来历吗？寒食节和介子推有关，这个节日就是为了纪念介子推而出现的。到底是怎么回事呢？让我们去文中看看吧。

春秋时期，晋献公的宠妾骊姬为了让自己的儿子奚齐继承王位，害死了太子申生，又要杀害晋国其他几位公子。重耳为了保住自己的性命，不得不避开祸害，逃亡国外。重耳在外逃亡期间，吃尽了苦头，跟着他的大臣也越来越少，最后只剩下几个忠心耿耿的人。介子推就是其中之一。

有一次，他们逃到了卫国，卫国国君没有收留重耳，重

名人档案

介子推又名介之推、介推，后人尊他为介子，春秋时期晋国人。他曾跟随公子重耳（晋文公）在外流浪，一直对重耳忠心耿耿。因"割股奉君""功不言禄"的壮举深得世人怀念。介子推死后，晋文公重耳深感愧疚，将绵山改名为介山，并立庙祭祀，由此产生了"寒食节"。

耳只好垂头丧气地离开了。一名随从又偷光了重耳的粮食，逃到了山里。此时的重耳已经好几天没有吃东西了，他又饿又累，脑袋昏昏沉沉的，没走多远便昏倒在地。

这时，介子推斩钉截铁地说："我去附近的山里捉些野兔、采些野菜，来熬汤给公子喝。"荒山野岭的，上哪里寻找野兔和野菜呢？介子推在山里找了一圈也没找到。于是，他从自己腿上割下了一块肉，熬成肉汤给重耳吃，这才让他活了下来。当重耳醒来知道这件事情后，很受感动，声称将来回到晋国，一定会好好报答介子推的恩情。

十九年后，重耳回国做了国君，也就是著名的"春秋五霸"之一晋文公。晋文公执政没多久，周王室便发生了内乱，他立即准备出兵相助，却忘记了介子推对他的救命之恩。

一天，介子推回到家中，连连唉声叹气。母亲听到儿子叹息，以为他是对晋文公有意见，就劝他去晋文公那里谋个好差事。介子推却说："母亲，您误会我了，我不是想得到赏赐，

而是看不惯朝廷里的势利小人。当年，公子有难，他们四散而去，如今，他们成天围在晋文公身边，总说他们的功劳。孩儿实在看不惯这种势利之人，更不愿意每天和他们待在一起。所以，我想回乡下种田，过清净的生活，但又怕您不答应。"母亲一听，欣然答应了，决定与儿子一起隐居。

一天，晋文公忽然想起了介子推。晋文公说："介子推可是我的救命恩人，我一定要把他带到宫里，给他谋个官职。"晋文公立刻派人去请介子推，但手下都说找不到他。"难道是我没有足够的诚意？"晋文公想。

于是，晋文公亲自带人去了介子推的住处，却发现大门紧闭着。经过一番打听，晋文公得知介子推和他的母亲早已在绵山隐居。晋文公立即派御林军上绵山去寻找，但一连寻找好几日，始终一无所获。

晋文公为此忧心忡忡，有人劝他："大王，我们不如放火烧山吧。只在绵山的三面放火，留下一面，等到大火燃起时，介子推为了活命，他一定会下山的。"晋文公答应了。这场大

文化小课堂

寒食节是中国的传统节日之一，也是传统节日中唯一以饮食习俗来命名的节日。它的日期在清明节前一两天。寒食节主要有禁烟火、插柳等习俗。寒食节绵延 2000 多年，曾被称为中国民间第一大祭日，其中蕴含着忠孝廉洁的寓意。

火烧了三天三夜，可最后都没有看到介子推的影子。

后来，在一棵被烧焦的大柳树下，找到了抱树而亡的介子推和他的母亲，晋文公悲痛万分，悔恨不已。于是，他下令将介子推和他的母亲一起埋在那棵烧焦的大柳树下，并将绵山改为"介山"，还修了一座祠堂，每年都要举行一次祭拜，以表示对自己过失的悔恨和对介子推的厚爱。同时，他还下令自己放火烧山的这一天，全国人民只能吃寒食，不能生火。此后，这一习俗就成为中国的一个重要的传统节日——寒食节，以纪念介子推不谈功名利禄的高尚品德。

悦读心得

介子推跟随晋文公在外流亡十九年，始终忠心耿耿，尽职尽责。他做这些只是为了尽一个臣子的本分，对主尽忠，丝毫没有考虑回报。晋文公继位后，介子推不愿意与那些一味追求功名利禄的人为伍，便隐居山林。介子推这种不求回报、淡泊名利、无私奉献的精神品质值得我们歌颂。

不为五斗米折腰

故事引航

晋代田园诗人陶渊明曾为了养家糊口而步入仕途，但在了解到官场的黑暗后，便毅然辞官归隐。那么陶渊明为官期间，到底发生了什么呢？让我们来了解一下吧。

晋安帝在位期间，会稽郡一带爆发了孙恩领导的农民起义，朝廷下令出动北府兵，这才将叛乱镇压下去。当时东晋王朝发生内乱，荆州刺史桓玄起兵，攻入建康。桓玄逼迫晋安帝禅位给自己，改国号为楚。后来北府兵将领刘裕又打败桓玄，迎接晋安帝复位。从那以后，东晋王朝就形同虚设了。

名人档案

陶渊明名潜，字元亮，号五柳先生，东晋杰出的诗人。他曾任江州祭酒、镇军参军、彭泽令等，因不满当时士族地主把持政权的黑暗现实，任彭泽令不足三个月，便辞官回家，从此隐居。陶渊明擅长诗文辞赋，田园生活是陶渊明诗的主要题材，相关作品有《饮酒》《归园田居》《桃花源记》《五柳先生传》等。

　　在国家动荡不安的年代，浔阳柴桑有一位大诗人，他叫陶渊明，因为看不惯官场的黑暗和腐败，过着隐居的生活。陶渊明的曾祖父是东晋名将陶侃，陶侃虽然做过大官，但不是士族大地主，到了陶渊明这一代，家境已经很贫寒了。

　　陶渊明从小就有志气。他读书非常用功，希望自己有一天能解救天下受苦受难的百姓。可是，当他真正做了官，才发现官场非常腐败。很多官员只顾搜刮民财，压迫百姓，根本谈不上为民做主、为民办事。在这种环境中，他想做一点好事都很难，但他还是尽自己的力量去做了。别人当官，巴结上司是常有的事，而他却不愿意理睬那些人，不愿意与他们交往。正因这样，陶渊明家里经常揭不开锅，但他

还是照样读书作诗，自得其乐。他的家门前有五棵柳树，于是他给自己起了个别号，叫五柳先生。

后来，陶渊明越来越穷了，靠自己耕种田地，也养不活一家老小。亲戚朋友劝他出去谋一官半职，他没有办法只好答应了。当地官府听说陶渊明是名将后代，又有文才，就推荐他做了个参军。但是没过多少日子，他就看出当时的官员互相倾轧，心里很厌烦，就要求出去做个地方官。上司就把他派到彭泽（今江西九江境内）当县令。

当时做个县令，官俸是不高的。陶渊明一不会搜刮，二不懂贪污，日子过得并不富裕，但是比起他在柴桑过的穷日子，当然要好一些。再说，他觉得留在一个小县城里，没有什么官场应酬，也比较自在。

有一天，郡里派了一名督邮到彭泽视察。县里的小吏听到这个消息，连忙向陶渊明报告。陶渊明正在他的内室里捻着胡子吟诗，一听到督邮来了，十分扫兴，但没有办法，还得去迎接。他勉强放下诗卷，准备跟小吏一起去见督邮。

文化小课堂

《归去来兮辞》是陶渊明的一首抒情小赋，是他在辞官后所写的，也是作者脱离仕途回归田园的宣言。这篇辞赋既是陶渊明一生的转折点，又是中国文学史上表现"隐士"思想的高峰。

　　小吏一看他身上穿的还是便服，吃惊地说："督邮来了，您该换上官服，束上带子去拜见才好，怎么能穿着便服去呢？"

　　小吏这么一说，陶渊明再也忍不下去了，他深深地吸了一口气，说道："我可不能为了这五斗米的官俸，便向这些小人低声下气地献殷勤。算了，我还是不去了。"

　　说完，他将身上的印绶取了下来，递给小吏，辞职不干了。

　　回家的路上，陶渊明就像一只冲出笼子的小鸟，放声吟诵着《归去来兮辞》，以抒发自己决心离官退隐、重返自然的喜悦心情。"归去来兮，田园将芜胡不归？"从此，陶渊明彻底放弃仕途，过上了自己喜欢的隐居生活。

悦读心得

　　陶渊明对虚伪黑暗的官场有了清醒的认知，在困境中也坚决不向现实屈服，他不慕名利、坚守自我的精神历来被人们所称颂。由此可见，我们做人做事要有自己的原则，不能为了追逐名利而放弃尊严、迷失自我。

许衡不食无主之梨

故事引航

许衡为了躲避战火，曾和家乡的人一起逃难。由于长途跋涉，大家都又饥又渴。忽然，伙伴发现不远处有一棵梨树，梨树上结满了梨子，所有人都争相抢夺梨子。在这个时候，许衡是怎么做的呢？让我们去文中看看吧。

许衡是元朝著名的教育家、理学家。他从小就天资聪慧，喜欢独立思考，遇到问题总爱问个究竟。许衡在学校里，经常向老师问一些"刁钻"的问题。

有一次，老师教授他"四书五经"。许衡问道："老师，我们为什么要读书呢？"

老师不假思索地说："当然是为了当官。"

文化小课堂

所谓"四书五经"，就是"四书"与"五经"的合称。"四书"指《大学》《中庸》《论语》《孟子》，"五经"指《诗经》《尚书》《礼记》《周易》《春秋》。"四书"的名称起始于宋朝，"五经"的名称则是从汉武帝时期开始的。"四书五经"在中国古代的众多文献之中，占有举足轻重的位置，是历代文人墨客的必读之书。

许衡说："读书仅仅就是为了当官？"这个问题可把老师问住了，一时不知如何回答。

老师每次讲课，许衡总会刨根问底、追问其要义。老师经常觉得无能为力，不知该如何回答，就对许衡的母亲说："许衡是个很有想法的孩子，以后肯定会有一番作为，我能教的都已经传授给他了，您还是另请高明吧！"

自那以后，许衡的母亲接连给许衡找了两个老师，但不久之后，也是如此，老师们都离开了。许衡也不灰心，对母亲说："没有老师，我可以自己学！"从那以后，许衡就变得勤奋起来，因为家里穷，没办法买书，所以他经常去借书、抄书来自学。当时宋、金、元三国争斗不休，虽然战火纷飞，许衡却日读夜思，勤于实践，主张"知行合一"。

一次，百姓为了避难，很多人都离家出走，许衡也在逃难的人群中。有一天，许衡因为跑得太快，加上天气十分炎热，身上的衣服已经被汗水打湿，喉咙干渴得快要冒烟了。此时，

名人档案

许衡是宋元时期的理学家，早年跟随大儒姚枢及窦默学习程朱理学。1254年，应忽必烈征召，许衡出任京兆提学，在关中大兴学校任职。元世祖即位后，他与刘秉忠等人议定朝仪、官制，后为元朝统治者策划"立国规模"，主持元初国子监，以儒家六艺为主要教授内容，对汉、蒙文化融合和交流起到一定的促进作用。其著有《读易私言》《鲁斋遗书》等。

和许衡一起赶路的人也都口干舌燥，无精打采地迈着步子，有人叹气说："要是再没有水，我们就会被渴死！"

他们又走了一会儿，终于走到一个村子。但村中水井早已经被破坏，到处都是废墟，看不到一个活人，怎么可能会有水？就在他们绝望之时，有人兴奋地大叫起来："梨！梨！那边有很多梨子！"

大家顺着那人手指的方向，只见一棵硕大的梨树生长在院子中，枝头上结满了黄澄澄的梨子。所有人都冲了过去，跳上了围墙，爬上了大树，把梨子吃了下去，那股沁人心脾的酸甜滋味，让人心旷神怡，真是解渴啊！

就在众人都吃着梨子的时候，忽然有人说："许衡到哪里去了，怎么看不见他呢？"众人四下张望，只见许衡正在一棵

大树下读书。有人冲他高声喊道："许衡，你为什么不过来吃梨啊？"许衡声音沙哑地说："不是自家的梨，怎能随便摘下来就吃呢？"另一个人嘲笑他说："这兵荒马乱的年月，人都没有了，这里哪还有什么主人呢？"许衡一脸严肃地说："梨树虽然没有主人，但我们心中是有主人的。越是在没有人监督的情况下，我们越应该注意自己的行为。你们爬上围墙，偷别人的梨子，这哪儿像读书人所做的事呢？"

许衡说完，便撇下同伴继续赶路。后来，许衡果然成为一位举世瞩目的大学者。1271 年，忽必烈任命许衡为集贤大学士。他还兼任国子监祭酒，确定了一系列的礼仪制度，他的学生都尊师敬业，知道"三纲五常"的为人之道。由于许衡待人宽厚，又能严格要求自己，因此受到天下人的尊敬。许衡死后，听到他死讯的人都悲痛不已。

悦读心得

许衡在焦渴难耐的情况下也不愿意摘一个没有主人的梨子，这是他为人诚实的体现，即使在没有人看见的情况下，他依然用自己的原则来规范自己的行为。许衡高尚的品格是可贵的，也是值得我们学习的。

一诺千金

烽火戏诸侯

故事引航

　　周幽王为了取悦"冰山"美女褒姒，点燃烽火，戏弄诸侯。等到诸侯们匆匆来到都城勤王的时候，却发现这原来只不过是一场儿戏。后来镐京真的遇袭了，周幽王下令点燃烽火，这时还会有人前来营救吗？让我们去文中看看吧。

　　在古代中国，君主是国家的最高统治者，拥有无上的权力。然而，如果君主将国家权力视为儿戏，肆意妄为，那么国家就会走向灭亡。

　　周宣王死后，他的儿子宫涅继位，他就是周幽王。他当政时只知道吃喝玩乐，从不过问国家大事。这时，有一位叫褒珦的大臣，劝周幽王不要这样，应该专心治国。但周幽王根本没有理会他的话，甚至还将他关押了起来。褒珦的家人想方设法地营救褒珦，他们听说周幽王好美色，便想出了美人计。褒珦的家人在乡下买了一位极美的姑娘，起名叫褒姒，又教会她唱歌、跳舞等技艺，再把她献给周幽王，替褒珦赎罪。

周幽王见到褒姒以后，十分喜欢，马上就把褒珦放了。但是褒姒进宫后，从来都没有笑过。周幽王送尽了珍宝，想尽了稀奇古怪的办法，但褒姒依然不笑。

　　周幽王在宫中悬赏："凡是能让褒姒一笑的人，赏金千两。"这时候，佞臣虢石父提出了一个坏主意，他建议用烽火来戏弄一下诸侯。

　　有一天，周幽王带着褒姒到外面游玩，他们来到了骊山烽火台。周幽王向褒姒解释，烽火台是用来传递军情的建筑。

　　之后，周幽王命令手下点燃烽火。霎时间，浓烟滚滚，

名人档案

　　周幽王姓姬，名宫涅，是周宣王姬静之子。公元前782年，周宣王去世，姬宫涅继位，是为周幽王。他在位期间，贪婪腐败，不问政事，重用虢石父，再加上地震、旱灾，百姓流离失所。后来，他宠爱褒姒，立褒姒之子为太子，废申后和太子宜臼。申后之父申侯联合其他诸侯国与犬戎伐周，周幽王被杀于骊山脚下，西周灭亡。

文化小课堂

烽火是古代边防军事通信的重要手段。从边疆到国都，每隔一段距离，就会有一座高土台，每天都有军队驻扎。一旦有外敌入侵，烽火台上的驻军就会点燃烽火，通知附近的烽火台，通过这种方式，将消息传到京城。这是一种古老但行之有效的消息传递方式。

直冲云霄。附近的诸侯很快就得到了消息，以为国都遭到了攻击，纷纷带着大军赶来支援。

出乎意料的是，诸侯们赶到骊山脚下时，只见周幽王与褒姒在城楼上喝酒，根本就没有敌人，这才知道上了当。褒姒看平日里威风凛凛的诸侯，现在却被人玩弄于股掌之间，觉得非常好玩，脸上露出了一丝笑容。周幽王看着自己最宠爱的褒姒脸上露出了笑容，心中大喜，于是马上赏了虢石父一千两黄金。此后，周幽王为了讨好褒姒，又上演了几次戏弄诸侯的把戏。

诸侯们怨声载道，再也不信任周幽王了。

后来，周幽王为了进一步讨好褒姒，竟然无视老祖宗的规矩，把王后和太子都废了，转而立褒姒为后，并立褒姒之子伯服为太子。王后的父亲是申国的诸侯，他听说自己的女儿被废了，勃然大怒，联合缯国和西方的犬戎出兵攻打周朝。周幽王赶紧下令点燃烽火，召唤诸侯。然而，诸侯们早已不再信任周幽王，没有人来救他。犬戎的兵马如滔滔洪水涌入城中，周幽王带着褒姒、伯服从后门仓皇逃出。犬戎的士兵紧追不舍，他们看到周幽王穿着天子的服饰，便知道他是周幽王，当场将他砍死，随后杀死了伯服，掠走了褒姒，西周就此灭亡。

悦读心得

周幽王昏庸无道，他将点燃烽火这样的大事当成游戏，失信于诸侯，导致周朝快速衰败。这个故事告诉我们，做人一定要讲诚信，尊重他人，只有这样才能得到别人的尊重。

言而有信的晋文公

故事引航

晋文公刚即位时，原国不愿意臣服，晋文公便出兵攻打原国。他和将士们约定，以七天为期，攻下原国。战争的进程出乎意料，七天期限已经到了，但晋国还是没能攻下原国。接下来，晋文公是怎么做的呢？让我们去文中看看吧。

晋文公是春秋时期的霸主之一，是一位出色的政治家。早年的他经历骊姬之乱，在外流亡了十九年，后来在秦国的支持下得以回到晋国做了国君。他先奖赏有功之臣，宽恕仇人，稳定晋国民心，然后提拔了一大批人才，进行一系列的改革，使得晋国的国力大大增强，开启了他的称霸之路。

文化小课堂

骊姬之乱是春秋时期发生在晋国的骊姬乱政之事。晋献公晚年非常宠爱骊姬，骊姬为晋献公生了一个儿子。她为了让自己的儿子继承王位，想方设法地挑拨晋献公与其他儿子之间的感情，并设计逼死了太子申生。公子重耳和夷吾见此情景，慌忙逃到国外。骊姬得逞后，晋国也陷入了危机。这段历史被称为"骊姬之乱"。

不过，原国等几个小国对他的统治并不是很满意，尤其是原国，这个国家的经常挑衅，给晋国带来了很多麻烦。

晋文公决定对原国发动进攻，树立晋国的威信。他很看重这一次出征，在出发前，亲自给将士们鼓劲儿，大声说道："将士们，随我一起出征吧！以原国的实力，七天内就能攻下。"交战后，战局竟然和预想的不太一样。原国虽然是一个小国，却表现得很顽强，经过数日的战斗，原国虽伤亡惨重，但仍在拼死抵抗。

到了第七天，原国仍然不肯投降。看到这一幕，晋文公想了想，当机立断，命令大军后撤。传令兵闻言一怔，不过还是转身飞奔而去。将军们得到这个消息，也是大吃一惊，毕竟战争的结果很清楚，原国虽然没有投降，但也坚持不了多久。

撤军的消息传到了军营里，立刻引起轩然大波，有几位将领情绪十分

激动，他们前往晋文公帐前请战。

听到这些将军的话，晋文公先让将士们起身，然后斩钉截铁地说："在开战之前，我已经和大家说好了，最多攻城七天，现在七天的时间已经到了。虽然原国还没有投降，但是我们必须信守诺言，立即撤军！"他接着说："一个国家要想繁荣昌盛，君主必须要一诺千金！为一个小小的原国而失去了自己的信誉，那就得不偿失了！"

听了这话，众将军虽然不情愿，但还是答应撤军了。此战之后，晋国虽然没有攻下原国，但是晋文公遵守约定、信守承诺的名声，迅速在周围的小国中流传开来。

第二年，晋文公又召集众将，商讨攻打原国的事情。这一次，晋文公做了充分的准备，他鼓励将士们："一定要坚持到底，拿不下原国，绝不撤退！"很快，这个消息就传到了原国，原国百姓都说："晋文公这样守信义的人都这样说了，看

名人档案

晋文公，姓姬，名重耳，春秋时期晋国的君主。晋文公年轻时，谦虚好学，喜欢与有才华的人交往，后因骊姬之乱在外流亡十九年。公元前636年，重耳在秦穆公的帮助下，回到晋国，杀死晋怀公后即位。在位期间，他励精图治，使晋国国力大增。公元前632年，晋军在城濮之战以少胜多，击败楚军，重耳在践土（今河南原阳西南）大会诸侯，邀周天子参加，成为霸主。

来我们原国这次是真的要完了。既然如此，为什么要白白送死？还不如束手就擒。"

晋文公也没有想到，这场战争尚未打响，原国便投降了。卫国君臣听到原国不战而降的消息，就想："这样一个守信用的君王，尊为霸主有何不可？"于是，卫国也毫不犹豫地投靠了晋国。从此以后，晋文公凭借其"言出必行"的信誉，奋发图强，迅速成为"春秋五霸"之一，为周王室和中原诸国提供了庇护。

悦读心得

晋文公身为一国之君，在许下了对自己不利的承诺后，还能信守承诺，这是多么难能可贵。正是这种诚实守信的品德，才使他在未来的道路上走得更远。

柳季诚信存国

故事引航

春秋时期，齐国为争夺霸权出兵攻打鲁国，鲁国大败想要求和。齐国让鲁国交出岑鼎才愿意和谈，但鲁国国君不愿割爱，便将一个假鼎送到了齐国。齐国国君无法判断这个鼎的真假，于是想让柳季来帮忙。柳季是怎么做的呢？让我们去文中看看吧。

春秋时期，鲁国有一个宝物叫岑鼎。这尊岑鼎体形硕大，气势宏伟，鼎身上还有精致美丽的花纹，有一种震撼人心的美。

鲁国国君极为重视岑鼎，将其视为至宝。鲁国的邻国齐国国力很强盛，是一个幅员广阔、人口众多的国家。为了争夺霸权，齐国向鲁国发动了大规模的战争，鲁国国力较弱，难以抵抗。鲁国国君派出使者向齐国求和，齐国答应了，不过有一

文化小课堂

鼎是我国青铜文化的代表，多用青铜制成，一般为三足两耳，形制为圆形，也有长方四足的。鼎盛行于商周时期，汉代仍流行。东周和汉代常用陶鼎作为随葬的明器。在古代，鼎不仅用于烹饪，还可以用来祭祀。

个条件，即鲁国要献上岑鼎以表示自己的诚意。

　　鲁国国君非常着急，如果不交出去，齐国不愿意和谈；交出去的话，却又舍不得这个宝贝，该怎么办呢？正在进退两难之际，鲁国有个大臣说道："大王，齐人从来没有见过岑鼎，我们何不另献一只鼎去，谅他们也瞧不出来。这样一来，我们既可以签订和约，又能保住宝贝，岂不是一举两得？"

　　鲁国国君拍手说道："就照你说的办！"于是，鲁国暗中换了一只鼎，献给了齐国。

　　齐国国君拿到这只鼎后，上下打量了一番，觉得这只鼎虽然称得上是巧夺天工，但远没有传说中那么好，再加上鲁国答应得如此痛快，自己又没有亲眼见过岑鼎，那么这只鼎会不

名人档案

柳季也就是"展禽"，春秋时期鲁国大夫，因其封地在柳下，谥号为惠，所以也被称为"柳下惠"。他以讲究贵族礼节著称，其"坐怀不乱"的故事广为传诵。孔子认为他是"被遗落的贤人"，孟子尊他为"和圣"。

会是假的呢？有没有办法证明鼎是真的呢？如果到手的是个假货，不但自己被骗了，齐国的声望也会大打折扣。

齐国国君绞尽脑汁也想不出好的办法，只得召集大臣一块儿商量。

一位了解鲁国的大臣说："臣听说鲁国有个叫柳季的人，他为人正直，从不撒谎。我们去请柳季，如果他说这只鼎是真的，我们就可以放心了。"

　　齐国国君答应了他的提议，并派人向鲁国国君转达了齐国的想法。

　　鲁国国君别无选择，只好请来柳季，说明了自己的处境，恳求道："就请先生破例一次，说一次谎话，保住这件宝物。"

　　柳季想了想，认真地说道："您看重的是岑鼎，而我看重的是信誉，信誉是我立身处世的根本，是我一辈子努力坚持的东西。如今大王想让我为了您的宝贝，毁了我的做人之道，在下办不到。"

　　鲁国国君听了这一番大义凛然的话之后，无奈将真正的岑鼎献给了齐国，双方也签订了停战和约。

悦读心得

　　柳季因为诚信，不但传扬了自己的美名，而且保住了鲁国的声誉。柳季用自己的行为向我们证明：诚信是宝贵的，是我们生活中不可缺少的东西。我们应该学习柳季以诚信为本的高尚品格。

季子挂剑

故事引航

春秋时期，吴国公子季子奉命出使鲁国，途经徐国时与徐君相交甚笃。徐君喜爱季子的佩剑，有心索取，却始终未开口。季子明白徐君的心意，但出使时需要用到宝剑，于是决定出使回来后把剑赠送给他。季子返回时能否兑现诺言呢？让我们去文中看看吧。

季子是春秋时期吴国国君寿梦的第四个儿子。季子挂剑的故事就发生在公元前 544 年的春天。当时，季子奉命出使鲁国，接着又访问齐、郑、卫、晋诸国，沿途经过徐国。季子看到徐国百姓生活富足，五谷丰茂，不由赞叹："徐君向来以仁德著

名人档案

季子，名札，春秋时期著名的政治家、外交家，因封国在延陵，故被称为"延陵季子"。季子为人诚恳，重情重义，品德高尚，曾三次让国而声名远扬，是中华文明史上遵礼守信的代表人物。季子死后，天下皆悲，孔子称其为"至德"之人，并题写碑文"呜呼有吴延陵季子之墓"。

称，果然名不虚传，今天得以亲眼所见啊！"他当即决定前往徐君那里，向他表达自己对徐君的钦佩之情。徐君听到吴国的季子大驾光临，大喜过望，便盛情款待了他。

　　徐君一看到季子，就被他的风度和修养所打动。在交谈中，徐君被季子腰间的一把佩剑所吸引。在古代，剑既是一种装饰品，又是一种礼仪器具，无论是士臣还是将相，身上通常都会佩着一把宝剑。季子的这把佩剑很有气势，上面镶嵌着一些珠宝，显得典雅华丽，也唯有季子这种性情之人，方可拥有此宝剑。徐君看这把剑看得眼睛都直了，连连称赞。季子知道徐君非常喜欢这把剑，但是自己奉命出使各国，佩剑是一种礼节，如果没有这把佩剑的话，使者便不会被接见。季子就在心中

默念道："此次出使别国的任务完成后，我一定将此剑送给徐君。"

季子告别徐君，首先到了鲁国，随后又访问了齐、郑、卫、晋等国家，这才踏上回国之路。怎料世事无常，等他回到徐国的时候，徐君已经去世了。他很难过，也很后悔，于是拔出了自己的佩剑，想要献给徐君的儿子。这时，一个随从劝道："公子，这把宝剑乃稀世宝剑，被当作国宝，怎么能随便送给别人呢？"季子回答说："之前我途经徐国的时候，徐君很喜欢这把佩剑。因为当时有使命在身，我不能将佩剑送给他，可我在心里已经暗暗许诺送给他了。"随从接着说："可是徐君已经去世了！"季子说："我答应赠给他佩剑，与他的生死没有关系。如果因为他去世了，我就不赠剑，那是自欺欺人。"于是，季子便将这把佩剑送给徐君的儿子。徐君的儿子因为父亲临终前没有给他留下一句接受赠剑的话，所以不敢接佩剑。于是，季子去了徐君的坟前，进行祭拜，他的心中充满了难以言喻的悲伤。他抬头看了一眼苍凉的天空，慢慢地将宝剑悬挂在松树上，心里默默地说："您虽然已经不在了，可我心中的承诺还

文化小课堂

《徐人歌》歌词为："延陵季子兮不忘故，脱千金之剑兮带丘墓。"这首歌谣赞美季子遵守信义的精神，同时也意在鼓励人要讲信用。

在。希望您的在天之灵，向着这棵树遥遥而望之时，还会记得这把佩剑。"季子对着墓碑躬身而拜，转身离去。

徐国人对季子忠于承诺、不忘故人的品质非常赞赏，于是写下《徐人歌》："延陵季子兮不忘故，脱千金之剑兮带丘墓。"后人为了纪念这件事，还在徐君的墓旁修建了"季子挂剑台"。"季子挂剑"是诚信的象征，是友谊和仁义的丰碑，体现了古人对情义和诚信的重视。

悦读心得

诚信在季子心中重于千金。虽然徐国国君已经过世，但他仍信守承诺，把自己的佩剑送给他。季子是一个表里如一的君子，他品格高尚，讲诚信，所以能赢得别人的尊重。季子是我们学习的榜样！

颜回以信服众

故事引航

颜回是孔子的弟子，位列七十二贤之一。有一次，学生到孔子面前说颜回偷盗。孔子得知后，便用金子考验颜回。颜回能否通过考验呢？让我们去文中看看吧。

颜回家境贫寒，平时又沉默寡言，所以一些富家子弟都瞧不起他，甚至还会故意羞辱他。但是颜回并不在意，只是埋头苦读。

有一天，颜回的一个同学丢失了一件物品，他认为是颜回偷走了他的东西，于是私下里向同学们诉苦，同学们对此议论纷纷，颜回却置之不理。如此一来，同学们就都以为颜回偷了东西。

名人档案

颜回，字子渊，春秋末期鲁国人，年少时拜孔子为师，是孔子最得意的门生之一。一提起颜回，孔子总是赞不绝口，赞其"好学""仁人"。历代文人学士对他推崇有加，后世尊其为"复圣"。

　　这天放学后，有几个同学去找孔子，说颜回偷东西。孔子一开始并不相信，但是后来越来越多的同学都对他这么说，他也不由得相信了。孔子很生气，他没有想到自己的弟子竟然偷东西，就想将颜回赶走。可孔子又仔细想了想，颜回偷东西的事情，有没有被人亲眼看见？如果没有被人亲眼看见，怎么知道这个东西就是颜回偷的呢？如果不是颜回，那不就是冤枉他了吗？孔子想到了一个方法，他拿出一锭金子，用布包起来，在上面写下了一行字，用来考验颜回。

　　吃完饭后，颜回是最早到学堂的。他一进门，便被一个东西给硌了一下脚。颜回穿的鞋子非常薄，这一硌，让他疼得直弯腰。他看到脚边放着一个白布包，很好奇到底是什么东西把自己的脚给硌疼了。打开一看，原来是一锭金子，上面还写着一行字"天赐颜回一锭金"。

　　颜回笑了笑，拿出笔在布上写了一行字，将黄金放回了

文化小课堂

孔门七十二贤都是孔子的弟子，代表人物有颜回、子夏、子路等。孔门七十二贤既是孔子思想和学说的坚定追随者和实践者，也是儒学的积极传播者，深受历代儒生的推崇。

原来的位置，这才坐到自己的座位上，开始看书。

没过多久，有人趁颜回不备，悄悄地将那个布包交给了孔子。孔子拆开一看，只见上面写着"外财不富命穷人"。孔子看了之后，沉默了一会儿，而那些对颜回有误解的弟子们也都羞愧地垂下了脑袋。后来，那位同学丢失的东西找到了，便跟颜回道歉，颜回只是一笑而过。

颜回跟随孔子周游列国，在陈国和蔡国之交的地方被困住了，一连饿了好几天。孔子只好大白天躺着睡觉，想借此来忘掉饥饿。颜回于心不忍，便出去讨米。颜回高高兴兴地讨米回来，便开始煮饭。不一会儿，饭就做好了。这时孔子刚好醒来，突然闻到一阵饭香，连忙起身出来看个究竟。他刚到门口，就看见颜回将手伸进锅里抓饭吃。过了一会儿，颜回端了一碗饭

送到孔子面前。孔子对颜回说："我刚才睡觉做了一个梦，梦见去世的先人，就拿这碗米饭去祭祀他们。"颜回急忙说道："老师，我刚才煮饭的时候，不小心将一块木炭洒进了锅里。我感到很为难，扔掉觉得太浪费，不扔掉就会让老师吃弄脏了的饭。因此，这碗掉进木炭的米饭是不能用来祭祀的，我只好把这碗米饭抓来吃了。"孔子听了这番话，恍然大悟，激动地对颜回说："颜回呀，我真是糊涂，你真是一个值得信赖的人啊！"

自此以后，孔子越来越器重颜回。而颜回也没有让老师失望，不但学问上大有长进，而且其品德修养更是为人所钦佩，他也因此成为孔子三千弟子、七十二贤之首。

悦读心得

颜回面对金子丝毫没有动摇心志，动了锅里的米饭也实话实说。由此可见，颜回是一个诚实守信的人。诚信为做人之本，我们要学习颜回身上崇高的品格，做一个值得信赖的人。

曾子杀猪

故事引航

有一次，曾子的妻子要去集市上买东西，她的孩子哭着闹着也要跟去，曾子的妻子为了哄孩子，便许诺他，若是乖乖在家待着，就会杀猪给他吃。后来，曾子的妻子践行自己的诺言了吗？让我们去文中看看吧。

曾子名参，字子舆，是孔子最喜欢的学生之一。他学识渊博，诚实守信，颇得孔子真传，是儒家学派的重要代表人物，一生致力于传播儒家思想。

有一天，曾子的妻子要去集市买东西，儿子扯着她的衣服，吵着闹着也要跟着去。

曾妻劝儿子说："乖孩子，娘要去集市上买东西，那里

文化小课堂

儒家是信奉孔子学说的思想流派，《汉书·艺文志》将其列为"九流"之首。儒家主张"德治"和"仁政"，重视伦理道德教育和自我修身养性。儒家学说统治中国学术思想两千余年，为维护民族统一、稳定社会秩序起到了积极作用。

人又多，路又远，实在是不方便带你去，你就乖乖在家和小伙伴们玩吧！"可是儿子就是不听，哭闹个不停。

曾子在屋里看书，听到儿子的哭闹声，赶紧出来安慰儿子。曾妻着急出门，便对儿子说："乖儿子，你要是不哭不闹，能乖乖地待在家里，等我回来了，让你爹杀猪给你吃。"儿子一听要杀猪吃肉，立即安静了下来。

曾妻从集市上回来时，还没跨进家门，就听见院子里传来一阵猪叫声。她进门一看，曾子正在磨刀，准备杀猪。

曾妻见这情景，急忙上前拦住丈夫，气呼呼地说道："家里就养了几头猪，今天又不是过年过节，为什么要杀猪啊？"

曾子反问道："你临走时不是说，等你从集市回来了，要给儿子吃猪肉吗？"曾妻这时才想起上午哄骗儿子的话，连忙说："我那是为了不让他跟着我去集市，哄他的。你怎么拿我哄孩子的话当真呢？"

这时，曾子对妻子说："你要明白，大人在孩子面前是

名人档案

曾子是儒家学派的重要代表人物，是孔子最得意的弟子之一。曾子以孝道著称，提出"吾日三省吾身"的修养方法，以弘扬仁道为己任。他被后世尊为"宗圣"，成为配享孔庙的四配之一，地位仅次于"复圣"颜渊。相传《大学》就是他所著，他的思想至今仍具有极其宝贵的社会意义和实用价值。

不能撒谎的。孩子年幼无知，经常从父母那里学习做人的道理，父母的一言一行对孩子影响很大。因此，父母一定要言而有信，说话算数。如果我们现在说一些欺骗他的话，就等于是教他今后去欺骗别人。虽然做母亲的一时能哄得了孩子，但是过后他知道自己受了骗，就不会再相信母亲的话。这样一来，你就很难再教育好自己的孩子了。你现在想想，这猪该不该杀？"

曾妻觉得丈夫的话很有道理，她自然不希望儿子养成撒谎的坏毛病，而是希望像曾子一样，成为一个讲诚信的人，于是，她心悦诚服地帮丈夫杀猪，不一会儿，曾妻就为儿子做了一顿丰盛的晚餐。

悦读心得

曾子杀猪的目的在于用诚信为本的教育理念，去教育、影响后代。这个故事告诉我们，父母的言传身教对孩子影响很大，父母一定要言而有信，不能信口开河。